유령들

유령들

초판 1쇄 발행 · 2020년 1월 31일

지은이 · 김동수
펴낸이 · 황규관

펴낸곳 · 도서출판 삶창
출판등록 · 2010년 11월 30일 제2010-000168호
주소 · 04149 서울시 마포구 대흥로 84-6, 302호
전화 · 02-848-3097
팩스 · 02-848-3094

종이 · 대현지류
인쇄제책 · 스크린그래픽

ISBN 978-89-6655-117-0 03330

＊이 도서는 한국출판문화산업진흥원의 '2019년 출판콘텐츠 창작 지원 사업'의
　일환으로 국민체육진흥기금을 지원받아 제작되었습니다.

르
포

유령_____들

어느 대학 청소노동자 이야기

김
동
수 지음

삶창

차례

_   프롤로그 / 9

1   첫 만남 / 17

2   유령들 / 32

3   죄책감 / 44

4   숨겨진 감옥 / 58

5   노예의 삶 / 67

6   3년 전 기억 / 84

7   그들의 배후 / 104

8   악마의 속삭임 / 125

9   소장의 계보 / 137

10   익숙한 차별 / 147

11   철거된 현수막 / 156

12   예견된 파행 / 164

13   폭풍 전야 / 183

14   여름 한 달 / 196

15   퇴직의 조건 / 224

16   드러난 비밀 / 243

17   파괴범 / 262

18   마지막 저항 / 272

_   에필로그 / 290

유령들

작가의 말 / 300

『유령들』은 ㄱ대 청소노동자들의 이야기입니다.
당사자들의 요청에 따라 대학 이름을 머리글자로
처리하였습니다.

글에 나오는 ㄱ대분회는 서울지부 소속입니다.
서울지부는 '전국민주노동조합총연맹 전국공공
운수노동조합 서울지역공공서비스지부'의 약자
입니다. 글에는 모두 서울지부로 표기하였습니
다. 서경지부(서울경인지역공공서비스지부)로도 나
오는데 같은 노조입니다. 서경지부는 2018년에
서울지부로 이름을 바꾸었습니다.

글에서는 ㄱ대분회를 민주노조, 민노로 지칭하는
경우가 있습니다. 이때 민주노조는 '전국민주노
동조합총연맹'의 약자입니다.

머리글자로 언급된 노조에 대해서는 상급 단체의
이름을 따로 적지 않았습니다.

일부 노동자의 이름에 가명을 사용하였습니다.
가명 표기 여부에 대해서는 따로 표기하지 않았
습니다.

프롤로그

닭장차의 엔진 소리가 거칠었다.

나는 도서관에서 다음 날 치를 기말고사 공부를 하고 있었다. 하루 종일 돌아가는 히터 탓에 도서관 안은 덥고 갑갑했다. 시원한 공기라도 쐴 겸 밖으로 나왔을 때, 낯선 엔진 소리가 짙은 어둠 속에서 웅웅대고 있었다. 내가 다가갈 때까지도 전조등을 켠 채로 엔진을 돌리고 있는 닭장차가 보였다. 80년대도 아니고 대학 교정에 닭장차까지 올 일은 없었다. 무슨 일이 벌어진 듯 보였다.

ㄱ대에 전경이 출동한 사례는 세 번 정도 있었다. 세 번 다 학내 운동권과 관련이 있었는데 그들 모두 학내로 진입하지는 못했다.

한번은 5년 전쯤이었는데 전경들이 떼로 와서는 학교 정문을 봉쇄했다. 촛불집회를 주도했다는 혐의로 수배령이 떨어진 이전 ㄱ대 총학생회장을 잡으러 온 것이었다. 당시 운동권이었던 그는 모교로 숨어들었는데, 대학에 전경들이 무작정 들어올 수 없다는 점을 노렸을 것이다. 어쩔 수 없이 학내에는 사복형사들이 투입됐다. 그들은 의심을 사지 않기 위해 교직원처럼 행동했는데 그럼에도 형사 티가 났다. 그는 사복형사의 눈을 피해 몇 곳 안 되는 학과 학생회실을 전전하며 몸을 숨겼다. 그는 꽤 오래 ㄱ대에 머물렀지만, 학내에서 기습시위를 벌이다가 결국 체포됐다.

　그로부터 1년 7개월여 후, 광주에 있는 ㅈ대 전 총학생회장이 ㄱ대에서 붙잡혔다. 그는 국가보안법 위반 혐의를 받자 같은 학생단체 소속인 ㄱ대로 피신하려 했다. 그런데 보안수사대에서는 그의 동태를 어떻게 파악했는지 경찰들을 미리 ㄱ대에 잠입시켜 놓고 있었다. ㅈ대 전 총학생회장의 체포 3일 후에는 한 아파트에서 천안함 관련 유인물을 뿌린 대학생 2명을 체포하기 위해 경찰이 또다시 ㄱ대에 출동하는 일이 벌어졌다. 그들에게 적용된 혐의는 공직선거법 위반이었다. 그즈음 ㄱ대 총학생회장이 그들을 보호하려고 일부러 ㄱ대에 숨겨줬다는 말이 퍼지기 시작했다. 경찰들은 대학 내의 모든 출입구 앞에 자리를 잡고 드나드는 학생들을 대상으로 불심검문을 했다.

　경찰들의 잦은 교내 출입으로 학생들의 불만은 점점 쌓여갔다.

급기야 ㄱ대는 빨갱이 소굴이라는 글이 학교 홈페이지 자유게시판에 돌았고 총학생회장을 지탄하는 대자보들이 나붙기 시작했다. 대부분은 학교를 왜 정치판의 도구로 전락시켰냐는 항의였다. ㄱ대가 운동권 단체의 본거지냐는 이야기도 심심찮게 흘러나왔다. 여태껏 데모만 일삼고, 학교 이미지를 깎아먹었다며 운동권에 대한 악감정이 폭발한 것이었다.

총학생회의 해명에도 교내 여론은 시간이 갈수록 악화됐다. 후폭풍이 거세지자 총학생회를 포함한 학과 학생회 간부들은 책임을 통감한다며 줄지어 사퇴했다. 하지만 총학생회장만큼은 학생들의 비난에도 버텼다. 총학생회장에 대한 탄핵 이야기도 오갔지만 끝내 현실화되지 못한 채 총학생회 선거일이 다가왔다. 총학생회장 측은 그들이 미는 운동권 후배를 선거에 내보냈다. 하지만 당당하게 자신을 비운동권이라 홍보하던 후보가 압도적인 표차로 승리했다.

그 이후로 줄곧 비운동권 총학생회장이 당선됐다. 운동권은 궤멸되었고 학교는 조용해졌다. 그 평온이 3년 만에 깨진 것이다. 이전처럼 학내에서 종적을 감추다시피 한 운동권 때문은 아닐 것이다.

혹시 그 사람 때문인가.

그는 비운동권 총학생회장이 첫 임기를 시작한 날, ㄱ대에 왔다. 18년 만의 귀환이었다. 학내가 운동권 사건으로 혼란한 틈을 타 무혈로 입성했다. 그는 학교에 들어오면 안 되는 사람이었다. 그래서 욕은 먹었지만, 잠시뿐이었다. 얼마 지나지 않아 그에 대한 관심은 감쪽같이 사라졌다. 국가보안법 및 공직선거법 사건의 여파 덕이었다. 그의 복귀 타이밍만큼은 기가 막혔다.

1993년, 그는 아버지가 일제강점기 때 설립한 ㄱ대에서 쫓겨났다. 사실 퇴출됐다기보다는 도망갔다는 표현이 더 어울릴 법하다. 그가 저지른 입시 비리로 검찰 수사망이 좁혀지자 가족들과 함께 미국으로 도피했기 때문이다. 당시에 그는 아버지에게 물려받은 ㄱ대의 제1, 2대 총장이었다.

도망가기 1년 전, 이미 그는 로스앤젤레스에 8억 원대의 호화 주택을 매입한 상태였다. 입시 비리가 언젠가는 터질지 모른다고 예견이라도 한 걸까. 항간에는 그들 가족이 쓰는 미국 체류 비용을 ㄱ 대학원의 법인 예산에서 몰래 빼돌린다는 의혹이 제기됐지만, 확인된 바는 없었다.

당시 70여 명에 달하는 입학생의 성적을 조작한 사람들은 대부분 사법 처리가 됐다. 하지만 정작 그는 검찰 조사를 받기는커녕 미국에서 호화로운 생활을 했다. 이른바 꼬리들만 잡혀 들어간 꼴이었다. 정황상 모든 증거는 그가 입시 비리를 저지른 주범이라고 말했다. ㄱ대 입학을 대가로 학부모들에게서 받은 금액만 무려 70억 원이 넘었다. 비슷한 시기에 같은 죄목으로 조사를 받은 ㅅ대 이사장이 대법원에서 1년 6개월의 징역형을 선고받은 것에 비하면 완전히 다른 결과였다.

유령들

물론 그도 미국행에 대한 나름의 핑곗거리가 있었다. 심장병 치료차 어쩔 수 없었다며 수술을 앞두고 언론사와 인터뷰를 하기도 했는데, 모든 치료를 마치면 한국으로 돌아오겠다고 했다. 하지만 그는 수술이 잘 끝났음에도 한국행 비행기에 오르지 않았다. 처음부터 학사 비리 관련 공소시효가 만료될 때까지는 고국에 돌아올 마음이 전혀 없었던 것 같다.

그런 그가 돌연 귀국을 택했다. 새 밀레니엄이 시작될 즈음이었다. 앞서 법무부에 자수서도 제출했다. 그는 왜 자수를 했을까. 오랜 타국 생활로 향수병이라도 걸린 걸까? 그건 아니었다. 이유는 따로 있었다. 법무부가 해외 도피 범죄자들에게 기간 내에 자수하면, 최대한 선처를 하겠다는 방침을 공표했기 때문이다. 어차피 미국에 계속 머물러 있어봤자 강제송환을 당할 위험만 컸는데, 자수하고 최대한의 선처를 받는 길이 더 나았을 것이다. 당시 법무부의 선처를 받기 위해 그처럼 타향을 떠돌던 12·12 쿠데타 가담자와 해외 원정 도박 혐의자 등도 자수를 했다.

그는 한국에 들어온 뒤로 끊임없이 ㄱ대 운영에 개입했다. 미국에서도 연락책을 통해 ㄱ대에 영향을 미쳤는데, 귀국 후 더 노골적으로 좌지우지하려고 했다. 쫓겨난 그를 따르는 사람들이 여전히 학교에 남아 있었다. 이들이 그의 '상왕 정치'를 가능케 했다. 관선 이사 체제라고는 하지만 이사회의 일부는 그의 사람이었다. 교수와 교직원들도 그의 복귀를 바랐다. 2003년에는 관선 이사장이 법인 정상화를 위해 ㅂ그룹을 새 재단으로 선정하자, 극렬하게 막아선 전력도 있었다. 연세대에서 부총장을 지낸 제8대 총장은 ㄱ대에 그가 필요하다는 내용의 탄원서를 교육부에 제출하기도 했다. 이런 일련의 흐름은 그가 쫓겨났음에도 여태껏 ㄱ대 인사에 관여했다는 사실을 증명한다. 그는 충성심 강한 자신의 '친위대'를 통해 어떻게든 ㄱ대에 돌아올 기회만 엿보았다.

2007년 겨울, 사학법 개정에 반대했던 당에서 대통령을 배출하자 사학분쟁조정위원회(이하 사분위) 위원들이 대거 물갈이됐다. 그로부터 3년 후 사분위는 그의 ㄱ학원 정이사 복귀를 허가하기에 이른다. 아무도 생각지 못한 결정이었다. 그들은 그가 법적 처벌을 받지 않았다는 이유를 들이댔다. 비리 연루자의 정이사 복귀는 전무후무한 일이었다. 10년여 전, 법무부가 그에게 베푼 선처는 무엇이었을까.

사분위의 허가가 있은 지 얼마 후, 그는 이사장이 됐다. ㄱ대는 빠르게 그의 사람들로 채워졌다. 관선 이사가 빠져나간 자리에는 그와 친분 있는 사람들이 영입됐다. 그의 복귀에 한몫 거들었다는 소문이 자자했던 ㄱ대 출신의 교수가 제9대 총장으로 임명됐다. 그를 위해 탄원서를 썼던 교무위원들은 더 높은 보직을 받았다. 가족들도 끌어들였다. 맏딸을 ㄱ학원 정책 부실장으로 들어앉혔고 막내딸은 ㄱ대 교수로 임용됐다. 외아들은 ㄱ학원 기획부장으로 선임됐다.

유령들

닭장차만 없었다면 경찰이 급하게 압수수색을 하러 왔다고 생각했을지도 모른다. 그도 그럴 것이 비리 주범인 그의 이사장 복귀 이후 학내 분위기는 어딘지 모르게 음험했다. ㄱ대의 80주년을 기념해 새 건물을 짓는다고 하는데 그마저도 비리의 온상이 될 것이라 의심해오던 차였다. 큰 건물을 올릴 때 하도급업체를 통해 어떻게든 비자금을 마련할 수 있다는 이야기를 대기업 건설사 전무의 아들인 경영학과 후배에게서 들은 적이 있었다. 이사장의 과거 이력만 봐도 그는 이번 기회를 가만히 내버려두지 않을 가능성이 컸다.

그렇다면 도대체 왜 닭장차가 와 있는 걸까.

닭장차의 시동이 맥없이 꺼졌다.

차에서 경찰들이 분주히 내리더니, 급하게 무전을 주고받았다. 정보과 형사로 보이는 사람이 설립자의 호를 따서 지은 대학 본부 건물로 다급히 걸어갔다. 건물 정문 앞에서 어쩔 줄 몰라 그 주위를 맴돌던 한 사람이 형사에게 다가가 거칠게 말했다.

"저기 안에서 불법으로 점거한 아줌마들 좀 빨리 내보내줘요. 안에 있는 아줌마들 싹 다. 저 아줌마들 때문에 우리가 일을 못 하고 있어요. 연말이라 일도 산더미처럼 밀렸는데. 지금 저 아줌마들이랑 몸싸움하다가 다친 사람도 있으니까, 빨리 연행해 가요. 빨리요, 빨리!"

나는 순간 몸이 굳어버렸다. 닭장차가 뿜어내는 위압감에 압도되기도 했지만, '아줌마'란 단어에서 전경이 온 이유를 알았기 때문이었다.

그해 겨울, ㄱ대 청소노동자들은 민주노조를 건설했다.

유령들

첫 만남

모든 국민은
직업 선택의 자유를
가진다.

──────── 대한민국 헌법 제15조

청소노동자에 대해 글을 쓰겠다고 마음먹으면서 직접 체험의 필요성을 느꼈다. 막상 글을 시작하려 하니 그들의 거친 투쟁만 봐왔지 실상 어떤 삶을 살고 있는지에 대해서는 잘 알지 못한다는 생각이 들었기 때문이다. 용역업체에 소속되어 소장의 지시를 받아야 '진짜 청소노동자'라는 생각이 들었다.

혹시나 싶어 'ㄱ건설및용역'에 직접 이력서를 넣은 적이 있었다. 끝내 연락은 오지 않았다. 물론 예상은 하고 있었다. ㄱ건설 말고도 이전부터 여러 곳에 청소일 구직 신청을 했었는데 전화를 걸어온 그들은 다짜고짜 장난치지 마라는 핀잔만 늘어놓고 끊었다. 결국 나를 채용한 곳은 단 한 군데도 없었다. 그들이 내세우는 '내가 청소할 수 없는 이유'는 단 한 가지였다. 나이가 어려서. 나중에 들은 이야기지만, 내가 여러 곳에 이력서를 넣을 즈음 ㄱ건설에 채용된 사람이 있었다고 한다. 역시나 인근 구청에서 정년을 마친 노동자였다.

그러던 중 우연히 신문에서 ㄱ대 청소노동자 지영의 인터뷰 기사를 보았다. 나는 기사 사진을 오려서 들고 그녀를 찾아 나섰다. 2013년 겨울, ㄱ대 청소노동자들이 노조 건설을 위해 본관 점거를 시작했던 날로 꼭 1년 만이었다.

교내에서 청소노동자를 만나기란 상상외로 쉽지 않았다. 분명 어디선가 청소일을 하고 있을 터인데 투명인간처럼 눈에 띄지 않았다. 이전에 도서관에서 짬짬이 청소일을 도운 적이 있어 안면이 있는 도서관 청소노동자를 찾았다. 도서관 청소노동자들에게 꼬깃꼬깃 접힌 신문 사진 속 인물을 손가락으로 짚으며 혹시 이분을 만날 수 있느냐고 물었다. 그들의 도움으로 식당에 있다는 지영을 만날 수 있었다.

지영은 의외라는 표정을 지으면서도 반갑게 나를 맞았다. 나는 그녀를 따라 식당이라고 부르는 곳으로 갔다. 그들에게 식당이 있다는 말은 처음 들었다. 휴게실에 쭈그리고 앉아 불쌍하게 밥 먹는 모습을 상상해왔던 나로서는 생각지도 못한 장소였다. 문득 '청소노동자들의 식당'에 의아해하는 내 모습이 당황스러웠다. 그들은

무조건 열악하게 생활할 것이라는 고정관념이 내 안에 있었던 것
이다.

식당은 ㄱ대 울타리 뒤편의 주택가 인근 건물이었다. ㄱ대 안에
있던 그녀의 일터에서 식당까지는 지름길을 통했을 때 5분 정도면
도착하는 거리였다. 건물마다 편차는 있었지만, 그래도 가까운 축
에 속했다. 가장 먼 거리에서 일하는 노동자들은 그들의 발걸음으
로 10분도 더 걸렸다.

막상 그곳에 도착하니 외관상 식당 같지는 않았다. 그냥 대문이
있는 2층 양옥집이었다. 그녀가 식당이라니 가정집에서 백반을 파
는 곳인가라는 생각까지 들었는데, 따로 설치된 간판은 없었다.

"여기가 식당이긴 한데, ㄱ건설 현장 사무실이기도 해요."

그녀는 ㄱ대에서 일했지만, 'ㄱ건설및용역'의 직원이었다. ㄱ건
설및용역은 ㄱ대가 청소일을 위탁한 소규모의 용역업체였다. ㄱ대
는 지영이 일하기 전부터 청소나 경비 같은 육체노동 분야에 한정
해서 외주를 주었다. 그 시작이 언제인지는 잘 알지 못하는데 단순
히 1997년 국제통화기금(IMF) 외환위기 이후라 짐작할 뿐이다.

도서관 청소노동자들의 말에 따르면, 그 양옥집은 ㄱ대 이사장
이 예전에 거주했던 곳이었다. 곧 부수고 새 건물을 올린다는데 언
제 첫 삽을 뜰지는 아는 사람이 아무도 없었다. 그때까지는 용역업
체의 현장 사무실로 사용할 수 있도록 학교 측이 무상으로 대여해
주고 있었다. 굉장한 편의를 제공하는 셈이었다.

지영이 대문을 밀고 들어갔다. 건물 현관까지 여섯 걸음 정도 되는 작은 마당이 보였다. 대문 바로 옆 담벼락에는 캐비닛이 놓여 있었고 그 안에 기계 한 대가 설치되어 있었다.

"출퇴근 기록기예요."

기록기 옆에 칼꽂이를 여러 개 이어놓은 것처럼 생긴 보관함이 있었다. 그 보관함에는 순번과 이름이 적힌 종이가 촘촘히 기다랗게 꽂혀 있었다. 노동자들의 출퇴근 카드였다.

지영은 보관함에서 카드를 꺼내 기록기 투입구에 집어넣었다. 잠시 후 기록기가 토해낸 카드에는 의미 모를 숫자들이 찍혀 있었다.

"이 숫자들이 카드를 기계에 넣었을 때 시간이에요. 내가 이 시간에 출근했다는 걸 증명하는 자료죠."

지영은 출근 기록을 확인하고 다시 보관함에 카드를 집어넣었다.

"지금은 카드에 시간만 찍으면 되지만 예전에 노조가 없을 때는 소장한테 얼굴 도장도 찍어야 했어요. 뭐가 그렇게 의심스러운 건지."

새벽 댓바람부터 할 일도 많은데 출근과 동시에 후미진 골목에 위치한 식당까지 와야 하는 번거로움은 굉장히 신경 쓰이는 일이었고, 요즘처럼 추운 겨울 날씨에는 더욱 고역이었을 것이다. 노조가 생기고부터는 아침을 먹으러 와서 겸사겸사 출근 도장만 찍으니 일면 나아진 것이지만 퇴근할 때는 여전히 불편한 일이었다. 일을 마치고 도장을 찍기 위해 이곳 후미지고 어두운 골목길로 들어

유령들

왔다가 다시 나가야 했으니까.

"요즘은 학교 정문이나 후문 쪽에 전자식 출퇴근 기록기를 설치해달라고 요구하고 있어요."

"빨리 해결됐으면 좋겠네요. 이런 건 당연히 지나다니는 길에 있어야지 구석진 곳에 놓고 오라 가라 하니… 웬 개집이에요?"

출퇴근 기록기 옆에 덩그러니 놓인 개집이 눈에 들어왔다.

"아, 저거요? 예전에 소장이 개 두 마리를 키웠어요. 시베리아허스키라던데 이사장이 준 개라고 꽤나 애지중지했었죠. 지금은 어디로 갔는지 아무도 몰라요."

이번에 새로 바뀐 이 소장이 개장수에게 팔았다는 이야기가 청소노동자들 사이에서 가장 많이 돌았단다.

지영이 텅 비어 있는 개집을 가리키며 말했다.

"처음 애기 때는 굉장히 작았어요. 그런데 몇 개월 지나니까 몸뚱이가 훌쩍훌쩍 커지더라고요. 그 개 새끼가 크니까 애기 때와는 다르게 오줌을 한 바가지나 싸더라니까요. 꼭 우리가 아침밥 먹을 때 그랬거든요. 날씨가 궂은 날이면 역한 냄새가 아주 진동을 했어요. 우리는 그렇게 개똥 냄새 맡아가면서 매일매일 아침, 점심을 먹었었죠. 제가 처음 입사했을 때 저랑 같이 일했던 언니는 그 개 새끼한테서 오줌 세례까지 받았지 뭐예요. 언니가 밥을 먹는 동안 식당 안에서 지린내가 진동을 했어요. 당사자는 기분이 얼마나 더러웠겠어요. 그러면서도 말 한마디 못 하는데 그때는 옆에서 지켜보는 제가 다 울었어요, 마음이 아파서. 노조 없었을 때는 하루하루가 악몽 같았다고 보면 돼요. 솔직히 우리가 개보다도 못 했으니까요. 개 사료만 넣어두는 냉장고도 따로 있을 정도였으니, 말 다 했죠. 저 작은 냉장고가 바로 개밥 냉장고였어요."

지영 말대로 현관 앞에 작은 냉장고 한 대가 덩그러니 놓여 있었다. 그 옆을 지나는데 왠지 개똥 냄새가 나는 듯했다. 나는 무심결에 코를 막고 양옥집 안으로 들어갔다.

현관에는 똑같은 모양의 보라색 털신들이 무질서하게 놓여 있었다. 사이즈를 빼고는 당장 누구 신발인지 구분하기 힘들어 보였다.

"학교에서 처음 지급받은 작업화예요. ㄱ대 청소노동자 중에서 제일 오래 일한 10년 경력의 언니도 처음 받아본 거래요."

보라색 털신은 언뜻 보기에도 작업화로는 질이 좋아 보이지 않았다. 밑창이 허술해서 일하다 잘못하면 미끄러질 것 같았다. 청소 작업 중에 그들을 지켜줄 미끄럼 방지 장치는 없었다. 이왕 지급하기로, 그것도 적어도 10년 만에 결정한 작업화라면 좀 제대로 된 제품으로 줬으면 얼마나 좋았을까.

"신발이 영 믿음직스럽지 못하니까 자비로 고무장화를 사서 쓰는 언니들도 있어요. 다치면 나만 손해잖아요."

양옥집 내부는 겉모습 그대로 일반 가정집의 형태를 띠고 있었다. 마루에는 상 여러 개가 줄지어 다닥다닥 놓여 있었고 안쪽으로 방문이 하나 보였다. 식당 겸 ㄱ건설 현장 사무실이라고 하더니 그

방은 소장실이었다. 노조가 생기기 전에 어둡고 후미진 이곳까지 와야 하는 이유였다.

어제까지도 노동자들과 같이 밥을 먹었다는 이 소장은 보이지 않았고(며칠 뒤에 이 소장이 해고됐다는 소리를 들었다), 부엌에서는 한 여성이 설거지 중이었다. 지영은 그녀를 '밥순이'라고 불렀다. 밥순이는 말 그대로 밥하는 여자란 의미였다. 지영은 식당에 있는 다른 노동자들과는 다르게 그녀보다 언니뻘로 보이는 밥순이라는 여성에게만 유독 쌀쌀맞았다.

지영의 나이는 50대 초반이었다. 그럼에도 ㄱ대 청소노동자의 평균연령이 65세가 넘으니 굉장히 어린 축에 들었고 ㄱ대 청소노동자 대부분을 언니라고 불렀다.

"아이 키운다고 20년 동안 가정주부로만 살았는데 딸들이 대학생이 되니까 여유 시간이 생겼죠. 애들 대학등록금이나 보태볼까 싶어서 직장을 구하러 다녔는데 할 만한 일이 뭐 있었겠어요. 가끔씩 식당 일 도와주고 비정기적으로 일당을 받으니까 몇 푼 안 되더라고요. 뭘 할까 생각 중이었는데 아는 언니가 여기 청소부 이야기를 했어요. 언니가 그때 여기에서 청소일을 하고 있었거든요. 일단 이력서를 냈죠. 언니 추천 덕이었는지 며칠 뒤에 소장한테서 출근하라는 전화가 왔어요. 그렇게 청소일을 시작했어요."

5년째 일하고 있다는 지영은 나이는 한참 어리지만, 경력만 따지면 웬만한 ㄱ대 청소노동자들에게 빠지지 않았다. 하지만 아무리 연차가 있다 해도 청소노동자들은 간접 고용 신세라 서로를 구분 지을 직급이 따로 없었다. 모두가 다 평등했다. 그들이 서열을 따지는 유일한 잣대는 나이였다. 서열을 따진데도 언니, 동생이라는 호칭으로 구분할 때뿐이었다. 이런 상황에서 지영이 언니뻘 노동자를 밥순이라 부르는 건 어떤 목적에서든 비하하려는 의도가 다분히 깔려 있다고 볼 수밖에 없었다. 물론 지영만 그런 건 아니었다. 지영이 언니라 부르는 노동자들만큼은 다 그녀를 밥순이라고 했다.

지영이 귀띔해준 말에 따르면 설거지를 하던 여성은 1년 전부터 이 소장의 지시에 따라 식당에서 노동자들에게 제공할 밥을 했다. 원래는 청소노동자로 고용돼 도서관에서 실제로 청소일을 했다. 문제는 소장이 예전부터 밥할 사람을 청소노동자 중에서 자기 마음대로 정했다는데, 대부분은 그의 마음에 드는 사람이었다는 점이다. 말을 듣고 보니 설거지하던 여성은 소장의 하수인 역할을 했을 테고, 그 때문에 지영을 비롯한 노동자들에게 왕따를 당하는 것이라 짐작할 수 있었다. '밥순이'라고 하대하면서 말이다.

쫓겨난 전임 박 소장 밑에서도 8년 정도 밥을 했던 노동자가 있었다고 한다. 주로 '밥언니'라고 불렸다는 '전임 밥순이'는 박 소장이 있을 때만 해도 부소장급의 권력을 쥐고 있었단다. 소장이 자리를 비우면 밥을 하던 그녀가 대신해서 노동자들에게 물품을 줬기 때문이라는데, 지영의 말에 따르면 그곳에서 '물품 지급권'이란 소장만이 누릴 수 있는 엄청난 권한이었다고 한다. 그런 권한을 그녀에게 줬다는 건 바꿔 말하면 소장이 자신의 일부를 떼어줬다는 의미나 다름없었다. 그랬던 '전임 밥순이'는 박 소장과 사이가 틀어진 이후 경영대 건물에서 청소를 했다고 한다. 청소일을 하면 얼마 버티지 못하고 자기 발로 나갈 거라 계산한 박 소장의 처분이었다고.

"그랬는데 박 소장이 한참 잘못 생각했죠. 밥언니는 그 뒤로 2년을 더 버텼어요. 결국 박 소장은 쫓겨나고 언니가 남은 셈이죠."

지영의 말을 듣고 있자니 소장을 대신해 물품을 나눠 주는 게 뭐가 대수냐는 생각이 들었다. 누가 나눠 준다고 해도 당연히 물품을 지급하는 권한은 관리자인 소장에게 있는 것이 아닌가. 나는 지영에게 물품을 나눠 주는 일이 어떤 의미가 있길래 밥하던 사람이 부소장급의 권한을 가질 수 있는지 물었다.

그녀는 어떻게 설명해야 할지 난감해했다.

"사실상 물품을 배급제로 받았거든요, 저희가. 노조 만들기 전에는 말이죠. 물품 받기가 그만큼 힘들었다는 소리예요."

그녀는 자신이 처음 입사했을 때의 황당한 경험을 이야기해줬다.

"제가 처음 ㄱ대에 왔을 때가 2010년이니까…."

그녀가 손가락을 접으며 셈했다.

"아, 맞다. 우 소장이 있었을 때네요. ㄱ건설 들어오기 전에 ㅅ성홍이란 곳이 용역하고 있었을 때예요. 우 소장이 청소용품 주는 데 있어서는 참 인색했어요. 예를 들면 락스를 말예요, 마요네즈 담는 작은 플라스틱 통 있죠, 마트에서 파는 거. 거기에 4분의 1 정도 쳤어요. 그게 한 달 치였어요. 그걸론 이틀도 못 써요. 그거는 정말이지 청소하지 마라는 소리예요. 손톱만큼도 안 되게 짜서 해야 해요. 아끼고 아껴가며 한 달간 화장실 청소를 하면 당연히 지린내가 날 수밖에 없는 거죠. 그런데 지린내가 나면 또 청소 제대로 안 했다고 쿠사리를 줘요. 나중에는 쿠사리 안 들으려고 제가 자비로 락스를 사서 썼어요. 한 말을."

그녀는 양손을 들어 허공에 대고 둥그렇게 그렸다. 부릅뜬 그녀의 눈에서 자신의 부당함을 모자람 없이 전달하고픈 의지가 보였다. 그녀가 허공에 그린 락스 한 말은 마요네즈 병에 받았다는 양에 비하면 10배는 넘을 양이었다.

"대부분이 그래요. 그때는 다 자기 돈으로 청소용품 사서 쓰는 게 일이었죠. 그런데 아까 쫓겨났다는 박 소장은 더 심했다니까요. 완전 자린고비가 따로 없었어요. 양은 고사하고 아주 물품을 받는 일 자체가 힘들었어요. 소장들이 청소용품을 잘 안 주는 이유는 딱 한 가지예요. 물품 되팔아서 돈 벌려는 거죠. 그게 이른바 그들의 재테크였죠. 짭짤했다더라고요."

박 소장과 달리 현재 소장은 노동자들이 물품을 달라고 하면 무조건 준다는데, 노조가 생기고 달라진 변화 중 하나였다. 밥순이도 어떤 권한 없이 밥만 했는데 그야말로 별칭 그대로 밥순이인 셈이었다.

그럼에도 청소노동자들이 여전히 밥순이를 하려는 이유는 소장의 위세를 업는 것뿐만 아니라 다른 노동자들이 받는 급여를 고스란히 받으면서 밥만 하면 되기 때문이었다. 밥하는 일이 쉽지는 않지만, 다른 청소노동자들에 비해 출근도 늦게 하고 퇴근도 일찍 한다는 말을 들으니 엄청난 혜택을 받는 듯 보였다. 근로계약서에 밥순이는 조리사가 아니라 청소노동자로 되어 있었기 때문에 가능한 일이었다.

　밥순이는 내가 식당에 발을 디딜 때부터 경계하는 듯하더니 지영을 따라다니는 나를 계속 째려보았다. 나는 밥순이의 시선을 무시한 채 싱크대로 향했다. 밥과 국이 각각 '스뎅' 그릇에 담겨 있었다. 양손에 밥과 국을 들고 지영이 있는 테이블로 가서 앉았다. 밥순이를 등진 자리였다. 왠지 모르게 뒤통수가 따가웠다. 곧이어 등 뒤에서 밥순이가 누군가와 통화하는 소리가 들렸다. 나에 대해 말하는 것 같았다. 그녀가 조용조용 설명하는 사람의 인상착의가 딱 나였기 때문이다. 식당 안에서 학생 같은 차림의 사람은 나뿐이었다. 추측건대 그녀가 전화를 하는 상대는 이 소장 같았다.

　지영이 집에서 싸 왔다는 무생채를 내 쪽으로 밀어주면서 말했다.

　"식당 온다고 했는데 많이 실망했죠?"

　나는 괜히 뜨끔했다. 식당이라 말하길래 오기 전에 꽤 기대했었는데, 예상했던 그림과는 많이 달라 휴게실에서 먹는 게 더 나을지 모른다는 생각을 하던 중이었다. 식당 메뉴로는 밥과 국만 있었고 반찬은 따로 없었다. 1인당 단가가 500원도 안 될 듯한 식단이었다.

"원래 여기서는 밥이랑 국만 나오고 반찬은 안 나와요. 저 처음에 왔을 때부터 그랬어요. 밑반찬은 우리가 집에서 직접 싸 오는데 들고 오기 귀찮아서 그냥 먹는 언니들도 있어요. 국에 말은 밥만 먹는 거죠. 그래도 이게 나아진 거예요. 예전에는…."

더 심했단다.

"진짜 최악이었어요, 최악. 지금은 국에 건더기라도 있죠. 옛날에는 그냥 허여멀건 '물국'이었어요. 건더기는 보이지도 않고 물만 있었거든요. 저도 처음에는 당황했어요. 이게 국인가 싶었죠. 싱겁다 못해 맹물이라 해도 믿었을걸요."

국은 주로 콩나물국, 미역국, 된장국이 교대로 나온다는데 대충 어느 요일에 어떤 국이 나올지 짐작할 수 있을 만큼 단순한 패턴이었다.

"밥도 밥이지만 여기가 얼마나 열악했냐면요, 바닥에 앉을 수가 없었어요. 여름에는 비가 와서 물이 샜고 겨울에는 보온이 잘 안 돼서 냉골이었죠. 지붕이 무너져 내리는데, 수리 한 번을 안 했어요. 지금도 밖에 가서 보면 지붕이 푹 주저앉아 있어요. 뭐 하나 제대로 갖춰진 게 없었죠."

나는 지영의 말을 다 듣고서야 비로소 밥을 뜰 수 있었다. 그녀와 함께 온 다른 노동자들은 이미 밥을 국에 말아서 먹은 지 오래였다. 그들은 누구나 할 것 없이 국밥 퍼먹듯 흡입했다. 나도 모르게 그들의 속도를 맞추다가 하마터면 체할 뻔했다. 굉장히 빠른 식사 속도였다.

숟가락을 놓자, 그제야 의문이 들었다. 주변에서 빨리 먹으라고 보채는 사람도 없고 휴식 시간도 충분히 남았는데 노동자들이 급하게 식사를 하는 이유가 뭘까.

"원래부터 빠른 사람이 어디 있겠어요. 그게 다 이유가 있어요. 식당 봐요. 공간이 협소하잖아요, 딱 봐도…. 밥을 교대로 먹어야 돼요. 한꺼번에 다 못 먹어요. 그래서 3교대로 시간을 짰죠. 안 겹치게. 예를 들면 도서관은 8시, 우리 건물은 8시 10분, 이런 식으로요. 빨리 먹는 버릇이 교대 때문에 생긴 거예요. 조금이라도 느리게 먹으면 소장이 눈치를 팍팍 줬거든요. 욕도 오지게 먹었어요. 늦게 먹는다고. 빨리 먹는 게 여기서는 관습처럼 굳어져 있었으니까요. 무조건 빨리 먹을 궁리만 했어요. 어떻게 하면 5분 안에 먹나. 5분도 사치죠. 진짜 그 생각뿐이었어요. 어쨌든 여기서 늦게 먹는 사람은 그냥 다 간첩이라고 보면 돼요. 처음에는 저도 진짜 적응을 못했어요. 지금은 그나마 조금 나아진 거죠."

"어떻게 나아질 수 있었어요? 식당이 넓어지진 않았을 텐데."

"물론 지금도 3교대이기는 하지만, 교대 시간이 늘어났어요. 여유가 생긴 셈이죠. 다 노조 생기고 좋아진 점이에요. 이제는 밥을 느리게 먹어도 뭐라 할 사람도 없고요. 그런데도 언니들은 빨리 먹는 게 습관이 돼서 그런지 얼른 먹고 다시 휴게실에 가요. 빨리 휴게실 가서 쉬고 싶은 마음도 있겠지만."

지영은 내가 숟가락을 내려놓았는데도, 여전히 식사 중이었다. 다른 노동자들에 비해 확실히 식사 속도가 느린 편이었다.

입사 후, 그녀는 식당에만 오면 다른 동료들의 식사 속도를 맞추느라고 자주 위장병에 걸려서 고생을 했다고 한다. 그 상황에서 벗어나고 싶었던 그녀가 생각해낸 방법은 바로 '빨리 먹고 체하느니, 천천히 적게 먹기'였다. 그녀의 방법에는 단점이 있었다. 퇴근할 즈음, 적은 식사량 탓에 눈앞이 깜깜해질 정도로 허기가 졌고, 그러면 집에 허겁지겁 달려가서 '두 번째 점심'을 먹어야 했다. 그럼에도 마음은 편했단다. 그녀가 밥을 늦게 먹는다고 나무랄 사람이 주위에 아무도 없었으니까. 당시에는 양푼에 밥과 반찬을 쏟아붓고 고추장을 넣어 비벼 먹는 게 그렇게 맛있을 수 없었다는데, 그때가 하루 일과 중 유일하게 행복한 시간이었다고 한다. 당시는 지영처럼 모든 청소노동자가 '생존식사'를 했던 것이다.

"이것도 얼마 안 남았어요. 다음 달 1일부터 휴게실에서 밥을 먹을 생각이에요. 여기서 후진 식단으로 식사를 하느니 아예 식대를 받아내서 우리가 해먹으려고요. 아직 업체와 협상 중이기는 한데 식대를 안 줘도 당분간 휴게실에서 밥을 먹을 거예요. 이런 단체행동이 우리만의 투쟁 방식이거든요."

미소 짓는 지영 뒤로 화장실 문이 열렸다.

"아이고, 이 학생이구나. 반가워라."

화장실에서 나오던 여성이 밝게 웃으며 다가와 내 어깨를 두드렸다. 나는 경황없이 일어나서 그녀를 향해 무의식적으로 고개를 숙였다. 그녀가 계속 어깨를 두드리며 '고맙다'는 말을 반복하는 통에 한동안 서지도 앉지도 못한 어정쩡한 자세로 있어야 했다. 앉아서 이야기하라는 지영의 말이 있고서야 그녀는 힘 있게 손을 뻗으며 나에게 악수를 청했다.

　"전화로 이야기 들었어요. 저는 서경지부 ㄱ대분회장 최수연이라고 해요."

2

유령들

"근로자"란 직업의 종류와 관계없이
임금을 목적으로 사업이나 사업장에
근로를 제공하는 자를 말한다.

——— 근로기준법 제2조 1항 1호

    수연과 지영을 처음 만나던 날 이런저런 이야기를 나누다 조심
스럽게 그들의 삶을 기록해도 되겠냐고 물었을 때, 지영은 생각하
고 말고도 없이 단번에 괜찮다고 했고 수연 역시 흔쾌히 받아주었
다. 다행히도 나는 정식 채용은 아니지만 체험의 기회를 가질 수 있
었다.

    체험을 시작하기로 한 첫날은 일어나는 일부터 고역이었다. 전
날 밤, 일찍 일어나려고 저녁 8시쯤 잠자리에 들었다. 노동자들이
대부분 이 시간에 잠든다고 들었다. 하지만 잠이 오지 않아서 이리
저리 수도 없이 뒤척여야 했다. 일찍 자려고 인터넷에 올라온 '잠

잘 오는 방법'을 따라 했다. 적당한 운동 후에 미지근한 물로 샤워하고, 따뜻한 우유까지 한 잔 마셨다. 물론 낮잠은 한 번도 안 잤고, 카페인 음료는 더더욱 입에 안 댔다. 하지만 소용없었다. 왜 잠이 안 오는지, 기가 막힐 노릇이었다. 빨리 일어나야 한다는 중압감 탓이었을까. 밤새 내 눈동자는 말똥말똥했다.

비몽사몽 출근을 하고 지영에게 지난 밤 이야기를 들려주었다.

"저도 첫 출근을 앞두고 그렇게 잠이 안 오더라고요."

새벽형 인간으로 변하는 데 대략 한 달 정도 걸렸다는 지영은 일을 시작했을 때 겪었던 출근 일화 한 가지가 떠오른다며 말해주었다.

"제가 일 처음 시작했을 때도 지금처럼 출근 시간이 6시였어요. 그런데 일 소개시켜준 언니가 4시 반까지 오라더라고요. 그런가보다 하고 출근했는데 저랑 비슷한 시기에 입사한 한 언니는 계속 6시에 출근했죠. 그러더니 어느 날부터 안 보이는 거예요. 나중에 들은 이야기인데, 한번은 다른 언니들이 그 언니한테 새벽 5시 넘어서 출근하면 지각이라고 뭐라 그랬나봐요. 그런데도 그 언니는 그건 자기네들끼리 만든 룰일 뿐이지, 계약서에는 6시가 출근 시간이라고 하면서 계속 그때 출근을 했다는 거죠. 다른 언니들이 자꾸 지각했다고 난리를 치니까, 이 언니가 소장한테 찾아가서 직접 물어본 거예요. 계약서에 적혀 있는 시간대로 맞춰 왔는데 그게 늦은 거냐고. 소장이 우물쭈물하며 그건 아니라고 말을 흐렸대요."

어쨌든 소장한테서 지각이 아니라는 말을 들었으니 그 언니는 계속 6시 출근을 고수했단다. 그랬더니 소장까지 합세해서 다른 청소노동자들이 지각이라고 볼 때마다 몰아붙였고, 그렇게 버티다가 더 이상은 안 되겠는지 지각이 아닌데 지각이라고 하는 이런 비합리적인 곳에서 일할 수 없다는 말을 남기고 그만뒀다고 한다. 이야기를 이어가던 지영의 얼굴이 점점 씁쓸해졌다.

"소장이 그렇게 말했는데, 별 수 있나요. 무조건 따라야죠. 근로계약서대로 6시에 출근하면 지각이었던 거죠. 지금도 언니들은 출근 시간보다 훨씬 더 일찍 와요. 일찍 온다고 돈 더 주는 것도 아닌데, 새벽에 일을 다 끝내야 한다는 거예요. 정말 이해할 수 없어요. 새벽에 못 하면 아침 먹고 하면 되고 아침 먹고도 안 되면 점심 먹고 하면 되잖아요. 근데 언니들은 그러면 안 된대요. 새벽에 일을 못 끝내면 진짜 죽는 줄 아는 사람들이에요. 그때 그 언니가 아직까지 남아 있었다면 지금쯤 분회장 정도는 거뜬히 하면서 언제든 맨 앞에 서서 싸웠을 성민데…."

이야기를 듣는 나 역시 이해할 수 없는 일이었다. 수당이 더 붙는 것도 아니고, 일찍 와서 빨리 일을 끝마쳤다고 그만큼 일찍 퇴근시켜주는 것도 아닌데 말이다.

"저는 노조가 생기고는 근로계약서대로 6시에 딱 맞춰 출근해요. 그래도 주말에 늦잠 자는 건 예전하고 똑같지만…."

그때 지영은 한 달 정도 지나면 새벽형 인간으로 변해 있을 거라

　　　　　　　　　　　　　　　　　　　　유령들

고 했었다.

지영의 말대로 ㄱ대 청소노동자들과 함께 일한 지 두 달 정도 지나자 어느새 새벽 출근도 청소일도 나름 몸에 익어갔다. 그즈음 학교는 중간고사 기간을 맞아 늦은 시간까지 남아 있는 학생들이 많았다.

새벽의 불 꺼진 강의실은 대부분 텅 비기 마련인데 시험 기간에는 강의실에서 잠들어 있는 학생들이 종종 있었다. 대부분은 책상에 엎드려 잠을 청했지만, 간혹 의자를 두세 개씩 모아 침대처럼 만든 뒤 누워 있는 학생들도 있었다.

나는 그들이 깰까 봐 까치발을 하고 강의실로 들어갔다. 손에는 시험에 대비할 전공서와 노트가 아니라 빗자루와 쓰레받기가 들려 있었다. 어느 정도 손에 익었다고 생각했는데 조심해야 한다고 생각해서인지 오히려 이리저리 부딪혔다. 소리들은 진공 상태같이 고요하기만 한 강의실에서 더 크게 울렸다. 그때마다 학생들은 잠결인데도 잔뜩 얼굴을 찡그리고 노려봤다. 내가 본격적으로 바닥을 쓸려는 찰나, 지영이 조심스레 강의실 문을 열고 얼른 나오라며 손짓을 보냈다.

복도 쪽 어둠 속에서 흐릿하게 보이는 지영의 체구가 평소보다 왜소해 보였다. 제 몸보다 큰 근무복 탓에 어린아이가 어른 옷을 골라 입은 모양새였다. 거추장스러워서라도 웬만하면 자신의 체형에 맞는 옷을 입기 마련인데, 지영은 일을 할 때면 매번 두 치수나 큰 낡은 남색 동복을 입었다. 다른 노동자들 사정도 대개 비슷했다. 청소노동자들은 왜 큰 치수의 옷을 입는지 궁금해서 물어본 적이 있었다.

"퇴직한 언니들 근무복을 물려 입어서 그래요."

소장에게서 새 근무복을 받아본 '언니들'은 여태껏 단 한 명도 없다고 그녀는 단언했다. 한번은 제대로 된 청소복 좀 달라고 박 소장에게 용기 내서 말했지만 청소부가 무슨 좋은 옷이 필요하냐는 말을 들어야 했단다. 자신이 받은 근무복을 나에게 보여주겠다며 컬렉션처럼 바닥에 펼쳐놓고 지영이 말했었다.

"넝마나 다름없죠? 이것도 옷이라고 입고… 쯧쯧."

우중충한 검은색 솜옷부터 빨간색 조끼까지, 얼마나 많이 받았는지 종류도 다양했다. 색깔만 봐도 용역업체가 몇 번 바뀌었는지 알 수 있었다. 삼베옷 비슷한 하복은 허름함의 정도가 심각했다. 박음질도 비뚤배뚤 엉망이었고 바느질실도 이곳저곳에서 너덜하게 삐져나와 있었다. 옆구리 쪽에는 검지 손톱만 한 구멍도 뚫려 있었다. 근무복 자체가 용역 노동자의 현재를 보여주는 듯했다.

"다행히 이 근무복 볼 날도 얼마 안 남았어요. 며칠 뒤에 새 근무복을 받거든요."

ㄱ대에서 청소일을 하고 처음 받아보는 근무복이라며 지금껏 회사에서 주던 관례에서 벗어나 노조에서 직접 자신들에게 맞는 옷을 골랐다고 지영은 웃으며 말했다.

어둠 속에서 허름하게 서 있는 지영을 보자 새 작업복에 대해 꽤나 큰 기대를 내비쳤었던 그녀의 얼굴이 떠올랐다.

나는 지영에게 알았다는 손짓을 하고 부랴부랴 칠판에 세워둔 대걸레까지 챙겨서 강의실을 나왔다. 그때도 청소도구 부딪히는 소리가 어김없이 났는데, 한 학생이 고개를 들고 나지막하게 욕을 했다. 나는 욕을 들어서 화가 나기보다는 잠을 깨워서 미안하다는 마음밖에 들지 않았다.

지영은 나를 그 강의실에서 제일 먼 곳으로 데리고 갔다. 주위를 둘러보며 아무도 없음을 확인하고서야 강의실을 청소할 때 주의해야 할 점을 알려주었다.

"시험기간에는 특히 조심해야 해요. 학생이 한 명이라도 있는 강의실은 제일 나중에 하는 게 좋아요. 괜히 우리가 청소하는 소리에 깰 수도 있잖아요. 최대한 학생들에게 방해 안 되게끔 조용히 하는 게 중요하거든요."

"방금 저 때문에 한 친구가 깼어요."

고개가 저절로 떨궈졌다.

"그거 봐요. 청소할 때는 무조건 우리가 없는 듯 행동해야 돼요. 유령처럼…."

유령이 되란다. 청소노동자가 되기 위해서는 새벽 출근이나 일도 일이지만 지영이 말하는 것처럼 유령이 되어야 했다.

나는 빈 강의실을 골라 다섯 곳만 청소하고 그녀를 따라 남자 화장실로 들어갔다. 아직 두 곳이 남아 있었는데 화장실 청소를 끝내고, 마무리할 참이었다. 때마침 소변을 보던 학생이 있었다. 그는 지영을 보고도 투명인간처럼 대했다. 반면에 그녀는 그의 존재를 확인하자 몸을 틀어 화장실 밖으로 나갔다. 그는 지영보다 청소복 차림에 고무장갑을 끼고 있던 나를 더 신기하게 바라보았다. 학생이 나가자마자 지영이 다시 들어왔다.

"휴…, 학생이 있었네요."

지영이 뜸을 들이더니 다시 말을 이었다.

"솔직히 저도 여자잖아요. 들어갔는데 남자가 있으면 놀라요. 학생이든, 교직원이든. 그래서 화장실 청소할 때마다 '청소 중입니다'란 표지판을 문에 꼭 걸어놔요. 새벽에는 원래 사람이 없는데, 시험기간이란 걸 깜빡했네요."

나는 그 말을 듣고 눈치껏 '청소 중입니다'라고 적힌 팻말을 찾아서 남자 화장실 문고리에 걸어놓았다.

"다른 언니들은 남자 화장실에 사람이 있든 없든 그냥 아들 같다 생각하고 청소해요. 하지만 저는 무조건 그 표지판을 문고리에 걸어요. 처음 일 시작했을 때부터 버릇을 들여서, 계속 하게 되더라고요. 새벽에는 아무도 없으니까 그냥 청소를 하지만 오전이나 오후 시간대에는 무조건 걸어놓죠. 그러면 대부분은 들어오지 않는데, 꼭 교직원 중에 몇 사람이 아무렇지 않게 소변을 보고 나가요."

그때 또 누군가가 들어오려 했다. 나는 청소 중이라고 위층 화장실을 쓰라고 부탁했다. 그녀가 한숨을 쉬었다.

"지금처럼요."

잠시 침묵이 흘렀다.

"특히 나이 든 사람들이 더 심해요. 기분이 별로 좋지는 않아요. 저를 무시하는 것 같기도 하고 아예 사람으로 생각 안 하는 것 같기도 하고. 그래서 하던 일을 딱 그만두고 밖으로 나갔다가 그 사람이 나가면 다시 들어오곤 하죠. 한 달에 한두 번도 아니고 매일 반복이죠. 기본적인 에티켓인데, 기분이 상할 수밖에 없어요."

지영은 해골 표시가 그려진 칸을 열더니 커다란 플라스틱 청물통을 꺼냈다. 그 통에 대걸레 네 자루와 퍼런 손걸레 한 장, 비눗물이 담긴 퐁퐁 한 병 그리고 고리 모양의 은색 철수세미와 녹색 수세미 각각 한 개씩을 차례대로 집어넣었다. 지영은 내게 남자 화장실을 맡기고, 덜그럭덜그럭 물통을 끌고 복도로 나갔다.

"잠시만요."

다시 화장실로 들어온 지영이 주섬주섬 고리 모양의 철수세미를 늘려서 발에 끼웠다. 그들이 지급받은 보라색 털신에 미끄럼 방지 장치가 없기 때문이리라는 생각이 들었다. 나도 곧장 그녀를 따라서 철수세미에 발을 끼웠다. 화장실 바닥에 퐁퐁을 조금 뿌리고 신발을 쓱쓱 밀어봤는데, 정말로 미끄러지지 않았다. 철수세미는 겉보기에는 별것 아닌 것 같은데 화장실 청소 때 참 요긴하게 쓰였다. 세정제를 뿌려놓아 미끄러운 화장실 바닥에서 철수세미는 청소노동자에게 아이젠 역할을 했다. 이가 없으면 잇몸으로 살려는 노동자들의 기지가 엿보였다. 물론 작업화가 제대로 갖춰졌다면, 불필요한 일이었다.

지영이 나간 후 먼저 세정제를 만들었다. 두 달 전쯤, 도서관에서 일하는 노동자에게 배운 기억을 더듬었다. 조그마한 건설용 시멘트 용기에 락스와 퐁퐁, 하이타이를 눈대중으로 적절히 섞고 뜨끈한 물을 부으면 끝이었다.

완성한 세정제를 남자 소변기에 끼얹었다. 소변기 주변에는 어디나 할 것 없이 바닥이 누렜다. 제 과녁에 명중하지 못한 오줌이 반원 띠 모양으로 누렇게 말라 있었다. 그곳에서 지린내가 강하게 풍겼다. 소변기 내부도 누렇기는 매한가지였다.

나는 솔질을 시작했다. 누런 찌꺼기와 지린내를 없애려고, 소변기를 부서져라 빡빡 닦았다. 솔질을 마친 후 시멘트 용기에 담은 뜨끈한 물을 끼얹어서 씻겨냈다. 찌든 때가 사라지니 내 속이 다 후련했다. 강한 락스 냄새가 코끝에서 맴돌았다.

다음은 양변기 칸 쪽으로 다가갔다. 왠지 낌새가 이상해서 문을 하나하나 열어보는데 예상대로 변기가 막혀 있었다. 변기 옆에 세워져 있던 '뚫어뻥'을 들었다. 똥 냄새를 맡지 않으려고, 숨쉬기를 아예 포기했다. 빨래집게가 있었다면 곧바로 코를 집었을 것이다. 뚫어뻥으로 여러 번 펌프질을 해보았지만 꽉 막혀서인지, 처음 해보는 일이라서인지 변기는 생각보다 잘 뚫리지 않았다. 괜히 화장실 청소를 한다고 했나 살짝 후회가 들기도 했고, 대신 해달라고 지영을 부를까 하는 생각까지 들었다. 어느 순간부터 시도 때도 없이 헛구역질이 나왔다. 간혹 얼굴로 똥물이 팍팍 튀었다. 아 씨, 더러워 죽겠네. 미간이 자연스레 찌푸려졌다. 이러다 똥독 오르는 거 아닌가, 최악이었다.

변기를 막은 주범은 라면 면발이었다. 면발 더미가 지렁이처럼 휴지 뭉치 위로 꿈틀대듯 기어 다니고 있는 걸 끝이 살짝 녹슨 철집게로 집어서 땅바닥에 떨궜다. 학생들이 공부하다가 야식으로 컵라면을 먹고 버린 듯싶었다. 5분 정도 양변기와 씨름을 하자 그제야 물이 시원하게 내려갔다. 그래도 다행이었다. 지영을 부르지 않았으니까.

전날도 변기가 막혀 있었는데, 양변기가 아니라 남자 소변기였다. 소변기에 휴지가 한 무더기로 들어가 있었다. 학생들이 손을 씻고 물기를 닦은 휴지를 소변기에 아무렇게 내버린 탓이었다. 몇몇 학생들은 정말이지 이해 못 할 일을 하루에 한 번씩은 꼭 저지른다고 지영이 말했었다. 똥 묻은 휴지를 휴지통이 아니라 바닥에 마구 버리기도 하고, 손을 닦은 휴지 뭉치를 아무렇게 던져 버려 소변기의 수챗구멍 틈새를 막기도 한단다. 막힌 소변기에는 오줌물이 가득차서 바닥으로 흘러넘치는데, 도서관에서 일하는 한 노동자는 그 상황을 "둑이 터졌다"고 빗대어 표현하기도 했다.

지영의 말로는 시험기간에 소변기와 양변기가 더 많이 막힌다고 한다. 늦게까지 학교에 남아 공부하는 학생이 다른 때에 비해 많기 때문이었다. 축제 날은 상황이 더 심각한데, 그때는 주로 양변기가 골칫덩이라고 했다. 양변기에 술을 먹고 토하거나 음식물 쓰레기를 버려서 막히는 일이 부지기수로 발생한다는데, 청소노동자가 아니더라도 매년 축제 때마다 누구나 화장실서 보았던 흔한 풍경일 것이다.

화장실 청소를 마치고 나오자 지영이 조금만 쉬었다 하자면서 자판기에서 뽑아온 믹스커피를 건넸다. 내가 5분 동안에 걸쳐 양변기와 씨름한 이야기를 늘어놓자 지영은 애교에 불과하다며 손사래를 쳤다.

"한 화장실 변기가 다 막힌 적도 있었어요. 그거 뚫는 데만 30분이 넘게 걸렸죠. 결국 한 곳은 끝내 뚫지 못해서 하수도를 완전히 교체했었어요."

30분이면 새벽에 강의실 청소 2~3곳을 더하고도 남을 시간이었다.

"청소가 쉽지 않죠?"

"온몸이 뻐근하네요. 이제 좀 몸에 익었다 싶다가도 또 어려워요."

"저도 그랬어요."

"저야, 잠시 체험하는 것뿐이잖아요. 어머니들처럼 직업으로 청소일을 했으면 어땠을까 싶어요."

유령들

솔직히 나는 체험을 시작하기 전에는 청소일을 만만하게 봤었다. 군대에서도 이병 때 빡세게 했었는데 쉽게 하겠지,란 마음이었다. 하지만 고무장갑을 끼는 순간부터 생각을 달리해야 했다. 내가 오만했었구나. 빨빨거리며 얼굴이 시뻘게질 정도로 일했다. 얼마나 많이 몸을 움직였는지 어깨와 허리 쪽이 쑤셨다. 한눈팔 새 없었다. 매번 청소를 할 때마다 드는 생각이지만, 새벽 시간이 어떻게 지나갔는지도 모를 정도였다.

우리가 앉아서 쉬고 있는 복도 쪽으로 먼동을 밝히는 새벽빛이 아스라이 번지기 시작했다.

"어머, 벌써 환해지려 그러네."

아직 새벽 청소를 끝내지 못했다는 지영이 자리에서 일어나 종종걸음으로 멀어졌다.

죄책감

직접 근로관계를 맺고 있는 근로자나
당해 노동조합 또는 사용자 기타 법령에 의하여
정당한 권한을 가진 자를 제외하고는
누구든지 쟁의행위에 관하여 관계당사자를
조종 · 선동 · 방해하거나 기타 이에
영향을 미칠 목적으로 개입하는 행위를
하여서는 아니된다.

———— 구 노동쟁의조정법 제13조의2 중, 1997년 폐지

2011년에 이사장으로 복귀했던 그가 햇수로 4년 만에 법정 구속
되었다. 이사장의 구속 이야기로 학교가 술렁이던 그날 수연에게
서 뜻밖의 소문을 들었다. 이사장이 학교로 복귀하던 해에 수연 또
한 ㄱ대에서 청소일을 시작했는데, 오십 평생 처음 가져본 직장에
서 최초로 들은 소문이라 또렷이 기억난다고 했다.

수연의 예전 이름은 순희였다. 그녀는 노조에 가입하고 1년 후
에 개명했다고 한다. 노조가 생긴 지 3개월 만에 공석이 된 ㄱ대분
회의 분회장 자리를 맡은 후, 대외 활동 자리에서 자신을 소개할 때

이름이 촌스러운 것 같아 바꿨다는데, 수연과 오랫동안 생활했던 동료들은 여전히 그녀를 입에 익은 순희라고 불렀다.

"내가 ㄱ대에서 일한 지 얼마 안 됐을 때 요상한 소문이 돌았어요. 당시에 새로 올 우리 사장이 ㄱ대 이사장이랑 친분이 있다지, 뭐야. 고스톱 멤버였다나. 하여튼 이사장 관사에서 고스톱을 자주 쳤다더라고. 그러니까 지금 이사장 있잖아요, 그 노인네가 이사장 되기 전에. 그 고스톱 멤버에 박 사장이 어떻게 포함됐는지는 잘 모르겠지만, 어쨌든 이사장이랑 꽤 친하다는 말이 있었어."

처음 듣는 소리였는데 진짜 같았다. 그도 그럴 것이 ㄱ건설이 ㄱ대 청소용역업체로 선정된 과정은 의문투성이였다. 왕년에야 서울 일대 빌라 중에서 박 사장의 손이 닿지 않은 곳이 없다고 이야기할 정도로 노가다 바닥에서는 그를 모르는 사람이 없었다고 한다. 하지만 과거의 영광을 아무리 외쳐댄들, ㄱ대에서 청소용역사로 선정될 당시는 어떤 일도 받지 못하는 용역업체 사장에 불과했다. 그야말로 '생초짜'였다. ㄱ대 총무처는 그 사실을 아는지 모르지 ㄱ건설과 수의계약을 맺었다.

게다가 박 사장은 전 아무개라는 사람의 명의를 빌려서 청소용역업을 시작했다. 수연에 따르면, 청소용역 협회의 협력사가 돼야 청소용역을 맡을 수 있는데 박 사장은 그때까지 그러한 절차를 밟지 못한 탓에 급하게 명의를 빌릴 수밖에 없었다는 것이다. 한 조합원에게서 또 다른 이야기도 들었다. 박 사장이 공중위생관리법에 따라 지자체에 건물관리위생업을 하겠다고 신고하지 않은 상태였기 때문에 명의를 빌린 것이라는 말이었다. 어찌 됐든 박 사장은 애초에 청소용역 자체를 할 수 없는 부적격자였던 셈이다.

소문이 분분한 가운데 박 사장은 ㄱ대와 용역 계약을 맺은 지 1년 4개월이 지나서야 비로소 ㄱ건설을 자신의 명의로 돌렸다. 그때 회사명도 바꾸었다. 청소용역을 하는 데 건설이란 이름만 있어 이상한 시선을 느꼈는지 이전 회사명 뒤에 '및용역'을 붙이고 본격적으로 청소 사업에 뛰어든 것이다.

그런데 왜 아무런 준비도 되지 않은 업체가 ㄱ대의 청소용역 업무를 맡게 되었을까. 소문대로 고스톱을 같이 친 인연을 중시한 이사장이 청소용역 선정에 검은손을 뻗쳤을지도 모른다. 그의 행적을 돌아보면, 충분히 그럴 만한 사람이었다.

이사장은 징역 5년의 실형을 선고받았다. 추징금만 6000만 원이었다. 건물 리모델링 계약과 교사 채용 대가로 뒷돈을 챙긴 혐의였다. 그가 임명한 제9대 총장이 그를 용서해달라고 탄원서까지 써주었지만, 비극적이게도 스승의 날에 법정 구속됐다.

수연이 강의실 의자에 등을 붙이며 말했다.

"그 일이 있고도, 지금까지 계약을 계속하고 있어요. 햇수로만 따지면, 벌써 4년째예요."

"그 일이라면?"

"아, 모르시겠구나. 우리가 처음 노조 만들었을 때요."

유령들

"2013년요?"

그녀의 눈이 휘둥그레졌다. 놀란 눈치였다.

"어떻게 알았어요?"

"언론에 나왔었잖아요, 크게."

그해 겨울, 나는 졸업을 미루고 '5학년'을 앞둔 상황이었다. 피 같은 돈 60만 원을 학교에 '헌납'하고 대학생 신분을 1년 더 연장해야 했다. 재학생 신분을 유지해야 취업이 더 잘된다는 선배들의 조언을 따랐던 것이다. 아무리 취업난 때문에 5학년이 유행처럼 번졌다지만, 내가 그 당사자가 될 줄은 몰랐다.

"오래 기다렸어요?"

지영이 강의실 문을 열고 들어왔다. 수연과 나는 지영을 기다리고 있었다. 그녀가 가져오기로 한 2015년 임금·단체협약 합의문 때문이었다. ㄱ대 청소노동자들이 적용받는 단체협약에 어떤 내용이 들어 있는지 궁금했다.

"아니요. 온 지 얼마 안 됐어요. 그런데 사무실은 아직 소식이 없나요? 맨날 볼 때마다 빈 강의실 찾으러 다니는 것도 일이네요."

내가 지영을 반갑게 맞으며 사무실 이야기를 꺼내자 수연이 고개를 좌우로 흔들며 답했다.

"주겠어요?"

노조 사무실이 없어서 노조 간부나 조합원들을 만나려면 매번 빈 강의실을 찾아야 했다. 은근히 시간을 잡아먹는 일이었다. 학교에서는 임시로라도 그들에게 노조 사무실을 준다고 했지만, 깜깜 무소식이었다.

그들은 더 이상 학교의 기약 없는 약속을 기다리고만 있을 수 없었다. 얼마 전부터 노동자들이 직접 노조 사무실로 사용할 만한 공간이 학내에 있는지 찾으러 다녔는데, 딱 한 곳이 있었다. 아무도 사용하지 않는 공대 건물의 물탱크실이었다. 10여 년 전에 청소노동자들의 휴게실로 사용했던 공간이라는데, 엘리베이터도 서지 않는 요새 같은 곳이었다.

나는 답사차 수연을 따라 물탱크실을 둘러보았다. 문을 여는 순간, 경악했다. 수년간 아무도 사용하지 않은 흔적들이 곳곳에 배어 있었다. 우선 어디든 먼지가 뿌옇게 쌓여 있었고, 천장에는 거미줄이 쳐져 있었다.

사무실로 쓸 수 없겠다는 나의 생각과는 달리 수연은 청소하고 새로 단장하면 꼴은 갖출 것이라고 했다. 함께 간 서경지부 ㄱ대분회 담당 활동가 역시 얼른 페인트칠을 해서 사무실로 꾸미자고도 했다. 대충 구색만 갖춰서 써보겠다는 의지였다.

하지만 이틀 후, 수연은 물탱크실 사용안을 접어야 했다. ㄱ대분회 간부들과 논의 끝에 결정한 일이었다. 물탱크실을 노조 사무실로 이용하는 자체가 말이 안 된다는 목소리가 다수였다. 지영이 가장 극렬히 반대했는데, 아무리 임시라도 나중에 학교가 물탱크실을 빌미로 다른 공간을 내주지 않으면 어떡하느냐는 반론을 제기한 것이다. 지영은 노조를 만들고 1년간의 경험상 충분히 가능한 일이라고 덧붙였다. 물탱크실 사용안은 결국 없던 일로 마무리됐다. 그 이후로는 마땅한 장소를 찾지 못하고 여전히 빈 강의실을 찾아다니고 있었다.

"솔직히 노조 초창기에는 더 열악했어요. 강의실이나 세미나실 같은 곳을 회의 장소로 이용할 생각을 전혀 못 했으니까요. 정말 아무도. 그래서 생각해낸 곳이 우리 휴게실이에요. 그 비좁은 곳에서 매주 열댓 명의 간부들이 모여 회의를 했어요. 당연히 제대로 진행될 리 없었죠. 숨 막힐 정도로 미어터지니까요. 날씨가 조금만 따뜻하면 밖에서 회의를 했어요, 벤치에 앉아서. 밖이 제일 넓으니까. 학생들이 저 아줌마들 도대체 뭘 하길래 둥그렇게 앉아 있나 생각했을 거예요."

수연의 말이 끝나자 지영이 자리에 앉으며 나에게 사진첩을 건넸다.

"이거 한번 보실래요? 글쎄 운영위원인 언니가 버렸더라고요. 이걸 찾느라 학교를 한 바퀴 돈 거 같아요."

지영은 몹시 화가 나 이미 처음 볼 때부터 얼굴이 벌겋게 상기돼 있었다. 지영은 감정을 잘 숨기지 못했다. 나보고 들으라고 하는 말인지, 아니면 혼잣말인지 모를 소리를 중얼거렸다.

"어떻게 그날의 추억이 담긴 사진첩을 아무렇지 않게 버릴 수 있는지 그 속을 모르겠어요. 버릴 건 버려야 한다면서 그런 거에 의미를 두는 내가 더 예민하다더라고요. 그게 민주노조원으로서 할 소리람, 참."

스프링으로 제본된 얇은 사진첩에는 그들의 첫 투쟁 순간들이 담겨 있었다. 겉표지에 큼직하게 붙은 단체 사진에는 본관 로비에서 몸자보를 입은 사람들이 환히 웃으며 'V' 자를 들어보였다. 일곱 시간 동안 벌였던 두 번째 본관 점거 농성을 마무리하고 함께한 승리 기념 뒤풀이였다.

한 장 한 장 넘기는 사진첩을 함께 보던 지영이 반갑게 말했다.

"어? 연수 학생이네. 오랜만이다."

단체 사진의 맨 오른편에는 네 명의 청년이 쭈그려 앉아 있었다. 그들은 농성 때 청소노동자들과 함께했던 몇 안 되는 ㄱ대 학생이었다. 그때가 2학기 기말시험 기간이었음에도, 300여 명의 학생들을 상대로 일일이 투쟁 지지 서명을 받으러 다녔다. 연수 학생에게 노조 조직 때 많은 도움을 받았다고 지영에게서 들은 적이 있었다.

"만나면 밥이라도 사주고 싶은데 지금은 연락도 안 돼요. 노조 일이 바빠서 새까맣게 잊고 살았는데… 이렇게 보니 더 보고 싶네."

나도 그들의 일에 연수 학생처럼 분노했던 ㄱ대 재학생 중 한 명이었다. 하지만 청소노동자들이 민주노조를 만들기 위한 투쟁 당시 6개월 동안 내가 그들과 연대한 횟수는 다섯 손가락으로도 세기 민망할 정도로 적었다. 아니다. 최대한 멀찌감치 서서 그들의 투쟁을 지켜보기만 했다는 표현이 더 옳다. 나는 닭장차가 학교에 왔을 때 서둘러 자리를 피하기까지 했었다. 청소노동자들을 지지는 했었지만 한편으로는 그들과 함께 있었다고 경찰서에 잡혀 들어갈까 봐 몸을 사린 것이었다. 그들은 누가 봐도 범법의 중심에 서 있었기 때문이다. 점거 농성을 할 때는 총무처나 기획처 사무실에서 '업무방해'를 저질렀고, 총장과의 만남을 위해 불가피하게 '물리적 충돌'도 일으켰다. 법정은 그들의 사정을 이해하려 들지 않았다. 법을 어길 수밖에 없는 상황에 대해서 무심했다. 그들의 행동과 결과만을 보고 죄의 유무를 판단하려 할 뿐이었다. 그때도 그들은 민형사상의 처벌을 받아야 할 처지에 놓여 있었다. 물론 그들의 투쟁은 절실했고 그래서 그들의 '업무방해'와 '물리적 충돌'은 어쩔 수 없는 일이었다. 그렇게라도 하지 않으면, 청소노동자의 이야기를 아무도 들어주지 않았으니까. 이렇듯 머리로는 항상 그들 편에 서 있었지만 몸은 다르게 반응했었다.

나에게는 공권력에 대한 두려움이 있었다. 비슷한 일을 겪은 적이 있어서인지 꽤 조심스러웠다. 1학년 때였다. 학교 일에 반대하는 집회에 참석했다가 고소·고발을 당할 뻔했다. 그때는 지금과 달리 등록금 인상이나 학과 폐지 문제로 농성이 자주 있었다. 물론 학교가 집회를 막기 위해 법을 들이대며 공갈을 놓는다는 사실 정도는 알고 있었다. 하지만 어려서였을까. 범법자가 될 수도 있다는 생각이 머릿속에서 좀체 사라지질 않았다. 한동안 마음고생한 기억 때문에 내가 괜찮다고 생각하는 적당한 선에서만 그들 옆을 지키려 했다. 때마다 여러 핑계를 대고 스스로를 납득시키면서 말이다. 채증을 당할까 봐서, 취업 준비 때문에, 몸이 아파서…. 지금 와서 생각하면 다 말도 안 되는 이유였다. 그야말로 비겁했던 시간이었다.

지영이 사진첩을 유심히 보는 나에게 물었다.

"글 쓴다는 건 잘되고 있어요?"

"아직은….”

나는 머리를 긁적이며 말끝을 흐렸다.

"그런데 전에부터 물어보고 싶었던 건데 우리 이야기를 왜 쓰려는 거예요?"

"나도 물어보려고 했던 건데.”

수연이 끼어들었다.

"저는 그게 굉장히 궁금했어요. 이해가 잘 안 되기도 했고, 우리를 이렇게 찾아왔던 학생이 지금까지 단 한 번도 없었거든요. 학보사 기자들마저도요.”

나는 잠시 어떻게 답해야 할지 고민했다.

"죄책감을 덜어보려고요.”

수연과 지영은 내 말의 진의를 이해하지 못했는지 서로의 얼굴을 보며 고개를 갸우뚱했다.

"미안했어요, 어머니들한테.”

나는 그들을 '어머니'라 불렀다. 마땅히 부를 호칭이 떠오르지 않았다. 노조 내에서 딱히 직책이 있는 것도 아니어서 뭐라고 해야 할지 난감했다. 수연은 직책이 있어서 '분회장님'이라 부른다지만. 지영에게 '조합원님'이라고 하자니 어감이 너무 딱딱했다. '동지'라고 말하려니, 스무 살 정도 나이 차가 나는 어른들에게 쓰기에는 어울리지 않는 느낌이 들었다. 물론 '동지'라는 호칭이 노동계에서 흔하게 쓰이는 단어이지만, 지영 앞에서는 아직 어색했다. 그래서 어쩔 수 없이 쓰게 된 호칭이 바로 '어머니'였다. 어느 책에서 아무리 나이 든 노동자라고 해도 노동자나 조합원, 동지란 호칭을 쓰지 않으면, 그 노동자의 '노동자성'을 상실할 수 있다는 글을 읽은 적이 있다. 그 이후부터는 지영을 '어머니'라고 부르려니 찝찝한 감이 들었다. 나도 그 책의 주장이 맞는다고 느꼈지만, 아무리 생각해도 청소노동자들에게 친근감 있게 다가가려면 '어머니'라고 부르는 게 더 나아 보였다. 무엇보다 부르기가 편했다. 게다가 청소노동자들은 다 내 엄마 또래이거나 그 위였다. 많으면 고모 정도의 나이 대였다. '어머니'란 호칭은 충분히 사용할 만했고 더욱이 지영도 '조합원님', '동지'보다 '어머니'란 호칭을 더 선호했다. 차차 다른 청소노동자들에게도 이름 뒤에 '어머니'란 단어를 붙였다.

"왜요?"

수연과 지영이 동시에 물으며 나를 의아한 눈빛으로 바라보았다.

"어머님들이 노조 만들었을 때 제대로 연대하지 못했다는 생각 때문에요."

잠시 정적이 흘렀다.

"후회가 됐어요. 현수막이랑 소원천이 사라지고 한 2주 후쯤인
가, 그때 다짐했거든요. 만약 글을 쓰겠다고 결정하면, ㄱ대분회 사
람들을 주인공으로 삼겠다고요."

나는 그들을 다시 찾기까지 1년이라는 시간 동안 그들이 가장
힘들게 투쟁할 때 회피했다는 죄책감에서 벗어나지 못했었다. 미
안했다는 이야기를 하면서도 차마 점거 농성 때 그들을 피했다는
사실은 말하지 못했다.

글을 쓰겠다고 결정했을 그즈음, 나는 모든 구직활동을 자체적
으로 전면 보이콧했다. 그리고 지영을 처음 만나던 날 나의 제안은
어쩌면 내가 지난 시간의 죄책감을 더는 일이라고 생각했는지도
모른다. 내 주위 사람들은 이런 나를 전혀 이해하지 못했다.

지영은 흔쾌히 괜찮다고 말했지만, 처음 두어 번의 만남에서는
나를 잘 믿지 못하는 눈치였다. 뜬금없이 만나서는 자신들을 글로
쓰겠다는데, 혹시 학교에서 보낸 스파이가 아닌지 의심하는 것도
같았다. 지영을 만나기 전 잠깐 도서관에서 청소일을 할 때에도 도
서관 청소노동자들은 지영과 비슷한 반응을 보였었다.

그도 그럴 것이 한번은 민주노조가 있는 타 대학에서 학교 측이
근로장학생을 보내 스파이 짓을 시키다 발각된 사건이 있었다. 근
로장학생이 친근한 척하며 은근슬쩍 노조 정보를 빼갔다고 도서관
청소노동자들이 여러 번 이야기했었다. 청소 체험을 시작하고 며

칠 뒤에 지영이 다시 그 이야기를 꺼냈을 때는 이미 알고 있는 이 야기라 흘려들었다. 그런데 나중에 곰곰이 되짚어보니 그녀가 나를 새로운 종류의 스파이로 경계했을 수도 있었겠다는 생각이 들었다. 오히려 믿음을 주지 못한 것 같아 미안함과 동시에 또 한편으로는 약간의 섭섭한 마음이 들기도 했었다.

사진첩의 마지막 장을 넘기는데 사본 문서 두 장이 보였다. 지영이 사진첩에서 사본을 꺼내며, 그 문서들이 2013년에 있었던 점거농성의 첫 결과물이라고 설명했다. 문서마다 각각 ㄱ대 총무처장과 'ㄱ건설및용역' 사장의 서명이 있었다. 지영이 그 내용을 천천히 읽더니 나에게 힘없이 말했다.

"이때는 우리가 정말 이긴 줄만 알았어요."

수연이 '나도'라고 짧게 답했다.

"그럼, 지금은 아니라는 말씀이신가요?"

노사는 물론, 학교와의 합의안도 있는데 이기지 못했다고 하니 이해가 되지 않았다.

"완전히는 아니죠. 노조만 만들면 다 된 거라 생각했을 때니까요. 그때는 우리가 순진하게도 그들의 말을 다 믿었어요. 노조가 떡하니 버티고 있는데 거짓말을 하겠어, 이런 생각이었거든요."

"그들이라면?"

지영이 본관 건물 쪽을 가리키며 답했다.

"학교와 회사 모두요. 그런데 지금 생각해보니, 아니에요. 이제 1

년 반 정도 노조 물 좀 먹었다고 상황 파악이 된 거죠. 그때 ㄱ건설을 퇴출시켰어야 했어요. 그래야 우리가 정말 이겼다고 볼 수 있는데. 엄청 후회돼요. 다시 그날로 돌아간다면 ㄱ건설을 무조건 퇴출시켜야 한다고 주장할 거예요."

"그러게 말이야. 그때 우리는 업체를 바꿔달라고 요청했었지."

수연이 아쉬움이 묻어나는 눈빛으로 나를 바라보며 담담하게 말을 이었다.

"그런데 그들이 업체 교체만큼은 안 된다고 아예 못을 박아버렸지 뭐예요. 이사장 딸이 정책 부실장 신분으로 회의도 하러 왔었대요. 제가 그때 무릎 수술을 받고 병원 신세를 지는 바람에 현장에 있지는 않았지만 매일매일 보고를 받았거든요. 아마 아버지 의중을 전달하러 왔지 않았을까 싶어요. ㄱ건설은 무조건 살려야 한다고 말하려…."

나는 고개를 끄덕였다. 둘 사이가 굉장히 의심스럽게 들렸다. 부정한 관계로 얽혀 있지 않은 이상, 대학 이미지를 깎아먹는 용역업체를 가만히 놔둘 리는 없을 테니까 말이다. 수연에게 말했다.

"오히려 상식이 있다면 가차 없이 용역 계약을 해지했겠죠."

"네, 저도 그렇게 생각해요. 지금까지 용역 계약을 하고 있는 거 보면, 정말 이사장이랑 친밀한 사이인가 봐요. 다른 곳이었으면 벌써 업체를 교체하고도 남았을 거예요. 문제가 진짜 많거든요. 언론에 나온 거는 새 발의 피예요. ㄱ대가 ㄱ건설을 해지할 사유는 차고도 넘쳤었거든요. 우리가 얼마나 증거들을 펴줬는데, 그건 보지도 않으려고 했어요. 오늘 이사장이 감방에 들어갔다는데, 이제는 어떻게 될지 잘 모르겠네요."

그때 강의실 문이 덜컥 열렸다.

"저희 수업 있는데요."

4 숨겨진 감옥

첫 번째 원칙, 휴게실, 샤워실, 탈의실, 세탁실을 일체형으로 구성한다.
두 번째 원칙, 청소근로자만의 분리된 전용공간을 확보한다.
세 번째 원칙, 3분 내외에 접근 가능한 거점별 공간을 마련한다.
네 번째 원칙, 4대 필수 비품을 구비한다.
다섯 번째 원칙, 1인당 5㎡ 내외의 적정규모 공간을 구성한다.

───── 서울특별시 청소근로환경시설 가이드라인

　음료수 캔이 연달아 떨어지는 소리가 칠흑 같은 어둠 속에 울려 퍼졌다. 한쪽 벽에 기대앉아 잠시 눈을 감고 있던 나는 깜짝 놀랐지만, 누워서 자고 있던 노동자들은 아무렇지 않은 듯 어떤 미동도 하지 않았다. 이런 소리쯤은 면역이 된 듯싶었다. 한 노동자만이 눈을 비비며 일어나 앉아 빨간색과 노란색으로 물든 벽을 한동안 응시했다. 그 벽이 실질적인 소음의 원인이었는데 그것은 다름 아닌 음료수 자판기였다.

　"아저씨 왔나 봐요. 저게 제일 문제예요. 저 소리가 사람 놀라게 한다니까요. 아주 매일 깜짝깜짝해요. 이제는 좀 익숙해졌는지 가끔은 노랫소리 같을 때도 있긴 한데, 그건 손에 꼽을 정도고요. 애들이 음료수 뽑아 마실 때 쿵하고 캔 떨어지는 소리도 그래요. 그거 들으면 그냥 심장 멎는 기분이에요. 자판기만 없어지면 조금은 괜찮아질 텐데…, 외벽이 자판기인 데가 어디 있냐고요. 내가 일 시작했을 때도 있었어요. 그때 언니들한테 들은 말로 계산해보면 10년도 더 넘었을 거예요."

공대 건물에서 일한 지 8년 정도 됐다는 노동자가 다른 동료들이 깰까 봐 작고 낮은 소리로 이야기했다. 자판기 벽이 설치된 곳은 공대 건물의 청소노동자 휴게실이었다. 이유야 모르겠지만 학교는 청소노동자 휴게실의 외벽을 부수고 그 자리에 자판기 두 대를 설치했다. 학생 때부터 지나다니며 한두 번 본 적이 있었지만 자판기 자체가 벽일 줄은 상상도 못 했었다. 게다가 안쪽에는 새벽부터 일하는 노동자들이 잠깐 휴식을 취하는 공간이 아니던가.

음료수가 하나씩 자판기 안으로 빨려 들어갈 때마다 울리는 "드르륵, 드르륵" 소리가 청소노동자 휴게실 전체를 뒤흔들었다. 세상의 다른 모든 소리는 아주 손쉽게 묻어버릴 정도였다. 음료수 납품업자가 매일 60캔 정도 분량의 음료수를 집어넣는데 그 시간대는 매번 불규칙적이었고 한번 시작하면 10분 정도는 이어진다고 했다.

캔 굴러떨어지는 소리가 멈추자 이번에는 머리 위에서 쿵쿵쿵 계단 뛰어 올라가는 소리가 들렸다. 공대 청소노동자 휴게실 천장은 45도로 경사져 있었다. 3층에서 4층으로 올라가는 계단 아래 자리한 탓이었다. 가장 낮은 곳의 천장 높이는 내 앉은키 정도였는데, 아무 생각 없이 일어나다 이마를 찧기도 했다. 이곳 휴게실을 이용하는 노동자들은 처음 왔을 때 통과의례처럼 나와 같은 경험을 했다고 입을 모았다.

쉬는 시간이 끝나가자, 그녀가 전원 스위치를 딸깍 눌렀다. 그 소리에 모두들 자명종이라도 울린 듯 기상했다. 벽에 달린 형광등이 순식간에 어둠을 향해 빛을 발사했다. 밝다 못해 눈이 부셔서 눈물이 핑 돌았다. 낮은 천장에 위치한 형광등은 앉아 있던 나의 눈과 거의 일직선상에 있었다.

빛이 퍼진 곳에는 노동자들이 오늘 입고 출근한 겉옷들이 도배지처럼 벽면 전체를 덮고 있었다. 일어나 앉은 노동자들이 각자 정리한 자리를 그 바로 아래 바닥으로 밀어놓았다. 베개와 담요 일곱 뭉치가 나란히 줄지어 놓였는데 이곳에서 일곱 명이 쉰다는 의미였다. 휴게실의 면적상 일곱 명이 모두 누우려면 각자가 시체처럼 가만히 천장만 보고 있어야 했다.

"나는 저 소리만 들어도 무슨 신발인지 알아맞힐 수 있어, 흐흐."

그럴 만도 했는데 하루에만 수십, 수백 명의 학생들이 계단을 밟고 지나갔다. 신발 종류에 따라 여러 발소리가 마구 섞여서 들리기 일쑤였다. 그 소리는 마치 망치로 못을 두드리듯 귀를 콕콕 찔렀다. 하루 종일 이어지는 신발 소리는 단지 자판기 소음에 상대적으로 가려져 있었을 뿐이었다. 그녀는 방금도 머리 위에서 들려오는 발소리에 귀를 시험하듯 "이 학생 구두 신었네?"라고 말했다. 공대 청소노동자 휴게실은 벽뿐만 아니라 천장까지도, 거의 전체 면에서 소음이 유발되는 셈이었다.

공대 건물 휴게실만 특별하게 열악한 건 아니었다. 청소노동자들이 쓰는 휴게실은 대개 비슷한 형태를 띠었다. 특히 도서관 휴게실은 공대 건물 휴게실처럼 계단 아래 자리한 것이 판박이였다. 3평(5.843㎡) 남짓한 면적에 천장까지 높이는 100cm 정도로 더 좁고 더 낮다는 것이 차이점이라면 차이점일 수 있었다.

도서관 청소노동자 휴게실은 실제 창고로 쓰이던 곳이었는데 도서관에서 사용하는 책상과 의자를 주로 보관했다. 그전에는 도서관 옥상이 그들의 휴게실이었다. 옥상에 설치된 수십 개의 실외기에서 나오는 소음이 너무 커서 휴게실을 옮길 수밖에 없었다고 한다. 굉장히 열악한 곳에서 그보다 조금 덜 열악한 곳으로 바뀐 것이었다. 나이 70을 바라보는 한 노동자는 그곳에서 4년 정도 생활하고 이명에 시달리고 있다고 한다.

도서관 휴게실은 출입문에서 비상계단 아래를 두른 'ㄱ' 자 구조였다. 기어들어가야 할 정도로 낮았기 때문에 앉아만 있어야 해서 마치 굴에 들어간 느낌이었다. 그곳 역시 공대 건물처럼 창문을 전혀 구경할 수 없었는데, 유일하게 뚫린 곳이 출입문이었다. 당연히 환기가 잘 되지 않았기 때문에 곰팡이 냄새와 코린내가 반반쯤 뒤

섞여서 풍겼다. 벽면에는 어디나 할 것 없이 달력 종이로 도배되어 있었다. 곰팡이가 핀 곳을 가리려고 덧댄 흔적들이었다. 한 도서관 청소노동자는 방향제를 넣어둬도 냄새가 쉽사리 사라지지 않는다고 말했다.

그곳에서는 노동자 여섯 명이 각자 특유의 자세로 누워서 쉬었다. 여섯 노동자들의 누워 있는 모습은 마치 테트리스 블록을 연상케 했다. 'ㄴ' 자와 '1' 자 블록이 'ㄱ' 자 구조에 딱 들어차게 차곡차곡 쌓인 형상이었다. 노동자들만으로도 휴게실은 꽉 찼다.

"옛날에는 소장이 휴게실 밖으로는 절대 나오지 마라고 했어요. 청소할 때만 잠깐씩 나와서 몰래몰래 하고 그 외에는 여기 휴게실에 틀어박혀서 사람들한테 보이지 마라고요. 거의 협박조로 말했다니까요. 그런데 생각해보면, 이 말도 안 되는 곳에서 거의 감금되다시피 있었던 거예요. 소장이나 학교 사람들이 보기에 우리가 얼마나 사람 같지 않으면 그랬을까 싶어요. 아마 저 높은 사람들에게 청소노동자 휴게실은 우리를 숨기려는 장소 그 이상도 그 이하도 아니었을걸요."

도서관 휴게실에서 한 달 정도 생활했다는 지영이 해준 말이었다. 그녀의 말을 증명하듯 내가 ㄱ대에 재학하는 동안 청소노동자를 본 기억이 거의 없었다. 그들은 정말로 나의 눈에 닿지 않는 곳에 꼭꼭 숨어 있었다. 마치 유령처럼 말이다. 지영의 말을 듣고 불현듯 든 생각이었지만, 나는 ㄱ대의 청소노동자 휴게실이 유령들을 가둬두는 감옥처럼 느껴졌다.

하지만 지영과 달리 휴게실에 대해 전혀 다른 생각을 가진 노동자들도 있었다. 현재 쓰는 휴게실도 좋다고 칭찬 일색이었다. 그들에겐 계속 좋은 곳을 휴게실로 달라고 학교에 요구했다가 더 나쁜 공간으로 내쫓길지 모른다는 두려움이 있었다. 도서관 옥상에서 쉬다 이명이 생겼다는 노동자 역시 예전에 비하면 궁궐이라며 계속 과거와 현재를 비교했다. 이런 모습은 나이 든 노동자들 대부분의 특징이었다.

'MBC' 〈PD수첩〉 팀에서 촬영이 왔을 때도 비슷한 일이 벌어졌다. 물탱크실을 휴게실로 사용하는 청소노동자들이 그 주인공이었다. 그들은 지영을 난감하게 만들었다. 공대와 도서관 휴게실을 먼저 취재한 〈PD수첩〉 팀이 찾아가기도 전에 사라져버린 것이다. 물탱크실 생활이 괜찮기 때문에 인터뷰할 이유가 전혀 없다는 말을 나에게 남긴 채 말이다. 하지만 물탱크실 휴게실에서 함께 생활하고 있는 지영의 말은 그들과 달랐다. 비만 오면 천장에서 물이 샌다는 것인데, 그들은 예전부터 노조와 관련된 일이라면 미적지근한 반응을 보여왔던 그대로였다.

여러 노동자들에게서 물탱크실에 대한 이야기를 들으려 했던 〈PD수첩〉 팀은 결국 지영과만 인터뷰를 해야 했다.

〈PD수첩〉 팀이 촬영을 다 마치고 떠난 후, 나는 물탱크실 평상 위에 홀로 앉아 있었다. 자매처럼 항상 같이 움직이는 세 명의 노동자가 쭈르륵 들어왔다. 그 모습에 나는 '세 자매'라는 별명을 지어주기도 했었다. 그들은 나의 존재를 알아차리고 아직도 촬영을 하나 요리조리 살폈다. 기자들이 없다는 사실을 제 눈으로 똑똑히 확인하고서야 평상 위로 올라앉았다. 그들 중 막내가 미소를 보이면서 재확인했다. 막내라고 해도 65세가 넘었다.

"갔지?"

"네? 〈PD수첩〉 팀이요? 아까 전에 갔어요. 어디 계셨어요?"

"우리 자리에 있었지."

"화장실이요?"

"응."

ㄱ대 청소노동자들 대부분은 여자 화장실에서 대기한다. 물론 잠시 화장실 밖에서 앉아 쉬기도 하지만, 교직원들이 들락날락거리면 금세 또 일어나야 했다. 아무리 잠깐이라도 교직원 앞에서는 눈치가 보이기 마련이었다. 앉아 있는 자체만으로 일 안 한다고 지적부터 하는 교직원들이 건물마다 꼭 한 명씩은 있었다. 요 며칠 전에도 도서관 청소노동자가 앉아서 쉰다는 제보가 회사에 들어갔는지, 이 소장 후임으로 온 새 소장이 새벽부터 그녀에게 찾아가서는 근무시간에 왜 농땡이 깠냐고 노발대발했단다.

청소노동자들은 대기실을 구해달라고 여러 차례 간곡하게 교직원에게 부탁도 했었다. 그때마다 돌아오는 답변은 공간이 부족하다는 이야기였다고. 교직원들은 오히려 되묻기까지 했다는데, 자기

유령들

네들도 없는 대기 공간을 왜 자꾸 달라고 하느냐며 말이다. 그 말은 어디서 비정규직이 정규직도 얻지 못하는 걸 가지려 하냐는 핀잔같이 들렸다. 교직원들은 청소노동자에게 대기 공간을 만들어줄 생각 따위는 없었을 것이다. 건물 짓는 건 '투자'이고 그 안에 노동자 대기실 만드는 건 '비용'이기 때문이리라.

"뭔 일 없었지?"

"뭐, 휴게실 이야기했죠. 그런데 어머님들은 왜 이곳이 괜찮다고 하시는 거예요?"

"별문제 없잖아. 우리는 좋아. 이만한 데가 어딨어. 지영 씨가 너무 나대는 것 같아. 다른 데처럼 계단 밑에 있는 것도 아니고, 창문도 있어서 햇빛 구경도 할 수 있잖아. 천장은 내가 팔을 들어 올려도 닿지 않을 만큼 높고."

그녀는 자신의 팔을 천장을 향해 뻗었다. 그의 말대로 천장은 손이 닿지 않을 만큼 높았다.

내가 못 믿겠다는 표정을 짓자, 막내는 더 과장스럽게 말했다.

"정말 좋아. 진짜야."

침이 마르도록 좋은 점을 강조하느라고 그녀의 큰 눈동자가 더 커졌다. 나는 그 말을 듣는 둥 마는 둥 하며 불편할 만한 곳을 눈으로 찾았다.

"저기, 물탱크는 안 불편하세요?"

나는 급한 마음에 운동화를 구겨 신고 물탱크에 다가가 귀를 댔다. 저주파처럼 웅웅웅웅웅 하는 소리가 끊임없이 들렸다. 잘 안 들리는 듯하지만, 오랜 시간 들으면 피곤해질 만한 소음이었다.

"그거는 별로 소리도 안 나는데, 뭐. 우리 생활하는 데 전혀 지장 없어. 물탱크 옆이라 물도 나오고 얼마나 좋은지 몰라."

그녀는 '전혀'란 단어에 힘을 주어 말했다. 더 이상 묻지 마라고 눈치를 주는 것 같았다. 나 역시 그녀가 괜찮다는데 단점을 들춰내려고 계속 묻기도 곤란해 질문을 그만두었다. 때마침 〈PD수첩〉 팀을 보내고 돌아온 지영이 물탱크실의 문을 열어젖혔다. 지영을 보자 세 자매는 쭈뼛쭈뼛 밖으로 나갔다.

며칠 후, 〈PD수첩〉이 방영됐다. '점심이 있는 삶'이란 주제였다. 열악한 공간에서 점심을 먹어야 하는 청소노동자들의 모습이 나왔다. 방송이 중간쯤 흘렀을 때였다. 'C대학'이란 자막과 함께 도서관 휴게실이 나왔다. 내가 겪었던 그곳의 현실이 고스란히 찍혀 있었다. 〈PD수첩〉이 막 끝났을 때 지영에게서 문자가 왔다.

주무세요? 혹시 방금 끝난 〈PD수첩〉 보셨나요? 우리 학교는 도서관 청소노동자들이 휴게실에서 점심 먹는 위주로 나왔네요. 우리의 열악한 모습을 막상 텔레비전에서 보니 마음이 썩 좋지는 않네요. 우리도 인간인데 말이죠. 우울한 마음에 문자했어요. 갈 길이 머네요.

노예의 삶

**사용자는 폭행, 협박, 감금, 그 밖에
정신상 또는 신체상의 자유를 부당하게 구속하는 수단으로써
근로자의 자유의사에 어긋나는 근로를
강요하지 못한다.**

─────── 근로기준법 제7조

세 자매가 건물 안 1층 계단에 쭈그리고 앉아 있었다. 같은 조인 지영은 다른 일을 하는지 보이지 않았다. 잘 모르는 사람이 멀리서 보면 세 자매는 계단에 앉아 쉬고 있는 것도 같겠지만 석 달간의 청소 경험상 그럴 일은 없었다. 그들에게 가까이 가자 중간 부분 계단 끝자리에 하얗게 부풀어 오른 세제 거품과 그들의 팔이 쉼 없이 움직이는 것이 보였다.

"어머니, 뭐 하시는 거예요?"

세 자매 중 가장 연장자는 아무 말이 없었다. 그녀는 70을 바라보고 있었다. 곧 정년이었다. 서경지부의 단체협약상 정년은 만 70

세웠다. 나는 더 크게 이야기했다.

"어머니!"

그제야 그녀가 미어캣처럼 고개를 쭉 들어 올렸다. 어깨가 들썩일 정도로 숨이 거칠었다.

"안녕하세요."

"나 바빠요."

몹시 퉁명스러운 대답이었다. 그녀는 나를 만날 때면 매번 그랬다. 만족스러운 자신들의 일터를 자꾸 좋지 않은 시선으로 바라본다고 생각해서인지 탐탁지 않아 했다.

그녀의 성격은 보통이 아니었다. 청소노동자들 사이에서 그녀의 이름을 붙인 법이 있을 정도로 자기 마음대로 행동하는 인물이었다. 그녀의 말이 곧 법이었다. 자신의 뜻대로 일이 진행되지 않으면 상대방을 향해 저주를 퍼붓기까지 했다. 아무리 친하더라도 그녀의 심기를 건드렸다면 예외는 없었다.

나는 그나마 말이 통하는 세 자매 중 막내에게 가서 물었다.

"어머니, 껌 떼고 계시는 거예요?"

"아니요."

"그럼요?"

"신주, 신주 닦는 거야. 힘들어 죽겠는데, 말 좀 걸지 마요."

"신주요?"

신주는 계단코에 붙어 있는 알루미늄을 부르는 말이었다. 계단을 오르내릴 때 미끄러지는 것을 방지하려고 설치하는데, 요즘은 알루미늄보다 고무나 부직포 패드를 더 많이 쓴다는데, ㄱ대 건물은 옛날에 지어져서 알루미늄이 많았다. 알루미늄은 때가 잘 타서 자주 닦아줘야 했다.

두 층을 잇는 계단 수는 총 열여덟 개였다. 이것은 곧 신주도 열여덟 개란 소리인데, 건물 전체가 8층인 만큼 계산해보면 대략 144개의 알루미늄을 닦아야 하는 셈이었다.

신주는 닦을 때 쓰는 약부터 특별했다. 일반 세제로 닦으면 광이 잘 나지 않기 때문에 청소노동자들은 돌가루에 물을 약간 섞어서 반죽 형태의 세제를 만들어 사용했다. 돌가루가 알루미늄의 광을 내는 데 일등 공신이었다. 청소노동자들은 직접 만든 신주 전용 약을 알루미늄에 묻혀 구둣솔로 한 개당 한 100번 정도를 빡빡 닦았다. 그래야 광이 났다. 대충 한두 번 쓱 문지르면 더 더럽게 변했다. 때문에 신주 닦기는 어깨 병의 주범이었다. 수연 역시 신주를 하도 닦아서 손을 머리 위로 들어 올리지 못한다고 했다. 지영은 처음 입사해서 신주를 닦을 때 우 소장에게 엄청 시달렸다고 한다. 매주 찾아와서는 정성스럽게 닦아야 한다는 말을 귀가 따갑도록 했기 때문이었다. ㄱ대에서 청소일을 제일 오래한 노동자도 신주 때문에 지적을 많이 받았다고 한다.

노동자들의 어깨를 혹사시키며 100번씩이나 정성스레 신주를 닦을 필요는 없었다. 손쉽게 닦이는 금속 광택제를 사용할 수도 있었고, 신주와 비슷한 색을 입히는 기계를 사용하는 방법도 있었다. 기계를 이용하면 신주 한 개에 10초밖에 걸리지 않았다. 그럼에도 역대 소장들은 모두 다 수작업을 선호했다고 한다. 당연히 학교에서 돈이 드는 일을 싫어했기 때문일 것이다. 소장들은 그저 돌가루를 쥐어주며 알아서 만들어 쓰라고 할 뿐이었단다.

"언니!"

신주 이야기를 나누는데 지영이 다가왔다. 지영은 그들의 수세미질을 말렸다.

"언니들!"

세 자매는 지영이 불러도 본체만체했다.

"제가 신주 닦지 마시라고 누누이 부탁했잖아요. 왜 힘들게 신주를 닦아요."

"소장이 하라는데 우리보고 어떡하라고."

수연은 분회장이 되자마자 신주 닦기를 금지하려 했단다. 조합원들의 어깨 병 주범을 없애기 위해서였는데 박 사장은 들은 척도 하지 않았단다. 수연은 결국 민주노조 조합원들에게 신주를 닦지 마라 하고 기계로 대체하기 위해 단체행동을 추진했다.

박 소장 후임으로 새로 온 소장도 역시나 역대 소장들처럼 신주 닦을 때 기계를 쓰기보다 사람이 직접 하길 원했다. 민주노조의 단체행동에도 소장은 계속 신주를 닦으라고 닦달했는데, 유독 나이가 많은 노동자들이 주요 표적이었다.

고령의 노동자들은 아직도 소장이 시키는 일을 안 하면 찍힌다는 생각을 가지고 있었다. 그들 대부분이 노조가 있어도 여전히 소장이 '최고'였다. 단체행동을 하려 해도 그들 탓에 자주 실패하기 일쑤였다. 들어온 지 얼마 안 된 소장은 일찌감치 그들의 심리를 간파하고 적절히 이용했다. 수연은 그를 되게 약은 사람이라고 말했다. 일부 민주노조 간부들은 그를 얍삽이라고 낮춰 부르기까지 했다.

"언니, 그만해요. 소장이 왜 신주 안 닦았냐고 뭐라고 하면 제 핑계 대세요. 제가 책임질 테니까."

"싫어. 어차피 다 했으니까 마무리하고 갈래."

결국 그들은 그 건물의 신주를 다 닦았다. 나도 그들을 도왔다. 빨리 끝내려면 어쩔 수 없었기도 했지만, 직접 겪어봐야 할 일이라는 생각도 들었기 때문이었다. 나는 그들이 시키는 대로, 신주에 광이 나도록 이를 악물고 닦았다. 도서관에서 만났던 한 노동자가 예전에 아파트 계단 신주를 하루 만에 다 닦고 다음 날 병이 났다는 이야기가 과장이 아님을 절감했다. 30분 정도 문질렀는데 어깨가 얼얼했다. 지영은 끝까지 신주를 닦지 않았다.

"내가 이 얍삽이를 가만 안 둬!"

얼굴이 벌게진 지영은 소장에게 전화를 거는 듯했다. 마침 통화 중이었는지 지영은 인상을 쓰고 이리저리 서성이다 휴대폰을 내려놓았다.

"하! 언니들이 여전히 소장한테 잘 보이려고 난리도 아네요"

지영의 입에서 탄식이 절로 흘러나왔다.

"우리한테 소장은 제일가는 권력자였어요. 언니들이 아직도 이러는 게 이해는 돼요. 매일 마주치는 인사권자이니 권위가 생기는 것도 사실이고. 밉보이면 그대로 해고잖아요. 우리가 벌벌 길 수밖에 없죠. 언니들한테 물어봐서 알 거예요, 옛날이든 지금이든 총장이 무서운지 소장이 무서운지. 다 소장이 무섭다고 말할걸요?"

노조가 없었을 때는 소장의 말이 곧 노동법이었단다. 청소노동자들 앞에서 노동법전은 그야말로 종이 쪼가리에 불과했다. 노동법이 제대로 적용되지 않는 현장에서 소장은 제왕처럼 군림했고, 혹여나 그의 말에 단 한 마디라도 토를 달면 반역자로 몰렸다. 그 반역자는 박 소장이 만든 '현장법' 제1조에 따라 해고 1순위로 낙인찍혔다. 일자리를 지키려고 노동자들은 숨죽인 채 지낼 수밖에 없었을 것이다. 일터에서 살아남는 유일한 방법은 참고 버티는 길뿐이다. 하지만 노동자들이 참으니 열악한 노동환경은 점차 관행처럼 굳어졌고 그 결과, 진리의 전당은 인권침해의 공간으로 변질되어버렸다.

"그렇지만 지금까지 저러는 거 보면, 노예근성으로 똘똘 뭉쳐 있는 것 같아요. 이해를 한다 하면서도 화가 나네요. 이제는 노조가 있잖아요. 그때는 개인이 혼자서 모든 짐을 짊어지었다지만, 지금은 아니잖아요. 그중에서도 나이 많은 언니들은…."

ㄱ대 청소노동자는 65세 이상의 고령자가 유독 많았는데 전체 청소노동자의 80%를 차지했다. 그들 중에는 주민등록상 나이가 실제 나이와 다른 경우도 있었다. 수연이 말하길, 그들이 출생하던 때에는 1년도 채 되지 않아 사망하는 신생아들이 많아서 부모들이 일부러 출생신고를 늦추기도 했단다. 인문사회대 건물에서 일하는 한 조합원의 경우 주민등록상 나이가 적음에도 다른 동료들이 언니라고 부르는 묘한 상황도 있었다. 태어난 지 3년 만에 출생신고를 했기 때문이었다. 주변의 청소노동자들은 그 노동자 때문에 족보가 꼬였다고 우스갯소리를 던지면서도 꽤나 부러워했다. 돈을 적게 받더라도 일을 더 할 수 있는 것을 선호했기 때문이다. 당사자는 당연 그러한 상황을 행운으로 여겼다. 이렇다 보니 실제 노동자들의 평균 나이는 서류상보다도 더 많았다.

65세 이상의 고령 민주노조원들은 여전히 노조를 좋지 않은 시선으로 바라보았다. 다른 사업장에 연대를 갈라치면, 무조건 지하철을 이용했다. 버스로 한 번에 갈 곳도 지하철로 여러 번 환승했다. 국민연금을 수령하고 지하철을 무료로 이용하던 그들은 연대 가는 것도 귀찮은데 돈까지 써야 하냐며 불만을 감추지 않았다.

다른 대학에 비해 ㄱ대 노동자의 고령화는 눈에 띄게 심했다. 일부 대학에는 30대도 있을 만큼 젊은 사람들을 채용하는 추세와는 달리 말이다. 그것은 우 소장 때의 유산이라고 지영이 말해주었다.

노조가 없었을 때 근무했던 우 소장은 노동자를 채용할 때 65세 이상의 고령자를 선호했다. 일정 비율의 고령자를 채용할 시에 정부가 세금을 깎아주기도 했지만, 더 큰 목적은 4대보험료 일부를 내지 않아도 됐기 때문이란다. 65세 이상은 국민연금 납부 제외 대상자였다. 인건비를 최대한 줄이려는 꼼수의 결과였다.

우 소장의 꼼수는 한 가지 더 있었다. 고령의 노동자들은 방학이 시작되면 2~3개월의 장기 휴가를 받는 경우가 있었는데, 우 소장은 그들에게 나이가 있으니 방학 기간 동안은 푹 쉬라고 했단다. 그러나 배려처럼 느껴지는 휴가는 무급이었다. 고령자들은 일이 하고 싶어도 강제로 쉬어야 했다. 우 소장의 말은 거역할 수 없는 명령이었으니까. 무급도 무급이지만 더 두려운 점은 원치 않는 무급 휴가가 끝나고 다시 부르지 않으면 그냥 해고라는 사실이었다. 그들에게 휴가란 곧 해고였던 것이다. 그런 일이 부지기수이어서 65세 이상 노동자의 평균 근속 기간은 2년이 채 되지 않았다. 그래서 고령의 노동자들은 평소 집안 대소사가 있을 때에도 우 소장에게 쉽게 쉰다고 말할 수 없었다. 이렇게 일자리를 담보로 쥐락펴락하니 노동자에게는 노예근성이 생길 수밖에 없는 이유였다.

더 나아가 우 소장의 꼼수는 고령자들만의 문제가 아니었다. 강제 휴가를 떠난 사람들의 자리는 남은 노동자들이 채워야 했다. 일거리가 늘어난 노동자들은 더 일찍 출근했다. 어떤 노동자는 새벽 2시 반에 출근한 적도 있었단다. 방학 기간 중 노동자들의 하루 노동시간이 기하급수적으로 늘어나는 이유였다. 남의 청소 구역까지

떠맡아야 했던 지영은 일을 마치고 몸이 부서진 것처럼 아팠다고 한다. 자기 몫의 일에 강제 휴가자의 일까지 합한 청소를 제시간에 끝내려면 전력으로 뛰어다녀도 모자랐다는 이야기였다.

"이 얍삽이가 전화만 피하면 되는 줄 아나본데, 어림도 없지."

지영과 나는 얍삽이 소장을 만나기 위해 현장 사무실로 향했다. 앞서가던 지영의 걸음이 서서히 느려졌다. 설립자 동상 주변에서 밀짚모자를 쓴 영선반 기사가 잔디밭을 제초하고 있었는데 지영은 그 기사를 바라보며 걷고 있었다. 풀독을 피하려고 얼마나 중무장을 했는지, 살이라고는 따가운 햇볕에 그을린 얼굴밖에 안 보였다.

"저 제초 작업을 옛날에는 우리가 했어요. 저 사람처럼 영선반 기사들이 할 몫이었는데 말이죠."

지영은 ㄱ대에서의 첫 호미질을 기억하고 있었다. 그날도 지영이 식당에서 부랴부랴 밥을 먹고 나오는데 박 소장이 갑자기 호미를 쥐어줬다고 한다. 지영은 당혹스러웠단다. 청소일 하는 사람에게 왜 호미를 줬을까. 다 이유가 있었다. 잡초 뽑기를 하라고 준 것이었다. 박 소장은 ㄱ대 청소노동자라면 늦봄부터 초가을까지 매일 하는 일과라고 했단다. 하지만 서울 토박이인 지영은 그때껏 단한 번도 풀매기를 해본 적이 없었기 때문에 잡초와 풀도 구분을 못하는 사람이었다.

"언니들 말대로라면 '그냥 우리 일'이었어요. 나는 ㄱ대 와서 처음으로 호미질이라는 걸 해봤어요. 잔디와 잡초를 전혀 구분하지 못하겠더라고요. 언니들이 하는 거 따라 했는데, 다 잔디였어요. 언니들이 나보고 왜 이렇게 못 하냐고 핀잔을 줬죠. 호미질 잘하게 생겼으면서 왜 못 하냐고요. 저 동상 자리가 제가 했던 곳이에요."

지영이 진리와 자유를 탐독하기 위해 의자에 앉아서 책을 보고 있는 설립자 동상 쪽을 가리켰다.

"동상 쪽이 우리 식구들 구역이었거든요. 한번 하면, 쓰레기봉지 제일 큰 걸로 다섯 봉지가 나왔어요."

"노조가 없었으면, 지영 어머니도 저 자리에서 풀 뽑으셨겠어요. 땡볕 맞아가면서."

"맞아요. 저 아저씨 대신에⋯."

그녀가 잠시 뜸을 들였다.

"박 소장은 무조건 우리에게 하라고 했어요. 아, 박 소장 모르시나?"

"알죠. 어머님이 노조를 만드는 데 영향을 미쳤던⋯."

"맞아요. 그 박 소장. 우리는 박 소장이 시키니까 또 했죠. 아시잖아요, 그 시절 우리가 어땠는지. 그때는 안 하면 해고당하는 줄 알고⋯. 무조건적으로 소장한테 복종했다고 보면 돼요. 그만큼 또 소장이 힘을 가지고 있었으니까요. 내가 ㄱ대에서 일하면서 지금까지 네 명의 소장을 겪었어요. 어쩜 ㄱ대에 온 소장들은 다 한결같이 우리들 피를 못 빨아먹어서 안달인지. 그게 소장이 되려면 갖춰야 하는 조건인지, 어떻게 그런 사람들만 골라 오는지 그게 다 신

유령들

기할 지경이라니까요. 사장들이 우리를 착취하는 데 도가 튼 사람들만 뽑는 거겠죠."

지영에게 들었던 노조가 없을 당시 노동력 착취 이야기는 엄연한 근로기준법이 무색할 정도였다. 지영이 첫 출근한 2010년 노동절은 토요일이었다. 당시 주 5일제가 시행된 지 꽤 됐지만 ㄱ대 청소노동자들은 토요일에도 일을 했단다. 그것도 무급으로 4시간을 근무했다고 한다. 토요일뿐만 아니었다. 어린이날, 현충일 같은 공휴일에도 그들만은 ㄱ대에 남아 있었다. 설날에는 홀로 나와 정문 청소도 했다는데, 역시나 월급에 산정되지 않았다. 대신 청소용품을 받았는데 청소도구 지급에 인색했던 소장이 웬일로 그날만큼은 새 대걸레를 주었다고.

"제초 말고도 겨울에는 눈을 치워야 했어요. 누군가 치워놓은 거리만 다녔지 여기 학교 와서 처음 해봤죠. 한번은 함박눈이 엄청 많이 온 날이 있었어요. 밤새 와서 학내를 하얗게 뒤덮었죠. 박 소장이 눈을 다 치우라고 해서 새벽 4시 반에 출근하자마자 계속 눈만 치웠는데 나중에 하는 말이 왜 건물 청소를 제때 못 끝냈냐는 거예요. 그 전해에 제설이 제대로 안 됐다고 쿠사리 받은 적이 있어서 눈부터 열심히 치웠거든요. 한숨밖에 안 나오데요. 제초랑 제설 말고 다른 일도 엄청 했어요. 박 소장이 찾는 전화가 오면, 그날은 한 90% 정도 사역에 동원된다고 봐야 해요. 전화받고 무조건 5분 안에 박 소장이 있는 곳으로 가야 했어요. 우리는 거의 5분 대기조였죠. 특히나 제가 여기 와서 처음 일했던 건물이 제일 심했어요. 지금 건물만큼이나 그때 건물 사람들도 '소장 밥'이었거든요. 우리가 완전히 소장의 봉이었다고 생각하면 돼요. 무슨 일이든 우리 건물 사람들만 데리고 가서 시켰어요. 제일 다루기 쉬웠거든요. 겁 많지, 복종 잘하지, 네 사람 모두요. 어쩜 그런 사람들만 모아놨는지, 소장이 무슨 말을 해도 대꾸 한 번을 안 했어요, 우리가. 박 소장한테 잘못 걸려서 별별 일 많이 했죠. 주로 교직원들이 해야 하는 일이었어요. 한번은 본관 지하 서고에 물이 차서 책을 옮겨야 한다고 노동자들이 전부 다 동원된 적도 있었다니까요. 개고생했죠. 나란히 줄 서가지고 다 젖은 책들을 옆으로 넘겨서 옮기는데 곰팡이 냄새가 진동을 하더라고요. 다른 때는 몰랐는데 그때는 사람들 지나다니는데 굉장히 쪽팔리더라고요. 그날만큼은 얼굴을 땅바닥에 처박고 일했어요. 다 박 소장 덕이에요."

영선반 기사는 작업이 끝났는지 모자와 긴팔 상의를 벗어젖혔다. 벌겋게 달아오른 그의 얼굴과 팔뚝이 보였다.

"저 아저씨, 온몸에 땀이 한 바가지는 고여 있을 거예요. 저렇게 아침 내내 잡초를 솎아내고 점심때는 폐지 정리를 했죠."

"점심때요? 어머님들 잠깐 쉬는 시간이잖아요?"

"그렇죠. 근데, 박 소장의 부름을 받고 폐지 분리 작업에 동원되면 휴게 시간은 없는 셈 치는 거죠. 주로 학생들이 버린 전공 서적 겉표지를 뜯어내는 일이었는데 종이에 손이 베이기는 기본이고, 손톱이 깨지기도 다반사였어요. 장갑을 낀다고 해도 손이 상처투성이였죠. 저기 대학 본부 뒤편에서 일을 했는데 거기가 그늘이라고는 한 점 없는 곳이에요. 몸으로 햇빛을 다 받아가며 그 일을 한 거 아무도 모를 거예요. 거긴 일부러 찾아들기 전에는 절대 안 보이는 곳이거든요."

정말 그랬다. 점심때라면 교내에 사람들의 왕래가 많을 시간이었고 나 역시 부지기수로 지나다녔을 텐데 전혀 그들을 본 적도 말소리를 들은 적도 없었다.

제초랑 제설 말고 다른 일도 엄청 했다며 시작된 지영의 이야기는 끝이 없었다. 방학 무렵에는 유학생 기숙사 청소에 동원됐는데 원래 그곳은 청소노동자를 따로 뽑아야 하는 곳이었다. 청소노동자를 채용하지 못한다면 적어도 연장 근로로 돌려야 했지만 돈 쓰는 일에 인색했던 박 소장은 우 소장이 했던 그대로를 반복했다. 항상 근무시간에 청소노동자들을 집합시켰단다. 청소노동자들은 무슨 일에 동원될 때마다 2열 종대로 다녔고, 그때마다 박 소장은 항상 한 시간 내에 청소를 끝내라고 다그쳤다는데 만약에 그 제한시간을 넘겼을 경우에는 폭언에 가까운 훈계를 들어야 했단다.

"누가 해야 하는 일인지도 모를 온갖 잡일은 다 한 거죠."

지영과 내가 현장 사무실이 있는 양옥집에 도착했을 때 얍삽이 소장은 없었다. 식당 안에 있는 사람들에게 물어봐도 그의 행방을 아는 사람은 없었다. 지영은 소장이 이사장 공관과 가까운 경영대 건물로 갔을 수도 있다고 추측했다. 퇴근을 얼마 남기지 않은 시간이었다.

먼저 아이스링크장에 들렀으나 역시 헛걸음이었다. 아이스링크장을 나와 경영대 건물로 향했다. 이사장 공관 앞을 지나는데 지영이 다시 이야기를 꺼냈다.

"박 소장이 이사장 공관 집사랑도 친했어요."

집사는 박 사장이 이사장에게 줄을 대는 데 공이 컸다고 한다. 박 소장 역시 많은 시간을 집사랑 붙어 다녔단다. 추석이나 설립자 기일이면 집사가 박 소장을 호출했고 지영이 속해 있던 건물 청소노동자들은 그때마다 이사장 공관으로 불려갔다. 이사장 공관에 있는 설립자 묘소 벌초를 위해서였다. 그것도 점심시간에 불려 가 밥도 못 먹고 땡볕 아래서 땀을 뻘뻘 흘리며 일을 했단다. 설립자 묘소에 가려면 비탈길을 올라야 했는데, 지영을 비롯한 고령의 노동자들은 그곳에 갈 때마다 미끄러져 몸이라도 다칠까 노심초사했단다. 육체노동을 하는 청소노동자들에게 부상은 생계와 직결된 문제이니 당연한 일이었을 것이다. 그녀는 왜 자신이 남의 산소 벌초를 해야 하는지 의문이 들었지만 그 일을 시킨 박 소장에게 대놓고 따지지 못했단다. 지영은 아직까지도 억울함이 가시지 않는다고 했다.

"하다 하다 남의 집안 묘에 자란 풀도 벴어요. 그 집안 벌초 따위는 이사장이 직접 돈 주고 인부를 불러야 하는 일이잖아요. 우리를

시킬 게 아니라. 이사장이란 사람은 돈도 많잖아요. 한 해 학생 1인
당 등록금만 해도 천만 원이 넘을 텐데…. 박 소장은 자의인지 타
의인지 모르겠지만 우리를 조까지 짜서 이사장 공관에 보낸 거예
요. 제 생각으로는 이사장한테 잘 보이려고 한 짓 같은데 그게 더
괘씸해요. 자기 잘되려고 우리 이용한 거잖아요. 이사장도 그래요.
갑자기 묘가 정리돼 있으면 한 번쯤은 의심을 해봤을 텐데, 우리가
했다는 걸요. 정말 몰랐을까 싶어요. 자기 집사가 알아서 해결했다
고 생각했을라나? 참 나."

　박 소장이 들어오고부터 노동자들이 이사장 공관으로 불려 가는
횟수는 날이 갈수록 점점 많아졌다고 한다. 벌초 말고도 가을이 되
면 연례행사처럼 도토리와 은행 수거에도 동원되었다. 일과 시간
을 마친 후 공관 마당에 모여 떨어진 도토리와 은행을 주워 포대에
담았다. 수연에게서도 공관 옥상에서 은행을 깠다고 들은 적이 있
었다. 껍질을 깐 은행을 다시 포대 자루에 담아 공관에 두고 왔다
는데, 박 소장이 이사장 부인에게 상납했으리라 짐작하고 있었다.

　이사장 공관 청소도 그들 몫이었다. 아이스링크장에서 일하던
노동자가 매일 점심시간 뒤 2시간 정도를 공관 청소에 할애했다. 박
소장에게서 새로 받은 청소 도구로 쓸고 닦았다는데 박 소장은 유
일하게 공관 청소를 할 때만 청소 도구를 아끼지 않았단다.

　그뿐만 아니라 박 소장은 이사장 막내아들 신혼집 청소까지 청
소노동자들에게 시켰다. 그들에게는 굴욕적인 일이었다. 박 소장에

게 선택된 노동자들은 양손에 청소 도구를 한가득 들고 학교에서 대략 5km 떨어진 막내아들 신혼집까지 걸어가야 했다. 한창 더울 때였기 때문에 걷기만 하는데도 땀이 비 오듯이 쏟아졌다고 한다.

이야기를 하던 지영이 신혼집이 있었다는 아파트 쪽을 손가락으로 가리켰다.

"한번은 다른 관 언니들이 청소했을 땐데 제대로 안 했다고 다시 불렀대요. 그날 비가 굉장히 많이 왔거든요. 비를 쫄딱 맞고 가서 청소한 거죠. 아파트에 도착하니까 소장이 먼저 와 있었는데 창문틀에 먼지 낀 거 안 보이냐고 쿠사리를 먹었대요. 무슨 애프터서비스도 아니고 적당히 해야지, 분명 그 아들놈이 꼰질렀으니까 소장이 또 일을 시켰겠죠? 그놈도 악질이고 소장도 그래요. 더 기가 막힌 건 그 따위 일을 시켰으면 하다못해 물이라도 챙겨줘야 하잖아요. 끝끝내 생수 한 병을 안 사줬대요. 결국에는 그 아파트 근처 교회에 다니는 언니가 거기 가서 물을 떠왔대요. 원래 그래요. 무조건 공짜로 우리를 써먹으려 했던 거죠. 괘씸하지. 우리는 아주 소장의 노예처럼 일했어요. 소장 밥이었죠. 돌이켜보니 우리가 이사장 집안 파출부이기도 했네요."

이 모든 일이 이사장에게 잘 보이기 위한 박 소장만의 생각이었는지는 모르겠지만 ㄱ대 청소노동자들은 이사장 집안의 가사노동자인 양 이리저리 불려 다니며 계약에도 없는 굴욕적인 무보수 노동을 했었던 것이다. 먹고사는 걱정 때문에 말 한마디 못 하고 말

유령들

이다.

　이사장의 생각이 아니었다 하더라도 결과적으로 자신의 집안일에 돈 한 푼 안 들이고 ㄱ대 청소노동자를 이용한 셈인데 도급계약때 사적 공간인 이사장 공관 청소는 전혀 포함되지 않는다는 상식을 그는 정말 몰랐을까.

　두 주먹을 꽉 쥔 지영이 말했다.

　"오늘은 얍삽이 소장에게 예전에 우리가 아닌 걸 확실히 보여줘야겠어요."

3년 전 기억

근로자는 자유로이 노동조합을 조직하거나
이에 가입할 수 있다.
다만, 공무원과 교원에 대하여는
따로 법률로 정한다.

──────── 노동조합 및 노동관계조정법 제5조

수연과 나는 민주노조 조합원들에게 노조 출범 3주년 기념식 참
가를 당부하기 위해 교내를 돌아다니고 있었다. 이미 수차례 이른
말이지만 수연은 출범식을 한 시간 앞두고 마지막으로 한 번 더 돌
자고 제안했다. 한 사람이라도 더 참여하기를 바라는 마음 때문이
었을 것이다.

"벌써 노조를 만든 지 3년이 됐네. 노조 만들 때 참 일도 많았는
데…. 혹시 '송곳'이라는 드라마 기억해요? 거기 푸르미 일동점 정
민철 부장이라고 나오잖아. 어쩌면 박 소장하고 그렇게 판박인지,
볼 때마다 아주 소름이었어요. 우리 민주노조 만들 때 박 소장이 난

리도 아니었거든."

수연에게서 노조를 조직할 당시 박 소장과 관련된 일화를 들었다. 어머니들이 매일 박 소장, 박 소장 하며 박 소장이 있었을 때의 이야기를 해주어서 그에 대해 이미 잘 알고 있다고 생각했지만, 그건 큰 착각이었다. 그야말로 무궁무진했다. 박 소장은 'ㄱ건설및용역' 박 사장과 친형제 사이였다. 그가 예전 소장들에 비해 파렴치한 짓을 더 과감하게 벌일 수 있었던 이유였다.

"형 빽 믿고 자기 사람을 엄청 심었어. 각 건물마다 자신이 신임하는 사람들을 꽂았거든."

박 소장이 각 건물마다 심어놓은 사람들은 그의 눈과 입이 되었다. 그들은 박 소장에 대한 뒷담화를 하거나 불평불만을 드러내는 노동자들을 감시했다. 노동자들은 그들 앞에서 말을 조심해야 했다고 한다. 사소한 이야기라도 그들을 통해서 무조건 박 소장의 귀로 전달됐기 때문이다. 몇몇 청소노동자들은 소장을 대할 때보다는 덜했지만, 그들에게도 잘 보이려고 노력했단다. 그들은 날이 갈수록 점점 더 기세등등하게 행동했고 노동자들은 그들을 자연스럽게 '반장'이라 불렀다.

반장들은 편하게 일했다. 박 소장이 일이 별로 없는 구역으로 정해주었기 때문이다. 한두 시간 후다닥 쓸고 닦으면 끝이었는데, 청소를 대충해도 다른 노동자들과 달리 적당히 봐주고 넘어갔다. 가끔은 박 소장이 대신해주기도 했단다. 그런 일이 빈번하게 발생하자, 노동자들 사이에서 뒷말이 무성했다.

그들 때문에 청소 시간이 변경되기도 했다. 원래 ㄱ대에는 주간
조(06:00~15:00)와 심야조(22:00~05:00) 근무밖에 없었다. 그런데 새로
운 시간대가 생겼다. '오전오후조' 근무였다. 주간조처럼 똑같이 새
벽에 출근했지만, 오전에 퇴근했다. 주간조가 퇴근할 때쯤 다시 출
근을 해서 2시간 반 정도 일을 더하고 집에 갔다. 그들이 맡은 일은
두세 건물의 화장실 휴지통을 비우는 일이 전부였다. 전체 노동시
간이 5시간에 불과했지만, 주간조와 같은 임금을 받았다. 오전오후
조 자리는 예외 없이 반장들의 몫이었다. 일부 노동자들은 그 자리
를 얻기 위해 눈에 불을 켜고 박 소장에게 아부했다.

노조가 만들어지고도 오전오후조는 남아 있었다. 여전히 그 자
리에는 박 소장이 심은 반장들이 일했다. 수연은 그들도 주간조로
근무시키기 위해 업체에 순환근무제를 실시하라고 요구했고, 결국
에 받아들여졌다고 한다. 순환근무제는 각 건물의 노동자들이 6개
월마다 자신의 일터를 순차적으로 다른 층으로 옮기는 형태의 근
무 방식이다. 예를 들면, 순환근무제하에서는 1층에서 근무하는 노
동자가 6개월 후에 2층으로 자리를 바꿔야 한다. 단, 건물 간의 자
리 이동은 없다. 순환근무제를 관철시킨 수연의 바람은 오전오후
조를 완전히 없애는 것이었다.

박 소장 당시 오전오후조에 들어가려는 아부는 말로만 그치지
않았다. 물질적인 거래도 있었다고 한다. 명절만 되면 봉고차에 실

유령들

어야 할 정도로 많은 상납을 받았다. 각종 선물세트는 기본이고 종류도 다양했단다. 시간이 흐르자 명절 때뿐 아니라 상시로 오고갔다고.

작정하고 선물 공세를 펴는 사람들도 있었단다. 분위기가 그러니 뇌물 행위가 못마땅하거나 부담스러운 노동자들도 어쩔 수 없이 상납에 나서야 했다. 바보같이 원리, 원칙대로 했다가는 미움 받기 십상일 테니까. 단순히 미움만 받는다면야 괜찮겠지만, 까딱하다가는 소장의 따돌림 대상이 됐을 것이다. 이유 없이 꼬투리를 잡혔고, 사역에도 자주 동원됐다는데 물품을 받을 때에는 남들보다 적거나 아예 빈손이었다고 한다. 박 소장은 어떻게든 상납을 받으려고 노동자들에게 치사한 짓을 많이 벌였다.

"상납 현장은 직접 보셨어요?"

나의 물음에 수연은 두 손으로 얼굴을 쓸었다.

"에이, 바보도 아니고. 누가 대놓고 주겠어. 그런 비밀스런 현장은 드러날 수가 없지. 현장 사무실에서 몰래 건네곤 했다는데 뭘 봤어도 다들 입을 꾹 다물고 있었거든. 소장에게 뭘 줬는지는 당연히 아무도 몰라. 알 수가 없어. 당사자만 알아. 그래도 누가 상납을 했는지는 알 수 있지. 표가 나거든. 소장이 잘해주는 사람이 선물 전달자야. 반대로 청소 못 했다고 욕먹는 사람은 여태껏 껌 하나 안 준 사람이고. 청정수같이 굉장히 깨끗한 사람이라고 볼 수 있지. 나도 그런 음성적이고 불법적인 것을 용납 못 하는 성미라…."

수연은 박 소장에게 부당함을 느꼈지만, 그 이유 때문에 노조를 만들려 했던 건 아니었단다. 처음에는 박 소장과 적당히 타협해서 잘 마무리하려고 했다는데, 그도 그럴 것이 그녀는 그전부터 박 소장과 잘 아는 사이였단다.

"박 소장이 우리 남편하고 같은 계모임 일원이었다. 뭘 주지 않아도 편하게 일했었지. 그런 상황에서 아는 사람 등에 칼을 꽂고 싶지는 않았어. 모두가 좋아지는 선에서 일을 끝내려고 했어."

수연은 절대 용인할 수 없었던 악습만 사라진다면 깔끔하게 노조 조직을 포기하려고 했었다고 한다.

"여기가 딱 그 자리네. 지금은 노조 전임자라 청소일은 안 하지만 예전에 내가 일하던 곳이야. 내가 노조를 만들기로 결심한 장소이기도 하고. 여기 앉아서 이야기할까?"

그곳은 2년 전 수연이 박 소장과 노조에 대해 이야기를 나눴던 장소였다.

"박 소장한테 우선 월급을 20만 원 정도 올려달라고 했어. 토요일 근무도 폐지시켜달라고 했지. 그랬더니 박 소장이 뭐라고 하는 줄 알아? 하는 말이 가관도 아니었어. 나보고 단단히 미쳤다데. 환장하겠더라고. 순간 정신이 혼미해지데. 그러면서 뭐랬는 줄 알아? 나보고 수작 부리지 마래. 당신도 더 이상 못 봐준다면서. 당신 남편 때문에 참고 있었는데 이제는 안 되겠대. 또 한 번만 선을 넘으면 그때는 아웃이라고 했어. 내 요구를 전혀 들어줄 생각이 없었던

유령들

거지. 나는 그래도 박 소장을 생각해서 말한 건데 되레 욕만 먹었어. 그러고는 대뜸 그 양반이 노조 만드는 새끼들 보이기만 하면 다리몽둥이를 부러뜨리겠다고 으름장을 놓더라니까. 그때 한창 서경지부 사람들이 ㄱ대에 들락날락하긴 했거든. 꼭 나한테 하는 소리 같더라고. 노조 만들러 온 두 놈을 아까 봤다면서 쥐패야겠다고 야구방망이를 휘두르고 난리도 아니었어."

노조에 대해 결정을 못 하고 있던 수연은 박 소장과의 대화 이후 확신을 가졌다고 한다. 그 후 노조를 만들어야겠다고 마음은 먹었지만, 여전히 걸리는 점이 있었다. 그녀는 아직 노조에 대해 잘 몰랐다. 민주노조에 가입한 친구들이 여럿 있어서 노조가 어떤 곳인지 대충 귀동냥으로 듣기만 했었다. 그럼에도 노조를 바라보는 그녀의 시선은 여전히 부정적이었다.

"우리 세대에게 노조는 딱 하나로 통해. 빨갱이. ㄱ대 사람들한테 다 물어봐. 노조 만들기 전에는 거의가 빨갱이라고 불렀어. 사실 노조에 대한 이미지가 그래. 북한에서 사주를 받아 행동하는 사람들, 쇠파이프 들고 폭력을 저지르는 사람들, 주말에 놀러갈 때 꼭 길 막히게 만드는 사람들, 경찰을 때리며 불법으로 데모하는 사람들, 그런 거. 나도 광화문이나 시청에 갈 때 노조가 데모하고 있으면 욕부터 했으니까. 우리가 독재시절에 배운 게 다 그랬어. 세뇌받은 거지. 노조는 무조건 나쁘다, 이런 식으로. 솔직히 전태일 열사도 노조 가입하고 처음 알았어. 그 시절에 그 어린 사람이 근로기준법을 지키라며 분신했다는 말을 듣고 소름이 돋았다니까. 노동 환경을 좋게 바꾸려고 희생한 거잖아. 나라면 어땠을까 싶기도 하고. 지금도 노조 안 했으면 몰랐겠지. 아니면 빨갱이라고 욕했거나. 그런데 그 세뇌를 무시할 수가 없어. 어렸을 때 각인된 게 평생을 가. 우리 민주노조에 있는 언니들 중에도 여전히 노조를 빨갱이 집단이라고 생각하는 사람이 많아. 겉으로는 잘 드러내지 않지만. 참 아이러니하지?"

수연이 그런 생각을 했었다니 뜻밖이었다. 노조에 대한 생각이 꽤 부정적이었던 수연이 지금은 노조 전임자로 활동한다니 놀라운 일이었다.

"친구가 옆 동네 여대에서 청소일을 하고 있는데 원래 그리로 옮기고 싶었어. 거긴 노조가 있어서 여기보다 임금 수준도 높고, 정년도 길었거든. 당연히 근로 환경도 좋았기 때문에 그만두는 사람이 거의 없었지. 언제 퇴직자가 나올지 모르는데 마냥 기다리기도 그렇고… 근데 친구가 그냥 ㄱ대에 노조를 만드는 것이 어떻겠냐고 그러더라고. 기약 없이 기다리며 허송세월하는 것보다 낫다고, 그게 가장 현실적이라고."

수연의 친구는 자신이 속한 분회의 담당 활동가에게 ㄱ대와 수연의 이야기를 전했고 상황을 들은 서경지부 소속 활동가가 수연을 직접 찾게 된 거였다. 서경지부 활동가는 어느 날 갑자기 수연에게 전화를 걸어 만나달라고 했단다. 하지만 수연은 여러 사람에게 노출되는 상황이 부담스러웠다. 앞장서지 않고 뒤에서 조용히 따라만 가고 싶었다. 그래서 다른 사람을 알아보라고 하며 거절했단다.

계속 전화가 왔지만 수연은 아예 받지 않자 활동가가 직접 학교 후문으로 찾아왔단다. 그녀는 활동가가 보이기라도 하면 재빨리 발걸음을 돌렸고 철저히 피했지만 결국 걸리고 말았단다. 학교 정문에서 딱 마주친 거였다.

"활동가한테 솔직히 앞에 나서고 싶지 않다고 말했어요. 뺄 것도 없었고, 더할 것도 없지 뭐. 대신 뒤에서 열심히 도울 테니 나 말고 앞에 나설 사람을 찾으라고 그랬어. 어차피 나는 같은 건물에서 일하는 동료들 빼고는 아는 사람이 별로 없어서 노조를 조직할 때 한계가 있었거든. 노조를 만들려면 어쨌든 쪽수가 많아야 하잖아. 그래서 적당한 사람 추천하고 도울 일은 돕겠다고 하고 돌려보냈지."

다음 날부터 수연은 자신이 최대한 할 수 있는 선에서 노조 가입자를 모았다고 한다. 같은 건물에서 일하는 다섯 명에게 확답을 받았다. 먼저 젊은 사람들에게 물어봤는데 그들은 굉장히 쉽게 동의했다. 다른 언니들은 젊은 사람들이 하면 하겠다고 했다. 일이 생각보다 술술 풀렸다. 한 명이 더 있었지만 그에게는 비밀로 했다. 그는 박 사장과 굉장한 친했고 평소에도 공과 사를 구분할 줄 모르는 사람이었다. 수연의 생각에는 힘들게 선택한 그녀의 계획을 박 사

장에게 일러바치고도 남을 사람이었단다. 노조 조직 전에는 무조
건 비밀 유지가 중요했다. 계획이 새어나가면 노조 출범 자체가 물
거품이 될 수 있기 때문이었다. 친구가 수연에게 특히 강조한 말이
기도 했단다. 수연은 대세에 지장이 없는 막바지쯤, 노조에 가입할
지 슬쩍 물어볼 작정이었단다.

"그때는 모든 게 조심스러울 수밖에 없었지. 입단속을 철저히 시
켰어. 노조 만든다고 말하면 우리 다 모가지 날아간다고 누누이 말
했지. 실수로 잘못 말해서 계획이 들통 나면 몇 년 동안은 노조 만
드는 건 불가능하니까. 친구가 해준 말을 들어보니 그렇더라고. 그
렇게 무너진 사례들도 꽤 많더만. 걸리면 이도저도 아니게 되잖아.
하려면 최대한 비밀스럽게 가야 되겠더라고. 근데 그게 또 비밀스
럽게 한다고 아는 사람만 모아서는 안 되는 일이라…."

수연은 자신이 활동가에게 추천한 사람만큼은 제발 노조에 가입
했으면 좋겠다고 생각했었지만 얼굴만 아는 사이라 자신이 무턱대
고 가입서를 받을 처지는 아니었단다. 잘못 접근했다가는 일을 그
르칠 수도 있었다.

수연이 추천한 사람은 ㄱ대 청소노동자들을 두루 알고 있었다.
바로 박 소장의 눈 밖에 나서 경영대 건물로 쫓겨난 ㄱ대의 '제1대
밥순이'였다. 현장 사무실 부엌에서 노동자들의 밥을 해줬기 때문
에 대다수 노동자들과 매일 마주쳤을 테고, 더욱이 당시 박 소장과
의 관계가 틀어진 그녀 입장에서도 노조 가입이 필요한 상황이었

을 것이다. 수연은 그녀를 잘 구슬려서 우리 편으로 만들면 보다 쉽게 노조를 조직할 수 있겠다는 생각이었다.

수연에게 추천을 받은 서경지부 사무처에서는 전체 조합원 중 그녀와 친한 사람을 수소문했고 일주일 만에 ㄱ대와 가까운 거리에 있던 ㅇ대에서 찾아냈다. 그는 2~3년 전까지만 해도 ㄱ대에서 경비일을 했는데 잠깐이지만 그녀와 같은 건물에서 근무한 사람이었다.

"그 조합원은 우리 학교에서 해고당하고 얼마 지나지 않아서 ㅇ대 경비 자리를 찾았대. 들어가서는 서경지부에 가입한 거지. 노조에 가입하면 더 이상 해고당하지 않고 정년도 보장받을 수 있다고 하니까. 어쨌든 그때부터 그 조합원의 임무는 미옥 언니가 ㄱ대에서 노조를 조직하도록 설득하는 거였어."

수연이 추천했다는 제1대 밥순이는 미옥이었다. 그녀는 ㄱ대에 민주노조가 출범하고부터 줄곧 부분회장을 역임했다.

"ㅇ대 조합원이 미옥 언니한테 우연을 가장하고 접근한 거지. 사무처에서도 공을 많이 들였어. 미옥 언니를 우리 편으로 만들어야 ㄱ대에 노조 만드는 일이 훨씬 수월하니까. 그 조합원으로는 부족했는지 ㅇ대 분회장이 직접 우리 학교로 찾아와서 미옥 언니를 설득했다더라고. 다행히 두 사람이 얘기가 잘 됐어. 주말 근무도 없애고 임금도 오른다고 하니 그랬겠지. 나중에 미옥 언니한테 들은 이야기인데, 처음에는 긴가민가했대. 정말 가능할지 말이야. 이 언니도 그때까지는 노조를 깡패 새끼들이 있는 곳으로 생각했었으니까. 우리 세대가 노조를 그렇게 봐왔다고 했잖아. 결국 가치관의 혼란이 일어날 수밖에 없지. 의심이 들기는 했지만, 그래도 ㅇ대 조합원과 분회장을 믿었대. 마침 주말 근무만이라도 없었으면 좋겠다고 생각하던 차였대. 토요일에 제대로 놀러가지를 못해서 말이지. 그래서 그 관 식구들도 노조에 가입하기로 결심을 하게 된 거지."

수연은 ㅇ대 지하주차장 구석에 있는 청소노동자 휴게실에서 그들을 만났다. ㅇ대에서 미옥을 처음 봤을 때 꼭 필요한 사람이 우리 편에 있다는 생각에 기분이 좋았다고 한다. 이유는 몰랐지만, 노조 조직이 잘될 것 같다는 확신도 들었단다.

수연과 미옥이 각자 비밀스럽게 모은 인원은 총 6명이었다. 수연과 미옥을 포함해서 그날 ㅇ대에 발걸음을 옮겼던 8명 모두가 서경지부에 가입했다.

"처음에는 망설였지. 우선 활동가 설명을 들어보고 가입할지 말지를 결정할 작정이었어. 활동가들이 노조가입서를 주는데, 다들 서로 눈치만 보는 거야. 이거 가입을 해야 하나 말아야 하나, 딱 결정의 순간이 왔을 때 두려워진 거지. 잘못되는 거 아닌가 싶기도 하고. 활동가가 말하더라고. 지금 가입해야 나중에 박 소장이 그날 ㅇ대에 모인 사실을 알아도 서경지부에서 지켜줄 수 있다고. 우리가 고민하고 있던 걸 안 거지. 노조에 가입해도 절대 잘릴 일 없다고 안심을 시켜줬어. 그때 딱 미옥 언니가 이왕 칼 잡은 거 무라도 베

자면서 가입하자고 한 거야. 그 언니가 화끈할 땐 굉장히 화끈하단 말이야. 우리는 군말 없이 가입서를 쓰고 일주일 후에 사람을 더 모아서 다시 모이기로 했어. 몇 명이나 모을 수 있을까 걱정을 엄청했던 것 같아. 그때 모인 8명이 일주일 동안 박 소장 몰래 노조가입서를 받으러 다니느라 첩보 영화 한 편 찍었지."

수연은 그때를 가장 살 떨리는 순간으로 기억했다. 박 소장에게 가입서를 들키지 않기 위해 검정 비닐봉지에 담아서 다녔을 정도였단다. 모든 일에 신중을 기했다. 그 결과, 30여 명이 더 서경지부에 가입했다. 전체 청소노동자의 절반 수준이었다. 지난 8년간 조리 업무를 하면서 ㄱ대 사람들을 두루두루 알고 지내오던 미옥이 없었다면 불가능한 일이었다고 수연은 말했다.

그런데 두 번째 모임 날에 박 소장이 ㅇ대까지 따라왔다고 한다. 아무리 보안을 유지하려 해도, 노조 조직 사실은 새어 나가기 마련이었다. 나중에 알았지만 그들 사이에 스파이가 있었다. 그때까지만 해도 생각하지 못했던 사실로 수연을 비롯한 노조원들은 단순한 실수로 인해 벌어진 일이라고만 생각했다고.

박 소장의 등장에 40여 명의 노동자들은 혼비백산했다. 대부분은 모임이 끝나지도 않았는데 겁을 먹고 달아났다. 한 노동자는 박 소장을 보자마자 몸이 돌처럼 굳어버렸다고 한다. 그곳에서 한참 동안 난동을 부린 박 소장은 다음 날부터 노조에 가입한 사람들을 협박하며 온갖 욕설을 퍼붓고 다녔다.

"이야, 박 소장이 아주 미쳐 날뛰더라고. 노조 못 만들게 하려고. 다들 그 모습에 쫄아서 짤리면 어쩌냐고 덜덜 떨었어. 그거 다독이느라고 얼마나 고생했는지 몰라. 결국에는 노조 이야기가 오간 지 한 달도 안 돼서 출범하기로 했지. 이미 노조 가입자가 50명 정도는 됐으니까. 어차피 소장이 알았는데, 더 이상 비밀로 할 필요가 없다는 거야. 사무처 입장에서는 말이지. 세 번째 모임까지 마치고 며칠 뒤에 ㄱ대 본관 앞에서 출범식을 했어. 그날 학교가 난리도 아니었어."

수연은 계속 고사했으나, 결국 ㄱ대분회의 초대 사무장이 됐다.

조합원이 하나로 뭉쳐 힘차게 싸우겠습니다. 이곳에 함께하고 있는 ㄱ대학 구성원들과 우리의 목소리에 관심 가져주시는 많은 여러분들 앞에서 결의합니다. 우리의 수많은 문제들을 해결하기 위해 조합원들이 똘똘 뭉쳐 싸워나가겠습니다. 그동안 이렇게 앞으로 나선다는 것에 대한 두려움도 있었지만, 이제 우리들도 당당한 '노동자'로 '노동조합'과 함께 사람대접받기 위해 열심히 노력하겠습니다. 일할 맛 나는 일터, 꼭 우리 손으로 만들도록 하겠습니다.

—2013년 11월 1일 민주노조 서경지부 ㄱ대분회 출범 선언문

조합원들은 새로 맞춘 주황색 근무복을 입고 노조 출범 3주년 행사 장소인 스퀘어광장으로 하나둘 모여 들었다. 초록 잔디가 깔

린 스퀘어광장이 주황 빛깔로 물들었다. 스퀘어광장이 떠들썩한 가운데, 수연이 조합원들 앞에 섰다. 한참을 머뭇하다 대학 구성원이 모두 들으라는 듯 굉장히 크게 소리쳤다.

"처음 노조를 만들 때 소장에게 발각될까 봐 조마조마했던 시절이 엊그제 같은데, 벌써 3년이 흘렀습니다. 휴게실에 비밀스럽게 모여서 노조가입서를 쓰던 때가 저는 아직도 생생해요. 우리가 몰래 조직한다고는 했지만, 결국 소장에게 걸렸잖아요. 그때 정말 아찔했습니다. 다음 날부터는 소장이 쇠몽둥이로 두드려 패서라도 우리의 노조 가입을 막겠다고 설치고 다녔죠. 두려웠고, 무서웠어요. 한 달 동안 노조를 조직하려고 고생한 일들이 물거품으로 돌아갈지 모른다는 생각이 들었습니다. 하루하루 피가 말랐어요. 그래도 다행히 우리는 고난 끝에 노조를 만들었습니다. 딱 3년 전 오늘, 11월 1일에 말이죠. 사실 뭣도 모르고 시작한 일이었습니다. 단순히 임금 조금 올리고, 주말 근무 없애려고 조직한 노조였습니다. 만들면 끝이겠지 하고 아주 쉽게 생각했었습니다. 그런데 그건 저의 오산이었습니다. 어렵게 만든 노조를 지키는 일에도 무수히 많은 시련들을 겪어야 했습니다. 그쵸, 여러분?"

조합원들이 한목소리로 대답했다.

"네, 맞아요."

수연이 목을 가다듬고는 다시 말을 이어나갔다.

"소장이 민주노조 파괴하겠다고 달려들고, 인간다운 삶 보장받으려고 학교와 싸우고, 또 그 외 수많은 일들과 우리는 대면했습니다. 지금은 다 아련한 추억으로 기억되지만 당시에 저는 정말 순간순간이 지옥과 같았습니다. 하지만 조합원 여러분 덕분에 우리 노조가 그 어려움들을 슬기롭게 헤쳐나갈 수 있었다고 저는 생각합니다. 우리가 하나로 똘똘 뭉친 결과지요. 저 혼자였다면 벌써 포기했을 겁니다."

수연의 옆에 있던 지영이 낭랑한 목소리로 외쳤다.

"저희는 최수연 분회장님께 감사드립니다. 언니들 그쵸? 제 말이 맞죠? 그런 의미로 분회장님께 박수 한번 드립시다."

지영이 함성과 함께 박수를 치자 조합원들도 따라 했다. 수연이 조합원들에게 고개를 숙였다. 함성과 박수 소리가 한동안 울려 퍼졌다.

"사무장님 감사합니다."

지영은 ㄱ대분회의 사무장으로 새로 선출됐다.

"그리고 우리 조합원들에게도 감사합니다. 우리 노조가 앞으로 10년, 20년, 아니 100년 이상을 유지할 수 있도록 우리 조합원 여러분들이 더 힘내주셨으면 좋겠습니다. 우리가 더 인간다운 삶을 살 수 있도록 앞으로 더 힘을 냅시다. 저도 열심히 하겠습니다. 감사합니다."

ㄱ대분회 출범 3주년 행사의 마지막 순서는 단체 사진 촬영이었다. 조합원들이 '노동조합 창립 3주년 기념'이란 글자가 적힌 현수

유령들

막 아래 모여 섰다. 나는 "하나, 둘, 셋!" 구령을 외쳤다. 50명의 조합원들이 카메라 렌즈를 응시했다. 해맑은 미소를 짓는 조합원들의 모습이 3년 전 그날처럼 카메라의 '찰칵' 소리와 함께 기록됐다.

노조 출범 3주년 행사가 끝나고, 지영이 현수막을 정리하며 입을 뗐다.

"3년 전 일이 생각나네요. 2013년 11월 1일. 전 그 자리에 없었어요. 노조가 어떻게 조직됐는지 말로만 들었어요. 우리 건물 사람들이 가장 마지막에 노조가입서를 냈을 거예요. 소장이 매일 와서 협박했거든요. 노조에 가입하면 가만 안 둔다는 말도 했어요. 겁이 날 수밖에요. 가입할까 말까 수백 번을 고민한 것 같아요. 결국 가입하지 말자는 생각으로 굳어져가고 있었죠."

지영은 3년이 지난 지금까지 그날 자신의 행동을 후회하고 못내 아쉬워했다. 3주년 행사를 기획한 것도 왠지 빚진 것 같은 그 마음 때문이라고 말했다.

"그때가 노조에 가입하지 말자고 언니들과도 이야기가 다 된 상태였는데, 출범식을 하기 며칠 전에 다른 학교에서 일하시는 분들이 우리 관에 찾아와서 노조가 생기면 박 소장을 자를 수 있다는 말을 하고 간 거예요. 홍대 동지들이었을 거예요, 아마. 언니들은 말도 안 되는 소리 하지 마라고 그랬는데, 저는 그 말에 충동적으로 그런 생각이 들데요. 그냥 노조에 가입해버리자. 죽든 살든 박 소장을 쫓아버리고 싶어진 거예요. 너무 충동적이었어요. 저도 그

때 왜 그랬는지 모르겠네요. 언니들은 그때까지도 걱정만 했어요,
이건 진짜 말도 안 된다고. 그런데 말이죠. 그 겁 많던 언니들이 갑
자기 무슨 바람이 불었는지 노조에 가입을 하겠다는 거예요. 저는
솔직히 죽어도 가입 안 하겠다고 할 줄 알았거든요. 출범식 날이 됐
는데 저는 자신이 있었어요. 점심시간에는 연대 온 동지들까지 찾
아와서 응원해줬거든요. 출범식에 나가서 나는 노조원이다 당당히
밝히기만 하면 되는 거였죠."

　　그런데 지영이 퇴근 후 출범식 장소인 본관 쪽으로 가고 있는데
박 소장이 나타나 그녀 앞을 막았다고 한다. 지영은 순간 위협을 느
꼈다는데 머리로 아무리 다짐을 해도 파블로프의 개처럼 몸은 이
미 바들바들 떨렸단다. 박 소장에 대한 트라우마 때문이었을까.

　　"박 소장은 청소노동자들이 노조를 만들 거라는 이야기를 들은
후부터 저를 따라다녔어요. 출범식에 참석하면 경찰에 잡혀갈 거
라며 모두 잘라버리겠다고 협박했죠. 욕도 했어요. 출범식 장소까
지는 불과 500m도 안 되는 곳이었는데 거기 모인 다른 조합원들
은 그 상황을 알 리 없었죠. 결국 세 자매와 함께 냅다 집으로 도망
쳤어요. 집에 와서는 다른 조합원들의 전화를 일절 받지 않았고요.
시간이 흐르고 출범식이 끝날 즈음이 되자 조합원들이 걱정되더라
고요. 경찰서에 모두 잡혀갔을지도 모른다는 생각뿐이었거든요."

　　하지만 그녀의 생각과는 달리 그날 아무 일도 일어나지 않았다.
사실 학교의 신고로 경찰이 출동했다고 해도 정당한 절차에 따라

조직된 노조의 단순한 출범식 행사에 나설 명분은 없었다. 더욱이 한목소리로 똘똘 뭉친 노동자들에게 섣불리 다가갈 수도 없었을 것이다. 당시 노조에 대해 잘 몰랐던 지영은 생각할 수 없는 상황이었다.

지영이 철거한 현수막을 둘둘 말았다.

"이제 저는 소장만 보면 오들오들 떨던 지영이가 아니에요. 그날 일을 겪고 나서 노조에 대해 제대로 알게 됐어요. 솔직히 그전까지 노조가 저를 지켜줄 수 있을 거라고 믿지 못했거든요. 노조가 출범한 이후에도 박 소장은 쫓아다니며 민주노조에서 탈퇴하라고 협박했어요. 혼자 끙끙 앓다 언니들에게 털어놓았는데, 왜 이제야 말했냐고 오히려 위로해주시더라고요. 언니들이 그날 소장한테 가서 저 대신에 따졌어요. 앞으로 절대 협박하지 마라고요. 그때부터 제가 완전히 바뀌었다고 보면 돼요. 느낀 거죠. 노조가 무엇인지를요. 이제는 저 혼자가 아니잖아요. 노조라는 우리가 있잖아요."

ㄱ대 청소노동자 민주노조를 어떻게든 무너뜨리려 한 박 소장은 이미 노조가 만들어진 이상 쉽지 않았다. 그때부터 박 소장은 노조원들과 비노조원들 사이에 차별을 뒀다. 노조원들에게 민주노조에서 탈퇴하면 임금을 더 주겠다고 유혹하기도 했다. 지영에게도 접근했단다. 실제로 가입서를 쓴 지 하루도 지나지 않아서 탈퇴서를 쓸 뻔한 조합원도 있었단다. 다른 대학 사업장에서도 이미 겪은 일이었다. 회사에서 벌이는 전형적인 부당노동행위 수법이었다.

이런저런 방법에 실패하자 박 소장은 나이가 있는 민주노조원들을 찾아가서 아무 내용도 없는 A4 용지에 느닷없이 사인부터 하라고 재촉했다. 세 자매도 백지를 받았다고 한다. 예전부터 노동자들을 해고하려고 박 소장이 자주 쓰던 방법이었다. 백지에 무조건 사인을 하게 한 다음, 곧장 박 사장이 적절한 내용을 추가했다. 그 종이에 채워질 내용은 절대적으로 박 소장만 알았다. 추측건대, 이런 내용일 것이다.

'나는 오늘부로 회사를 나가는 것에 동의한다.'

하지만 박 소장의 계획은 수포로 돌아갔다. 민주노조에 가입한 조합원들은 이미 활동가에게 단단히 교육을 받은 상태였다. 활동가뿐만 아니었다. 수연과 지영도 그들에게 잔소리처럼 말하고 다녔다.

"어떠한 종이에도 서명을 하지 마시고요. 이런 일이 발생할 경우 꼭 핸드폰으로 녹음을 하세요."

그런데 고령의 청소노동자들은 전자기기를 사용하는 데 미숙했다. 원체 녹음하려는 생각도 못 했다. 하지만 소장이 건넨 '백지합의서'에 다행히 서명만큼은 하지 않았다. 소장이 하라고 하면, 무조건 하는 예전의 수동적인 그녀들이 아니었다.

"언니들이 조금씩 변하고 있었어요. 박 소장의 끈덕진 계략에도 불구하고 민주노조 조합원들은 처음 가입자 수를 그대로 유지했죠. 결국 제가 아니라 박 소장이 잘렸어요."

유령들

지영이 목에 시원스레 줄을 긋는 시늉을 했다. 박 소장은 부당노
동행위로 해고되었다.

그들의 배후

**도급인은 수급인이 그 일에 관하여
제삼자에게 가한 손해를 배상할 책임이 없다.
그러나 도급 또는 지시에 관하여
도급인에게 중대한 과실이 있는 때에는
그러하지 아니하다.**

———— 민법 757조

11월부터 회의 장소를 현장 사무실로 바꾸었다. 자꾸 장소를 옮기니 회의가 제대로 돌아가지 않자 수연이 생각해낸 고육지책이었다. 노조가 만들어진 지 3년이 되었는데도 아직 학교 측에서는 노조 사무실 공간을 내주지 않고 있었다. 누구의 방해도 받지 않을 온전한 장소를 물색하다가 차선책으로 현장 사무실로 정하게 된 것이다. 매주 화요일 운영회의가 열리는 시간대에는 민주노조 조합원들이 현장 사무실을 사용할 수 있도록 얍삽이 소장과 이미 합의도 보았다. 현장 사무실에서 회의를 하면 더 이상 빈방을 찾으러 발품을 팔지 않아도 됐고 중간에 쫓겨날 위험도 사라졌다.

내가 식당에 도착했을 때는 이미 운영위가 끝나고 간부들은 거의 다 돌아간 뒤였다. 수연과 지영만 남아 있었다. 수첩에 무언가를 적고 있던 지영이 말했다.

"분회장님, 밥순이 바뀌었다면서요?"

"응. 맨날 ㅈ노조로 오라고 우리 언니들 괴롭히던 애가 밥순이가 됐네."

얍삽이 소장이 맘에 드는 사람을 새로 밥순이로 선택한 것이었다. 그녀는 아이스링크장에서 일했다고 한다. 전임 이 소장이 뽑았던 밥순이는 다시 청소를 하기 위해 일터로 복귀했다.

이제 와 안 사실이지만, 그들이 밥순이라는 별명을 가진 건 얼마 안 됐다. 노조가 생기면서 자연스레 붙여진 별칭이지만 모두 다 그렇게 부르는 건 아니었다.

ㄱ대에는 민주노조와 그 뒤로 출범한 ㅈ노조가 있었다. 역대 밥순이 중 미옥을 제외한 나머지 둘은 다 ㅈ노조 조합원이었다. 그렇다. 민주노조 조합원들이 ㅈ노조 출신의 밥하는 사람을 밥순이라고 부르고 있었던 것이다. 공교롭게도 두 밥순이의 이름은 '순'자 돌림이었다. 사실 미옥은 노조가 없었을 때 밥을 해서 '밥순이'라고 불리지 않았다. 지영에 따르면 두 밥순이처럼 소장 편에 붙기보다는 오히려 동료들을 위해 제한된 예산 내에서 최대한 좋은 식단을 만들려고 가끔씩은 자신의 사비까지 털었을 정도로 노력했다.

처음 지영을 만나던 날 ㄱ대에 두 개의 노조가 있다는 사실을 알

왔다. 사회적 약자에 속하는 청소노동자들이 하나로 단결해도 모자랄 판에 두 개의 노조로 찢어져 있다는 것에는 분명 내막이 있어 보였다.

ㅈ노조는 경기도를 근거지로 한 노조였다. 민주노조 간부들은 그 노조의 이름을 잘 몰랐다. 처음에는 나에게 ㅈ노조를 ㅊ노조라고 알려줄 정도였다. 나도 그러려니 생각하고 있었다. 왜냐하면 ㅊ노조는 민주노조가 대학 사업장에 조직될 때마다 따라 들어왔다. 복수노조 제도를 이용한 것이었다. ㅊ노조 홈페이지에 들어가면 첫 화면부터 민주노조 탈퇴서가 떡하니 메인에 걸려 있었다고 한다. 그도 그럴 것이 복수노조 제도 아래에서는 노조원 수가 많은 다수 노조가 업체와의 교섭권을 갖기 때문에 상대 노조보다 무조건 한 명이라도 더 많아야 했다. 교섭창구단일화 제도의 폐해였다.

교섭창구단일화 제도는 더불어민주당 추미애 의원의 작품이다. 2009년 12월 30일, 국회 환경노동위원회(이하 환노위) 위원장이었던 추 의원(당시 민주당)은 자당을 포함한 환노위 소속 야당 의원들의 회의장 출입을 봉쇄했다. 대신에 나머지 여당(당시 한나라당) 의원들과 함께 노동조합 및 노동관계조정법(이하 노동조합법) 개정안을 강행 처리했다. 복수노조 제도의 시행을 1년 6개월 유예하되(2011년 7월부터 시행), 교섭창구단일화 제도를 포함하자는 추 의원의 중재안이었다. 개정안대로라면 사용자의 허락 없이는 과반을 넘지 못한 소수 노조의 교섭권이 제한될 수밖에 없었다. 이듬해 1월 1일, 국회의장은 노동조합법 개정안을 직권상정했다. 본회의에 상정된 개정안은 야당의 반대에도, 과반이 넘는 여당 의원들에 의해 가뿐히 통과됐다. 국회 문을 넘어 정부로 이송된 개정안은 대통령이 다른 법안들과 함께 공포했다. 사람들은 그 개정안을 '추미애법'이라고 불렀다.

추미애법에 의해 태어날 수 있었던 ㅈ노조의 배후에는 ㄱ대가 있었다. 추측건대, 복수노조 설립 계획은 박 사장 형제의 머리에서 나올 만한 것이 아니었다. 어차피 박 사장은 원청인 학교의 지시에 따르는 꼭두각시에 불과했다. 민주노조가 이미 조직되고 얼마 후, ㄱ대 총무처장실에서 민주노조 와해 문서가 발견되기도 했을 정도였다. 만약에 박 사장의 지원을 받는 ㅈ노조가 다수 노조의 지위를 얻으면 민주노조는 교섭권을 잃게 된다. 그러면 자연히 박 사장이 원하는 방향으로 임단협 내용이 바뀔 수 있었다.

교섭창구단일화 제도의 문제는 ㄱ대만의 일이 아니었다. ㅊ노조가 다수 노조인 곳이 꽤 있었다. ㄱ대보다 3개월 앞서 민주노조를 조직한 ㅈ대분회는 ㅊ노조가 다수 노조 지위를 유지한 순간부터 지금까지 열악한 환경에 놓여 있었다. 이를테면, ㅈ대의 청소용역을 맡고 있는 업체는 다수 노조인 ㅊ노조의 동의하에 등급제를 실시하고 있었다. 노동자에게 등급을 매기고 그에 따라 임금을 차등 지급하는데, 최하라고 볼 수 있는 'D' 등급을 연속해서 두 번 받으면 해고 대상자로 선정된다는 것이다. 업체가 등급제를 시행하는 의도는 단순했다. 노동자들을 업체의 입맛에 맞게 길들이려는 속

셈이었다.

ㅈ노조는 민주노조가 생기고 3개월 후에 출범했다고 한다. 그 탄생에 박 소장의 공이 컸는데 민주노조 사람들은 ㅈ노조를 박 사장 형제가 조종한다고 생각했다. 학교의 명령을 받은 박 소장이 ㅈ노조 설립을 직접 실행에 옮겼기 때문이다. 당시 박 소장은 회사와 민주노조가 합의한 바에 따라 해고된 상태였지만 인수인계를 해야 한다는 명목으로 현장 사무실을 일주일간이나 들락날락했다고 한다. 민주노조 조합원들은 박 소장의 말을 곧이곧대로 믿었다는데, 노조가 생겼으니 학교나 회사가 예전처럼 함부로 못 할 거라는 믿음이 있었단다. 상대를 상식적이고 이성적으로 생각한 것이 문제였다. 그즈음을 되돌아보면 박 소장의 손아귀에 있던 비조합원들이 현장 사무실에 자주 모였단다.

"그 낌새를 미리 알아챘더라면 ㄱ대에 어용노조가 생기는 걸 막을 수도 있었어요. 그들이 민주노조를 파괴할 괴물이 될 거라고는 전혀 상상도 못 했거든요. 우리가 바보같이 순진했던 거죠."

지영은 당시만 생각하면 얼마나 후회되는지 자신도 모르게 가슴을 친다고 했다.

"ㅈ노조는 이름만 노조지, 아무것도 하는 일이 없었어요. 막말로 투쟁기금(조합비)으로 엿 바꿔 먹고 노는 족속이에요. 투쟁기금을 노동권 향상에 사용하는 게 아니라 회식 비용으로만 썼다는 말이에요. 한번은 우리가 임금 투쟁하고 있는데 개고기 먹으러 갔더라고요. 그걸 어떻게 알았냐면 ㅈ노조 쪽 사람들이 대놓고 자랑했거든요. 여태껏 ㅈ노조 쪽 사람들이 농성이든, 점거든, 투쟁하는 모습을 본 적이 없어요. 오히려 투쟁하는 곳을 교묘히 피해 다니는 것 같아요. 한술 더 떠 우리가 투쟁할 때도 어용답게 회사와 학교 편을 들기 바쁘죠. 그게 무슨 노조라고… 참 나."

수연의 말에 따르면 노조가 두 개인 이유는 단순했다. 노조의 철학과 가치가 달라서가 아니라 더 큰 밑그림이 있었는데, 바로 민주노조 파괴가 목적이었다. 그런 목적을 시도 때도 없이 실천으로 옮기기 때문에 민주노조 간부들은 ㅈ노조를 어용노조라고 불렀다.

"ㅈ노조원이 몇 명 정도길래 민주노조원들을 끌어들이려고 하나요?"

지영이 말했다.

"37명이요. 아직은 저희보다 열한 명 적어요. 그래도 안심할 수 있는 숫자는 아니죠. ㅈ노조만 없었다면 편히 노조 활동을 할 수 있었을 텐데. 사실 ㅈ노조가 조직됐다는 소식을 듣고 얼마나 허탈했는지 몰라요. 우리가 너무 방심했던 것 같아요."

"그럼, 옛날에 비노조원분들이 다 ㅈ노조에…."

ㅈ노조의 구성원은 끝내 민주노조에 가입하지 않고 버티던 비노조원들이 주축이었다고 한다. 비노조원들은 상당수가 박 사장 형제와 친분이 있었는데 그 친분 때문에 민주노조에 가입하지 않고 있다가 박 사장이 미는 ㅈ노조에 가입한 것이다.

"네, 맞아요. 우리가 민주노조에 가입하라고 사정사정하며 설득해도 꿈쩍 않던 사람들이 다 ㅈ노조에 들어갔어요. 사장이랑 소장 지인들이 대부분이었죠. 교회 인맥들도 많고. 노조는 빨갱이 소굴이라면서 증오하던 사람들이 어떻게 ㅈ노조에는 들어갔는지 몰라, 참 나. 민주노조만 빨갱이인가?"

수연이 식당을 회의 장소로 결정하는 데는 꽤 큰 결단이 필요했다. 식당은 ㅈ노조 조합원들이 온종일 자기네 휴게실처럼 자유롭게 사용하는 사랑방으로 바뀐 지 오래였다. 어용답게도 얍삽이 소장의 묵인 아래 일과 시간에도 머물러 있을 때가 많았다. 이런 사정으로 민주노조가 회의하기에는 걸리는 점이 이만저만이 아니어서 반대도 많았다.

우여곡절 끝에 현장 사무실이 회의 장소로 결정 나고 첫 회의 때 일이다. ㅈ노조 사람들이 민주노조의 회의 시간인 오전 10시까지도 자기 집처럼 누워서 쉬고 있었다. 이미 쉬는 시간이 한참 지난 뒤였다. 사무실을 같이 사용하는 소장이 봐주지 않았다면 절대 불가능한 행동이었다. 수연은 그 모습이 꼴 보기 싫어서 다음 회의부터는 오전 10시가 되기도 전에 ㅈ노조 사람들을 다 내쫓았다. ㅈ노조원들을 쫓아내고는 매번 식당 곳곳을 살폈다. 혹시나 구석진 곳에 녹음기라도 몰래 틀어놓고 회의 내용을 도청할지 모른다는 생각에 미리 검사한 것이었다. 다행히도 녹음기와 비슷한 기계 따위는 한 번도 발견되지 않았다.

그럼에도 의심의 끈을 놓지는 못했다. 나는 중요하게 논의할 이야기는 식당에서 절대 말하지 않았다. 어쨌든 현장 사무실은 소장이 주로 업무를 보는 곳이고, ㅈ노조 간부들도 자주 들르는 공간이라 쉽게 안심할 수가 없었다. 이런저런 이유로 신경 쓸 일이 많았지만 적당한 노조 사무실이 제공될 때까지는 매주 써야 했다. 노조 사무실이 없는 조합원들의 비애랄까.

지영의 이야기를 듣고 있던 수연이 분에 찬 목소리로 끼어들었다.

"ㅈ노조원들이 우리 언니들 도끼질하고 돌아다닌 것만 생각하면…."

내가 물었다.

"죄송한데, 도끼질이 무슨 뜻인가요? 의미 그대로…?"

"ㅈ노조에서 우리 언니들을 데려가려고 수 쓴다는 의미예요. 나무꾼이 나무가 쓰러질 때까지 도끼질하듯 ㅈ노조로 넘어갈 만한 언니들을 계속 구슬리고 협박해서 빼앗아간다는, 우리끼리 쓰는 은어죠."

민주노조에 가입했다가 ㅈ노조가 조직되자 넘어간 부류가 여럿 있었다고 한다. 초창기에는 ㅈ노조원들의 도끼질이 굉장히 심각했다는데 네 명이 한꺼번에 넘어간 적도 있단다. 그들이 ㅈ노조로 떠난 이유는 '민노처럼 데모를 하지 않기 때문'이었다. '데모하지 않는 노조'는 농성을 하거나 연대를 가는 일을 불편해하는 민주노조 조합원들에게는 당당하게 노조를 떠나는 명분이었고, 남아 있다고 해도 걸핏하면 넘어가겠다고 공갈을 때리는 빌미이기도 했다. 네 명은 바늘과 실처럼 꼭 붙어 다녔는데 민주노조도 한날한시에 탈퇴했다.

또 다른 부류는 '데모하기 싫어서'란 말은 절대 입에 담지 않았다. 자신들이 생각해도 노조 탈퇴 이유로 삼기에는 쪽팔렸을 것이다. 대신에 다른 핑계를 늘어놓았다.

"나는 교회에 적을 둬서 노조에 있기 힘들어. 우리 목사님도 그러더라. 교인이 어떻게 노조에 가입하냐고. 노조에서 얼른 나오래. 나도 우리 목사님과 똑같은 생각이야. 어떻게 교인이 노조에 있겠어."

이렇게 변명한 조합원도 있었다.

"우리 아들이 공무원이야. 나 노조 한다고 나중에 인사상 불이익을 받으면 어떡해. 미안한 일이지만, 탈퇴할 수밖에 없어."

그들은 각자의 이유를 들이대며 민주노조를 떠났다. 대부분 나갈 당시에는 다시는 노조에 발걸음도 하지 않을 듯 보였지만, 곧바로 ㅈ노조에 가입을 했다. 그중에서 간부 자리까지 꿰차고 승승장구한 조합원도 있었다고 한다.

ㅈ노조 사람들은 계속해서 생각지도 못한 수를 써가며 민주노조를 흔들어댔는데, 기가 센 몇몇 ㅈ노조 사람들이 모든 계획을 주도했다. 그중 한 명이 지영이 '양재기'라고 부르는 ㅈ노조원인데, 성격이 마치 양은 냄비처럼 요란해서 붙인 별명이란다.

지영은 그날도 양재기가 또 일을 저질렀다고 흥분했다.

"양재기같이 드센 애들이 우리 조합원들을 괴롭히고 다녀요. 오늘까지도. 양재기랑 같이 일하는 언니가 있는데, 명순 언니라고, 그 언니한테 진짜 매일매일 못살게 굴거든요. 여기 잘못했다, 저기 잘못했다, 소장이나 된 것처럼 지적질은 기본이에요. 그러다가 자기 맘대로 안 되면 나이도 어리면서 욕을 그렇게 해요. 그러면서 뭐라고 하는 줄 알아요? 스노조 들어오면 잘해주겠다고, 개똥같은 소리를 하더라고요."

"그분이 명순 어머니랑 같이 일하신다고요?"

"네."

"어제 저한테 당신 소속이 뭐냐고 팔까지 움켜잡고 막 떼를 썼던 분인 것 같은데. 왜 민주노조 편만 드느냐고요. 학교 정문에서 사람들이 쳐다보고 난리도 아니었어요."

"진짜요?"

"네."

지영이 걱정스런 표정으로 나를 보았다.

"괜찮아요?"

"네… 걱정하지 않으셔도 돼요. 말 안 하려 했는데 저도 모르게 툭 튀어나왔네요."

지영이 헛웃음을 지었다.

"웃긴다, 진짜. 자기네들이 잘했어봐. 어용이니까 눈길도 안 주지. 딱 보면 누가 진짜고 가짜인지 판단할 수 있는데, 그죠?"

나는 대답 대신 고개를 끄덕였다.

"그런데 웃긴 게 뭔지 알아요? 저 스노조 쪽 사람들이 참 이중적이라는 거예요."

"이중적이라니요? 원래부터 어용 아닌가요? 어용이 이중적일 수 있나요?"

"이중적이란 게 그 사람들 소갈머리를 말하는 거예요. 스노조 사람들은 자기들이 참 조용하대요. 우리가 매일 빽빽 소리치고 싸우는 게 이해가 되지 않는대요. 그래서 스노조 애들은 우리를 깡패 같다고 해요. 근데 우리 조합원 잡을 때 보면 자기들이 엄청 더 소리를 질러요. 우리야 임금 올리고 권리 향상시키려고 악 쓰지만, 스노조는 자기네들 이익 때문에 괜한 사람들한테까지 해코지하잖아요. 얼토당토않게 우리 흠만 볼 줄 알지 지네들 상태가 어떤지는 생각도 못 하니, 그게 이중적이라는 거예요. 그거 알아요? 양재기가 사실은 배신자예요. 원래 우리 민주노조 조합원이었거든요. 초창기에 제일 앞장서서 투쟁하고 그랬는데, 우리랑 점거 농성까지 함께했어요. 그런데 단협 마무리될 즈음 갑자기 탈퇴서를 내더니 스노조로 가버렸어요. 그때 저 엄청 충격 받았어요."

지영이 한숨을 쉬었다. 그녀는 함께 힘들여 농성하는 조합원들을 우리라고 생각하고 한 사람 한 사람 모두 믿었다. 그런데 계속해서 사소한 정보까지 스노조 쪽으로 새어 나가자 의아함을 느낀 지영이 조사를 해보니 ㅈ노조가 민주노조를 무너뜨리려고 첩자를 심은 거였다. 박 소장의 그 끄나풀 노릇을 양재기가 한 거였다. 그 사실을 알았을 때 엄청난 배신감이 들었다고 한다. 나중에 밝혀진 사실이지만 처음 비밀리에 노조가입서를 받으러 다닐 때 그 사실을 꼰지른 사람도 바로 양재기였다. 양재기는 모든 일에 너무 태연하게 행동했기 때문에 그 눈속임에 여럿이 당할 수밖에 없었다. 지영은 점거 농성 때가 하이라이트였다고 말했다. 하루짜리 농성이기는 했지만 총무처 점거까지 하고 있는 상황이었는데 갑자기 양재기가 들어오더니 밖에 무슨 일 생겼다고 다 나오라 했단다. 지영은 분회장님이 어떤 지시도 내리지 않아서 여기 있겠다고 이야기하며 자리를 뜨지 않았단다.

"그때는 바보같이 몰랐는데 지금에 와서야 확실하게 눈치챈 사실인데요, 우리가 총장실에서 농성하는 거 방해하려고 양재기가 꼼수를 부린 거 같아요. 점거 못 하게 하려고. 아시는지 모르겠지만 점거하다가 나가면 다시 들어가기 힘들잖아요. 그러면 그대로 끝이잖아요. 처장이든 누구든 몰래 들어가서 우리 못 들어오게 막을 테니까요. 그렇게 박 소장이 명령을 내리고 양재기가 실행한 거죠. 만약에 우리가 양재기 말 믿고 총무처에서 나갔으면 어땠을까요? 아직도 그때 생각만 하면 소름이 끼쳐요."

"와, 그분 진짜 대단하네요. 나쁜 쪽으로요. 어떻게 그럴 수 있는지. 저는 그렇게 하래도 못 하겠어요. 솔직히 저희 엄마가 어용노조에 가입해서 그들처럼 한다면 쪽팔릴 것 같아요."

"저는 그 사람들 마주치는 것조차 싫어요. 이제는 그냥 무시하고 지나간다니까요."

지영은 양재기 말고도 여전히 배신을 일삼는 노조원이 있다고 했다. 놀라운 건 각 건물마다 프락치가 한 명 이상씩 활동한다는 점이었다. 지영이 일하는 건물에도 역시나 존재했는데, 바로 세 자매였다. 양재기야 친분이 많지도 않았으니 그냥 넘어가겠다만 세 자매는 지영이 수년간 같이 일하면서 믿고 따른 언니들인데, 그들 손바닥 안에서 놀아났다는 사실을 뒤늦게 알아챘을 때는 배신감에 주저앉았다고 한다. 세 자매는 노조가 생긴 지 3년이 지난 이때까지도 그녀에게 들은 이야기를 곧바로 소장과 ㅈ노조원들에게 알리고 있었다.

민주노조의 비밀을 알리는 것만 하면 그나마 양반 축에 속했다. 오히려 자신이 ㅈ노조원으로 빙의해서 민주노조원들에게 이간질을 하는 유형도 있었다. 이런 조합원은 주로 귀가 얇은 동료들에게 접근해서 수연이 자신의 이익을 위해 우리에게 사기치고 있다는 말을 서슴없이 하고 다녔다. 그들 자신이 프락치 노릇을 한다는 사실을 민주노조 간부들이 전혀 모른다고 생각하는 듯 행동했다. 사실상 양쪽 노조에 발을 걸치고 있었는데, 정작 민주노조 간부들에게는 ㅈ노조에 대한 이야기는 일절 하지 않았다. 한번은 지영이 이런 상황이 답답하다며 한 말이 있었다.

"어차피 양쪽 노조에 발 걸칠 거면 민주노조에도 ㅈ노조에 관한 정보를 물어다 줬으면 좋겠어요. 아주 사소한 거라도 말이죠."

이러한 생각은 어디까지나 민주노조 간부들의 바람에 불과했다. 양재기는 탈퇴라도 했지만, 그들은 여전히 민주노조에 남아서 민주노조의 정보를 ㅈ노조로 퍼 나르기 바빴다.

양쪽 노조에 발을 걸치고 있던 그들은 노조 활동에도 굉장히 소극적이었다. 고령자 대부분이 노조 활동을 기피했는데, 나이가 많아 곧 그만두니 젊은 너희가 하라는 말이 핑계 1순위였다. 자꾸 노조 활동을 시키면 ㅈ노조로 넘어간다는 협박성 발언도 입버릇처럼 자주 했다.

노조 일에 적극적인 조합원은 수연이나 지영 같은 개중 젊은 조합원들 위주였고 그들이 관 대표(운영위원)를 주로 맡아 운영했는데, 전체의 20%에 불과했다. 30%는 이들 소수가 애걸복걸해야 그나마 소극적으로라도 활동했다. 나머지 반수는 세 자매처럼 민주노조와 ㅈ노조에 한 발씩 걸치고 오가는 조합원들이었다. 그들은 언제든 ㅈ노조로 가겠다고 으름장을 놓으며 개인적 요구를 관철시키는 무기로 이용했다. 한번은 조퇴하고 병원에 가면 임금이 깎이니 그 시간에 노조 활동을 한 것처럼 소장에게 거짓말을 해달라는 조합원도 있었단다. 나는 근무시간에 열린 민주노조 총회 날, 무단결석을 한 채 개인적인 일을 보러 간 조합원을 본 적도 있었다.

아이러니하게도 ㅈ노조는 일부 민주노조 조합원들에게 든든한

백이 되었다. 수연은 그럴 때마다 화가 났지만, 참아야 했단다. 괜히 잘못 다그칠 경우 ㅈ노조로 넘어갈지 모른다는 두려움 때문이었다. 아무리 좋은 말로 그럴 수 없다고 설명해도 민주노조 조합원 자격을 악용한 당사자는 꼭 기분 나쁘게 들었단다. 수연은 민주노조원들이 이런 식으로 협박을 할 때마다 엄청나게 스트레스를 받는다고 했다. 그들은 아직까지는 ㅈ노조보다 민주노조에 남아 있는 게 이득이라 판단하고 발을 빼지 않을 뿐이었다.

사실 세 자매같이 민주노조 내에서 암약하는 프락치들은 박 사장 형제와 깊든 얕든 친분이 있었다. 일부 조합원은 그 관계를 완전히 떨쳐내지 못하고 이미 쫓겨난 박 소장과 아직도 연락을 하고 지냈다. ㅈ노조에서는 그런 민주노조원들을 특별히 선별하여 관리했다. 그들은 나중에라도 ㅈ노조로 넘어올 만한 '잠재적인 ㅈ노조원들'이었다. ㅈ노조 쪽은 민주노조 간부들 몰래 그들에게 접촉해서 밥을 사주고, 선물을 건네며 회유했다. "당장 ㅈ노조에 가입하지 않아도 좋아요. 지금껏 들은 민주노조의 정보만이라도 살짝 흘려줘요"라며. 그들은 ㅈ노조의 꾐에 넘어간 것이다.

지영은 세 자매의 프락치 행태를 알고부터 운영위에서 나온 안건과 소식을 그들에게 곧이곧대로 전달하지 않는다고 한다. 하지만 세 자매는 꼭 어디서 이야기를 듣고 와서는 지영에게 확인차 묻곤 했단다.

"요번 주에 뭐 한다매?"

유령들

그제야 지영은 세 자매에게 노조의 현재 상황을 아주 간단히 설명했다는데, 배신자를 대하는 지영 나름의 방법이었다. 간부끼리 모여 회의한 그날 내용도 그들이 물어보기 전까지는 일절 알려주지 않을 거라고 지영이 말했다.

점심시간이 다가오자 새로 바뀌었다는 밥순이가 식당 문을 열고 들어왔다. 곧이어 ㅈ노조원들이 따라 들어왔고, 우리는 점심식사를 하러 식당에서 나왔다.

민주노조 조합원들은 2015년부터 청소노동자 휴게실에서 식사를 하고 있었다. 식당에서 식사를 하는 대신에 노동자들이 식대를 지급받은 지도 어느덧 2년이 지났다. 내가 처음 지영과 식당에 갔을 때 노조는 회사와 식대 문제로 한창 교섭 중이었다. 한 달에 10만 원을 받는데, 한 끼로 환산하면 2500원이었다. 노조를 만들고 무려 1년이란 시간을 싸운 결과였다.

"오랜만에 와서 그런지 식당이 낯설어요. ㅈ노조 사람들만 있어서 그런가?"

식당을 둘러보며 내가 말하자 수연도 따라 고개를 돌렸다.

"그러게…."

"뭘 봐요. 저는 저 식당 문제 때문에 우리 분회장님 고생하신 거 생각하면 속에서 열불이 나요."

지영은 돌아보지 않고 잰걸음으로 멀어졌다.

민주노조 조합원들은 처음에는 청소노동자 휴게실에서 식사할 수 있기를 원했다. 하지만 막상 해보니 휴게실에서는 취사가 안 되기 때문에 국물 없는 찬밥을 먹기 일쑤였다. 새벽부터 나와서 일하는 사람들이 먹기에는 여전히 열악한 식단이었다. 하루에 두 끼를 일터에서 먹는 노동자들은 최소한 국물 있는 식단이 필요했다. 수연은 휴게실에 간단한 취사 시설 설치를 회사와 학교에 요구했다. 최소한 전기밥솥에 밥 정도는 해 먹을 수 있게 해달라고 부탁도 하고, 사정도 했다고 한다. 하지만 돌아온 답변은 '안 된다'였단다. 노조가 생기고도 끊임없이 요구했지만, 항상 똑같은 답만 되풀이했다. ㄱ대와 달리 서강대 같은 경우에는 청소노동자들의 취사가 이미 오래전부터 허가된 상황이었다. 수연은 결국 참다못해 칼을 빼들었다고 한다.

"휴게실 내부 취사를 허가하지 않으면, ㅈ노조원들처럼 다시 식당으로 들어가서 직접 밥을 해먹겠다고 선언했죠. 그런데 민주노조 조합원들이 다시 식당을 사용하면 현행법상 조리사를 채용해야 한다는 거야. 식품위생법상 식당 사용 인원이 50명을 넘으면 조리사를 둬야 하는 규정이 있다나. 생전 처음 듣는 소리였지. 예전에 노조가 없을 때도 80명이 식당을 이용했는데 그때는 뭐 어떻게 했데?"

학교와 회사가 식품위생법을 밀어붙이는 건 지난 수십 년 동안 불법을 저질렀다고 자인하는 꼴이었다. 그럼에도 불구하고 그들은 여태 행한 일은 생각지도 않는지 돈이 없다면서 식당 개조와 조리

유령들

사 채용에 난색을 표했다고 한다. 그러면서 민주노조 조합원들이 다시 식당에 들어오겠다면 건물을 아예 폐쇄할 수밖에 없다는 답을 내놓았다. 적반하장이었다. 언제나처럼 대안 마련에는 굼떴다. 그즈음 수연에 대한 유언비어가 돌기 시작했단다.

ㅈ노조에서 수연에 대한 악의적인 소문을 흘렸다는데 유언비어의 내용인즉슨, 현재 ㅈ노조에서 운영 중인 식당을 수연이 학교에 폐쇄하라고 압박을 넣었다는 것이다. 그래서 ㅈ노조 사람들의 식당 이용이 금지됐다는 내용이었다. ㅈ노조끼리 식당에 모이는 게 꼴 보기 싫어서란 이야기도 덧붙여졌다. 유언비어가 돌고 돌아 수연의 귀까지 들어왔을 때 그녀는 ㅈ노조를 괴롭히는 '희대의 나쁜 년'이 되어 있었다고 한다.

유언비어는 말도 안 되는 거짓이었다. 하지만 ㅈ노조 쪽 사람들은 의심 없이 다 믿었고 진실 따위는 전혀 알려고 하지 않았다. ㅈ노조 지부장이 팥으로 메주를 쑨다 해도 믿을 사람들이었다. 그들은 수연에게 삿대질까지 해대면서 따졌다고 한다. 당신이 무슨 자격으로 우리 ㅈ노조가 쓰는 식당을 폐쇄하느냐고 말이다.

"사실이 아니라고 아무리 설명해도 귓등으로도 듣지 않더라고. 그때 일을 생각하면 어이가 없어. 생각해봐. 학교라는 곳이 내가 식당 폐쇄하란다고 폐쇄할까? 아니잖아. 식당 폐쇄는 업체와 학교 소관인데 다 나 때문이래. 내가 그렇게 끗발이 센 사람인 줄 그때 처음 알았어. 여태 내가 말하면 다 무시하던 사람들인데 믿을 걸 믿어야지. 그때 총무처장을 만나서 밥순이를 조리사로 두라고 말한 적이 있어. 그랬더니 뭐라고 했는 줄 알아? 이제 밥순이도 곧 청소를 시킬 거라 하더라고. 우리 요구를 절대 안 들어주겠다는 심보지."

유언비어에는 ス노조 쪽의 의도가 다분히 담겨 있었다. 회사의 법규 위반으로 폐쇄되는 식당을 수연의 탓으로 돌리려는 수작이었다. 그래야 자신들을 돌봐주는 회사의 책임을 모면할 수 있었다. 그 당시 식당 일로 ス노조 조합원들은 더 단합된 모습을 보였단다.

민주노조 간부들이 소문을 추적해보니 일터에 유언비어를 퍼뜨린 사람들은 ス노조 지부장을 비롯한 몇몇 간부들이었다는데 그들은 이른바 반장을 했던 위인들로 사장과 가까운 사이였다. 자신의 이득을 위해서라면 물불을 가리지 않는 협잡꾼들이라는 말을 지영에게서 들었다.

"결국 나 혼자 학교하고 업체, 거기다 어용노조까지 붙어서 싸웠지. 학교가 양질의 식사가 가능한 식당을 제공하든지, 휴게실에서 취사를 허용하든지, 이판사판이었어. 나쁜 년, 죽일 년 소리까지 들었는데 절대 안 물러설 생각이었어."

얼마 후, 관리처의 청소용역 담당 직원이 학생과 교직원들이 이용하는 푸드코트를 사용하는 방안을 내놓았다고 한다. 수연의 최후통첩에 반응한 것이었다. 수연은 관리처 직원을 '신 선생'이라고 불렀다. 내가 그를 몇 번 겪어본 바로는 그다지 신뢰할 만한 인물이 아니었다. 민주노조를 없애려고 온갖 수단을 다 쓰는 사람이었다.

유령들

수연이 청소노동자들의 식사 문제로 싸우던 그즈음 신 선생은 ㅈ노조원이 있을 만한 시간에 현장 사무실에 자주 들렀다고 한다. 소장을 보러 가는 것 같지는 않았다는데, 업체에 말할 일이 있으면 소장을 항상 자기 책상 앞으로 불러들이곤 했으니까.

"그때 그 신 선생이 유언비어를 계획했을지도 몰라. 푸드코트도 그렇고. 식당 건도 민주노조를 파괴하려고 신 선생이 짜놓은 덫이었던 거지."

신 선생의 푸드코트 제안이 알려지자 민주노조 조합원들은 분열되었다고 한다. 휴게실에서 편히 잘 먹고 있는 밥을 왜 굳이 한참을 걸어가야 하는 식당에서 먹어야 하냐고 따지는 조합원들이 하나둘 생기더니, 수연이 쓸데없는 일을 벌여서 이 사달을 냈다고 탓하는 목소리가 이곳저곳에서 터져 나왔단다.

"한 달쯤 싸웠을 거야. 푸드코트 건은 결국 유야무야됐어요. '최수연은 죽일 년'이라고 떠들고 다니던 ㅈ노조 조합원들은 계속 식당을 이용하고 했지. 학교는 식당 폐쇄하겠다고 큰 소리 뻥뻥 치더니만, 개뿔 무슨 문을 닫아. 참 입장이 난처하더라고. 괜히 이도 저도 아닌 상황에 처했는데 몇몇 우리 조합원들은 ㅈ노조 이야기만 듣고 나를 불신하기 시작한 거야. 한 조합원은 대놓고, 최수연 니가 뭔데 우리 이야기도 안 듣고 니 맘대로 하냐고 난리를 피우더니, 나 때문에 ㅈ노조로 갈 거라고 떠들고 다니기도 했어."

좀 더 나은 노동환경을 만들려 했던 수연의 행동이 결국에는 민주노조에 분열을 싹트게 하는 기폭제가 되고 말았다. 수연은 신 선생의 행동으로 ㅈ노조의 배경에 ㄱ대가 있다는 심증을 더욱 키워 나갔지만 정작 그들의 관계를 확인해줄 증거가 없었단다. 어찌 됐든 식당 일로 환히 웃은 쪽은 ㅈ노조를 뒤에서 조종 중인 학교라는 사실 하나만큼은 확실했다.

악마의 속삭임

조합 탈퇴를 희망하는 사람은
별도로 정한 조합탈퇴신청서를 작성하여
탈퇴 신청을 하여야 한다.

———— 전국공공운수노조 조합 가입 · 탈퇴 처리 규정 제3조 1항

　수연이 씩씩대며 급하게 지나갔다. 얼마 전 무릎 수술을 받은 탓
에 절뚝이며 걸어야 하는데도 내달리기라도 할 듯 다급해 보이는
수연에게 무슨 일이 생긴 것 같았다.

　"어디 가세요?"

　절뚝이며 걸어 힘이 더 들었는지 수연의 숨소리는 거칠었다. 그
녀는 헐떡이며 '뜻밖의 소식'을 전했다. 민주노조의 두 남성 노동자
가 ㅈ노조로 넘어갔다는 것이다. 그들은 민주노조에 딱 두 명밖에
없는 남성 조합원이었다. 조합원들은 그들을 '청이점'라고 불렀다.
믿기지 않았다. ㅈ노조에는 더 이상 발을 담그지 않겠다고 다짐하

던 그들이었다.

나는 '진짜요?'를 연발했다. 수연이 짜증스런 목소리로 '맞다'고 재차 확인해주었다. 방금 전에 담당 활동가한테 전화가 왔는데 두 사람의 서경지부 탈퇴서가 지부 팩스로 왔다고 전했단다. 청이점의 배신에 눈앞이 노래졌다. 나는 아,라는 탄식만 쉼 없이 내뱉었다. 수연은 청이점의 마음을 돌리러 가는 길인데, 같이 가겠냐고 물었다.

"네, 저도 함께 가요."

수연은 연락두절 상태인 청이점을 찾으러 다니는 내내 씩씩대며 화를 냈다. 조합원 한 명 한 명이 아쉬운 상황인데 ㅈ노조에 조합원을 빼앗긴다는 것은 민주노조 입장에서는 중대사였다. 민주노조가 다수 노조의 지위를 유지하려면 우리 편이 단 한 명이라도 ㅈ노조 쪽으로 넘어가지 못하게 막아야 했다. 그런 와중에 두 명이 한꺼번에 넘어가려고 하니 수연이 노심초사할 수밖에 없었다. 게다가 수연은 평소 청이점을 남다르게 챙겼다.

"분회장님, 궁금한 게 있는데요. 어쩌다 두 아버님만 민주노조 조합원이 되신 거예요?"

오르막길을 힘겹게 걸어가던 수연이 잠시 멈춰서 숨을 돌렸다.

"그때 그 두 사람이 남자들 중에선 제일 어렸어. 서경지부 단협으로 정년이 만 70세잖아. 그 테두리 안에 드는 사람들로 데려와야 하는데, 거기에 적합한 남자들이 ㄱ대에서는 딱히 없었거든. 대부

　　　　　　　　　　　　　　　　　　　　유령들

분이 곧 퇴직할 사람들이었어. 우리 입장에서는 최대한 정년이 길게 남은 조합원들이 필요했어. 민주노조가 안정화될 때까지는 퇴직자가 생기는 일을 만들지 말아야 했으니까. 퇴직자 자리에는 당연히 박 사장 형제의 지인들로 채워질 게 뻔하잖아. 그런데 뭐 젊다고 다 민주노조에 들어오나."

"두 분이 처음부터 민주노조 조합원이 아니었군요. ㅅ노조 쪽…."

"그건 아니고. 박 소장 있었을 때는 ㅅ노조가 없었어. 두 오라버니는 그냥 비노조원이었지."

"그러면 민주노조 출범식 이후에 들어오신 거네요?"

그녀는 그 당시의 기억이 가물가물한지 잠시 고개를 갸우뚱했다.

"그렇지. 곧바로는 아니고… 쫌 있다가. 두 오라버니랑 같은 건물에서 일하는 언니들이 꼬드겨서 들어왔어. 우리도 가입했으니까, 아저씨들도 빨리 민주노조로 들어오라고. 그 건물 언니들도 사실은 노조 출범하기 며칠 전에 부랴부랴 가입했거든. 그나마도 그 두 사람이 민주노조에 가장 호의적이어서 가능했던 거지. 다른 남자들은 거들떠보지도 않았는걸."

나는 그들이 민주노조에 가입한 데 의문이 들었다. 노조에 좋은 감정을 갖는 것과 실제로 들어가는 것은 전혀 다른 차원이었다. '청이점'은 아무래도 여성 노동자들보단 남성 노동자들과 더 많이 부딪혔다. 그런데 그 당시 남성 노동자들 대부분이 민주노조를 외면했다고 들었다. 물론 지금도 그렇지만. ㅅ노조 쪽 조합원이 대다수인 남성 노동자 사이에서 굉장히 껄끄러웠을 텐데 둘만 용기를 내서 가입했다니 좀 놀라운 일이었다. 민주노조 조합원들이 아무리 꼬드겼다고 해도 웬만큼 호의적이지 않고서야 솔직히 쉽지 않은 결단이었을 것이다. 그런데 내가 지금껏 보아온 그들의 모습은 민주노조가 꼭 좋아서만은 아닌 듯싶었다.

청이점은 민주노조에서 계륵 같은 존재였다. 민주노조가 다수 노조 지위를 유지하기 위해서는 그들이 꼭 필요했다. 하지만 그들은 자릿수만 채울 뿐이지 노조 일에는 적극적으로 나서지 않았다. ㅈ노조원들의 눈치를 보는 듯했다.

"신구 오라버니는 '독고다이' 스타일이야. 주변 눈치를 잘 안 보거든. 자기한테 무슨 말을 하든 신경을 안 쓰니 상관없었지. 용우 오라버니가 좀 의외긴 한데… 아, 맞다. 용우 오라버니는 박 소장이 쫓아내려고 했었어. 그게 또 민주노조에 가입할 만한 사유가 되겠네. 용우 오라버니가 자주 피를 토했거든, 이유 없이."

"피요?"

"춥다가 따뜻해지면 갑자기 코피를 쏟더라니까. 그것 때문에 학교에서 내보내라고 했나 봐. 혹시 일하다가 잘못되면 큰일이니까. 갑자기 쓰러지기라도 하면 어떡해? 학교가 책임져야 하잖아. 그래서 박 소장이 용우 오라버니를 쫓아내려 했었어. 그런 사정 때문에 민주노조에 가입했을 것 같은데, 자신을 지켜줄 보호막이 필요했을 테니까. 솔직히 정확히는 잘 모르겠어. 왜 들어왔냐고 대놓고 물

유령들

어본 적이 없었으니까."

"분회장님 말씀을 들어보면 두 분이 자발적으로 민주노조에 들어오신 것 같은데, 이제 와서 굳이 ㅈ노조로 넘어가시려는 이유가 뭘까요? 지금까지 잘 지내시다가 말이죠. 이틀 전에도 ㅈ노조가 싫다고 하셨는데."

수연은 뚱한 표정을 지었다.

"오라버니들이 정말 그 말을 했어? 그런 사람들이 ㅈ노조로 가려고 해? 아휴, 진짜. 어떻게든 민주노조에 붙어 있을 생각을 해야지, 왜 죽는 길로 가는지 이해가 안 가네. 어휴."

물론 ㅈ노조 쪽에서 두 사람이 혹할 만한 제안을 했을 것이다. 들어와라. 원하는 거 다 해주겠다고 하면서.

"어, 저기…."

공대 건물에서 태연히 구르마를 끌고 내려오는 신구가 보였다. 우리를 알아본 신구는 당황해서 놀란 토끼 눈을 했다. 구르마까지 버리고 도망치려 했지만 몸이 느린 신구는 두세 걸음 만에 따라잡혔다.

"오라버니! 어디 가려고. 이러기야?"

신구는 고개를 돌리며 수연의 시선을 피했다. 수연이 무슨 말을 해도 입을 꾹 다문 채 묵비권을 행사했다.

"전화도 안 받고. 전화기 좀 봐. 내가 몇 통을 했는지 알아? 어떻게 전화 한 통을 안 받아서 무릎 수술한 날 여기까지 뛰어오게 해.

오라버니가 노조를 옮긴다고 해도 우리 계속 얼굴 보면서 일해야 해. 솔직히 지금 미안하기는 하지?"

신구가 폴더폰을 펴 들고 고개를 소심하게 끄덕였다. 하지만 끝내 대답은 하지 않았다. 수연과 나는 계속 피하기만 하는 신구를 따라 다니면서 ㅈ노조로 넘어간 이유를 물었다. 20여 분 정도 실랑이를 벌인 끝에 꾹 다물고 있던 신구의 입이 천천히 열렸다.

"사실 우리 와이프 때문에….."

"신구 오라버니, 그게 ㅈ노조 가는 거랑 무슨 상관인데?"

"나 ㅈ노조로 들어오면 다음 채용 때 우리 와이프를 뽑아준대서." 나는 기가 막혔다.

"아버님, 그 말 진짜 믿으세요? 속임수 같은데요." 수연이 한숨을 쉬었다.

"신구 오라버니, 잘 들어봐. 소장이 와이프 뽑는다는 거 믿어? 절대 아니야. 와이프 채용한다고 오라버니 ㅈ노조로 꼬드긴 다음에 곧장 자르려는 거야. 생각해봐. 오라버니 ㅈ노조로 갔어. 그런데 오라버니 와이프 채용 안 하면 어떡할 거야? 소장이 약속한 적 없다고 발뺌하면 말짱 도루묵이잖아. 와이프 채용해준다는 확약서라도 받아놨어?"

신구가 시무룩한 표정으로 답했다.

"아니."

그녀는 허공에 대고 손가락질을 했다.

"그거 봐. 다 신구 오라버니 자르려는 속셈이야. ㅈ노조 쪽에서 되는 일이면 우리 민주노조에서도 가능해. 그러니까 여기 있어. 그대로."

"그래도…."

"뭘 그래도야. 답답한 소리 좀 하지 마. 바보도 아니고. 그만 좀 속아. 저번에 우리 조합원 중에 ㅈ노조로 넘어가고 며칠 있다 해고 된 거 몰라? 그런 걸 반면교사 삼으라고. 왜 우리 민주노조 사람들은 다 저쪽 속임수에 넘어가는 건지. 그리고 오라버니는 또 당할 거야? 한 번 당해봤잖아. 진짜 내가 답답해 죽겠어. 나보다 더 오래 산 사람들이 순진한 거야, 뭐야. 맨날 ㅈ노조 꾐에 넘어가놓고 나중에는 왜 다 나한테 책임지라 그러는 거야. 내가 봉이야? 요즘 아주 언니, 오빠들이 일 저지르는 바람에 내 속이 썩어 문드러지는 것 같아."

1년 전, 민주노조를 탈퇴한 조합원이 있었다. 그녀는 ㅈ노조로 넘어가자마자 해고당했다. ㅈ노조는 그녀를 지켜주지 않고 회사 편에 서서 쫓아냈다. 쫓겨난 그녀의 자리로 들어온 사람은 ㅈ노조 조합원의 동네 지인이었다. 미싱사 출신이라는 말이 있었다. 역시나 그 사람은 민주노조에는 눈길도 주지 않고 ㅈ노조에 가입했다.

신구와 헤어지고 용우와도 대화를 나누었다. 그는 소장이 ㅈ노조로 넘어오면 회생할 수 있게 도와준다고 했단다. 자신도 사업하다가 파산해봐서 안다는 이유를 들어 용우에게 접근한 것이었다.

용우는 신용불량자라고 했다. 빚이 많다고는 들었지만, 임금 받는 통장을 매번 바꿀 정도로 심한 줄은 몰랐다. 통장을 그대로 쓰면 차압당해서란다. 나는 요즘 부쩍 용우가 신용이나 개인회생에 관심이 많아진 이유를 알 것 같았다. 그러니 소장의 은밀한 제안에 순간 혹할 수밖에 없었을 것이다.

두 사람이 잠시 생각할 시간을 달라고 해서 우리는 퇴근시간에 다시 만났다.

수연이 학교 정문 앞에 위치한 중식당에서 용우에게 말했다.

"근데 진짜 갈 거야? 민주노조로 다시 안 올 거야? 지금 망설이는 거지?"

용우의 입술이 옴짝거렸다. 머뭇하는 모습이 ㅈ노조에 갈지 말지를 고민하는 듯했다.

"아휴, 답답해. 그게 고민할 거리야? 내가 노조 활동하라고 구박도 안 하잖아. 그냥 가만히만 있어. 뭐 하라고 시키지도 않을게. 힘든 거 알지. ㅈ노조 사람들 틈에서 왕따 당하는 거. 그래도 조금만 참자. 응?"

용우가 한숨을 쉬더니 떨리는 목소리로 말했다.

"여태까지 내가 얼마나 참았는지 알아?"

수연은 당황스런 표정을 지었다.

"그게 무슨 말이야?"

"우리는 민노 사람이라는 이유만으로 왕따 당하는 사람들이야.

노조 활동을 전혀 안 하는데도. 우리 왕따 당하는 거 안다면서? 분회장, 우리 진짜 힘들어."

수연이 용우의 어깨를 토닥토닥 두드렸다.

"나도 알지."

그가 갑자기 울먹였다.

"스무 명도 넘는 사람이 다 ㅈ노조 새끼들이야. 그놈들이 맨날 민노 욕을 해. 이 무식한 놈의 새끼들이. 내 앞에서 나 들으라고 말이야. 뭐라는 줄 알아? 씨팔, 민노 연놈들은 일도 안 하면서 돈만 처먹는다고, 빨갱이라느니 머저리라느니…. 거기서 쭈구리처럼 있는 게 얼마나 힘든 줄 알아? 그냥 우리는 입 닫고 살아야 돼. 욕 안 먹으려고."

ㄱ대에는 총 20명 정도의 남성 노동자가 있는데, 청이점을 제외한 나머지는 다 ㅈ노조 소속이었다. 박 소장 재임 시절에 남성 노동자들은 그에게 꼼짝도 못 했다고 한다. 그러한 박 소장의 위세가 남성 노동자들을 ㅈ노조에 가입시키는 데 영향을 미쳤고 현재 ㅈ노조에 남성의 비율이 압도적으로 많은 이유였다.

민주노조에 있던 청이점은 필히 ㅈ노조로 오라는 유혹에서 자유롭지 못했다. ㅈ노조 조합원들은 시도 때도 없이 그들에게 민주노조에서 탈퇴하면 편하다는 말을 자주 하며 얼른 넘어오라고 했다. 당근 뒤에는 채찍이 따르는 법, 그 꾐에 버티던 청이점은 ㅈ노조 사람들에게 왕따를 당했는데 그 강도가 점점 심해지고 있었던 듯싶었다. 그 분위기에 청이점이 굉장히 지쳐 있는 상황 같았다.

나는 용우의 눈물을 보며, 청이점이 분리수거 수당을 입 밖으로 꺼내지 못했던 이유가 ㅈ노조원들 때문이었을 거라는 생각이 들었다. 분리수거는 남성 노동자의 몫이었다. 다른 대학 사업장 같은 경우는 외주업체에 맡기거나 청소노동자가 직접 할 때는 수당을 따로 줬다. 하지만 용우와 신구는 어떤 보수도 받지 않았다. 분리수거를 하고 재활용 쓰레기를 판 여비는 박 사장이 다 가져간다는데 왜 그들이 수당을 받지 않는지 이해할 수 없었다. 수연이 회사에 따지겠다고 몇 번이나 말했지만 그들이 말리는 바람에 어쩔 수 없이 가만히 있는 중이었다. 그러면서도 그들은 절대 이유를 말해주지 않았다. 말 못 할 사연이 있는 듯 보여서 더는 묻지 않았는데, 무언가를 요구하면 소장을 비롯한 ㅈ노조의 남성 조합원들에게서 입에 담기 힘든 욕설을 들어야 했기 때문이라는 내막을 짐작할 수 있었다.

용우는 ㅈ노조 사람들에게 당해온 푸념을 쏟아내며 ㅈ노조로 갈 수밖에 없는 상황을 거듭 이야기했다. 그동안 수연도 물러서지 않았고 그를 다시 잡으려고 어르고 달랬다. 용우가 갑자기 숨을 몰아쉬었다. 비만이었던 몸이 예전에 비해 더 불어서인지 요즘 따라 용우의 쌕쌕거림이 심해진 것 같았다. 그는 결심을 한 듯 눈을 감고 말했다.

"분회장 말 들어보니, 민노에 남는 게 낫겠어. 분회장 말이 맞아.

우리가 너무 경솔했던 것 같아. 민노 탈퇴서 철회해줘."

그는 1시간 동안 쏟아낸 푸념 끝에 탈퇴 철회를 결정했다. 내가 생각했던 것보다 훨씬 빠른 변심이었다. 민주노조에 있어서 힘들다는 걸 수연에게 알릴 기회를 갖기 위해 탈퇴를 한 건가 싶을 정도였다. 신구와 용우는 그 자리에서 ㅈ노조 탈퇴서와 민주노조 가입서를 차례대로 썼다. 그 모습을 가만히 지켜보고 있던 수연이 말했다.

"그것만 알아둬. 소장은 절대 오라버니 편이 아니라는 거야. 소장이 아무리 바뀌었다고 해도, 다 똑같은 놈들이야. 두고 봐. ㅈ노조로 넘어가면 소장이든 ㅈ노조 간부든 오라버니 내쫓으려고 별짓을 다할 걸. 알잖아."

다음 날 수연은 청이점에게 은밀한 제안을 했다던 얍삽이 소장과 만났다. 중립을 지켜야 할 소장이 왜 민주노조 사람을 ㅈ노조에 들어가라고 꼬이려 했는지 따지러 간 것이었다. 수연이 소장에게 중간에 나서서 부당노동행위를 하지 마라고 단단히 엄포까지 놓았다. 그는 역정을 내면서 자신은 두 사람에게 접근한 적 없다고 발뺌부터 했다. 괜히 무고한 사람 잡지 마라면서 말이다. 당사자가 녹취를 하지 않아 수연은 더 이상 따질 수 없었다. 소장은 민주노조에서 조합원들에게 ㅈ노조나 교직원 등과의 대화는 녹취를 하라고 했던 내용을 알고 있었다. 그는 영악하게도 전자기기에 익숙지 않은 조합원들에게만 마수를 뻗쳤다. 수연은 그의 항변을 듣는 둥 마는 둥 하고 마지막에, 또 한 번만 노조 일에 개입했다가는 퇴출 투쟁에 나서겠다고 단단히 이르고 나서야 식당을 빠져나왔다고 한다. 그럼에도 들어온 지 얼마 안 된 소장의 장난질은 끝날 줄을 몰랐다. 악마의 속삭임은 더욱더 민주노조원 사이를 파고들었다.

소장의 계보

노동자는 고용과 관련된
반노조적 차별행위에 대해
적절한 보호를 받아야 한다.

──────── 국제노동기구 제98호 협약 1조

얍삽이 소장은 배관 회사를 3년간 경영하다 회사가 도산을 하면서 전 재산을 처분해야 했다. 현재도 여전히 채무가 남아 있는 상태라고 하는데 ㄱ대에 오기 전까지 그 빚을 갚기 위해 주유소 알바, 대리기사 등 안 해본 일이 없었다고 한다.

처음에는 '여사님들'이라 부르며 예의 바르게 행동하던 소장이었다. 관리자에게 여사님이라는 호칭을 처음 들어보는 노동자들은 소장을 좋게 보았다. 그는 민주노조 간부들을 제외한 다수의 노동자들에게 첫인상에서만큼은 합격점을 받았다. 도서관에서 청소일 체험을 하고 있을 때 나에게도 고개 숙여 인사를 하며 여사님들을 잘 부탁한다고 말하기도 했다. 여태껏 언론에서 부정적인 이미지로만 비쳤던 소장들, 이를테면 노동자들에게 금품을 갈취하고 부당노동행위를 저지르는 일로 뉴스에 자주 오르내리는 소장들과는 많이 다르다는 생각이 들었던 적도 있었다. 하지만 한 달도 채 지나지 않아서 본색을 드러냈다.

원래부터 박 소장 이래, ㄱ건설및용역의 현장 소장으로 오는 사람들은 모두 민주노조를 깨기 위해 입사했다고 봐도 무방했다. 지영의 말대로 그런 자질을 갖추는 것이 소장직의 조건 아니냐고 할 정도로 말이다. 박 사장은 그런 사람들만 뽑았다. 일종의 경험칙이었다.

해고된 박 소장이 인수인계를 한다며 ㄱ대에 아직 남아 있을 때 '바바리맨'이라고 불리는 남자가 들어왔다. 바바리맨은 박 사장이 직접 실장으로 채용한 사람인데, 노무사라고 했다. 매일 바바리코트를 입고 다녀서 지영이 붙인 별명이었다. 바바리맨은 공공연히 자신을 노조 파괴 전문가라고 자랑스럽게 말하고 다녔다.

그는 입만 열면 법 타령이었다는데 민주노조 조합원들에게만 무슨 법을 위반했다느니 떠들어댔다. 한번은 노동법 조항을 잔뜩 적은 종이를 공문이라며 청소노동자 휴게실마다 붙여놓은 적이 있었다. 지영은 벌컥 겁부터 났다고 한다.

"처음에는 모두 벌벌 떨었어요. 나도 지레 겁부터 집어먹고 무슨 잘못을 했나 싶어 많이 놀랐죠. 난생처음 겪는 일이었거든요. 그런

유령들

데 막상 내용을 읽어보니 딱히 걸릴 것이 없더라고요. '투잡' 뛰는 노동자들에게 주로 집중됐던 거 같아요. 근무시간이 지난 뒤에 알바를 하는 건 노동법 위반이라고 난리를 피운 거죠. '법' 자만 들어도 미리 겁부터 내는 나이 많은 언니들을 심리적으로 흔들어서 민주노조에서 탈퇴시키려는 바바리맨의 수작이었죠. 민주노조를 위법 집단으로 부각시키려는 속셈이었던 거예요. 안타깝게도 바바리맨 작전은 효과가 있었어요. 조합원들이 민주노조에 계속 붙어 있다가는 콩밥을 먹을지도 모른다고 술렁거렸거든요. 우리는 언니들이 대거 탈퇴할까 봐 잔뜩 걱정하고 있었는데 무슨 이유인지 입사 10일 만에 잘렸어요. 어찌 됐든 다행이었죠."

그다음에 채용된 사람이 바로 현재 소장의 선임 격이라 부를 수 있는 이 소장이었다. 내가 지영과 식당에서 첫 만남을 가진 며칠 뒤 해고됐다는 소장이 바로 이 소장이다. 그도 바바리맨처럼 1년이 채 안 돼서 쫓겨나기는 했지만, 그 역시 민주노조를 꼭 와해하겠다는 사명감을 갖고 ㄱ대에 입사한 인물이었다고 한다. 소문에 따르면, 이 소장이 해고된 바바리맨의 조언에 따라 움직였다는 말도 있었단다.

이 소장은 현장에 투입되자마자 민주노조를 파괴하려고 무진장 애를 썼다고 한다. 이를테면 청소 검사 하나에도 ㅈ노조와 차별했는데, 티끌 하나도 그냥 지나치지 않을 만큼 꼼꼼하게 검사하고는 청소가 더럽게 됐다고 일부러 트집을 잡기 일쑤였단다.

"복도에 떨어진 조그마한 먼지 뭉치까지 사진을 찍어서 청소를 왜 제대로 안 했냐고 질책했는데, 한 시간 동안 세워놓고 일장연설은 기본이었죠. 그 말도 안 되는 이야기를 듣고 서 있는 게 얼마나 고역인 줄 아세요? 안 당해본 사람은 절대 모르죠. 민주노조 거의 전 조합원이 당했어요. 바바리맨이 초창기에 벌였던 공문 붙이기도 여전히 했고요. 민주노조에서 ㅈ노조로 한 명씩 넘어갈 때마다 대놓고 얼마나 기뻐하던지…."

이 소장은 민주노조에 가입하면 몸과 마음이 힘들어진다는 걸 몸소 느끼게 해주었던 것 같다. 그의 농간질에 조합원들은 움츠러들었고 도서관에서 일하던 한 조합원은 이런 생각까지 했다고 한다.

"이거 괜히 노조 가입해서 목숨 줄이나 붙어 있으려나."

이 소장은 ㅈ노조 쪽과 입을 맞추며 열심히 민주노조 파괴 시도를 벌였지만 꽤나 억울했을 누명을 썼다. 다름 아닌 민주노조 편을 들었다는 거였다. ㅈ노조 간부들이 꾸민 일이었다는데 민주노조 파괴에 실패한 대가였을까. 그가 민주노조 조합원과 웃는 얼굴로 서 있는 것을 한 번도 본 사람이 없다니 누명이 맞을 것이다.

애초에 이 소장은 ㅈ노조 간부들과 친하게 지내면서 인문사회과학대 건물에서 자주 삼겹살 파티도 했다는데, 그런 그를 ㅈ노조 쪽 사람들은 어떻게든 내쫓으려고 서울지방노동위원회(지노위)에서 거짓 증언까지 했다고 한다.

수연이 추측하건대 이 소장을 해고한 박 사장이 부당하지 않음을 증명하기 위해 ㅈ노조 간부들이 직접 나선 것이라 했다.

"그들이 허구한 날 친목을 다졌다 해도 이 소장은 박 사장에게 고용된 시한부 미화 관리자에 불과하지. 박 사장이 내쫓으려고 마음을 굳힌 상태에서 ㅈ노조 간부들이 이 소장 편을 들 필요가 있나. 나중에 날 찾아와서는 너무 억울해서 잠 한숨 못 잔다고 하더라고."

이 소장은 박 소장보다 더 불명예스럽게 해고된 셈이었다. 이 소장과 ㅈ노조는 민주노조 와해를 위해 힘을 모았지만, 언제든 일이 틀어지면 배신할 수 있는 오월동주와 같은 사이였던 듯싶다.

이렇듯 소장들의 과거 행적을 알고 있음에도 민주노조 조합원들은 이 소장 후임으로 온 얍삽이 소장을 불쌍히 여겼다. 가정이 있는 사람이 채무로 힘들게 산다는 점에 연민을 느꼈기 때문이다. 소장실에 갈 때마다 애정을 갖고 김치 같은 밑반찬을 챙겨서 주는 조합원도 있었다. 시간이 지날수록 그런 행동이 점점 노동자들끼리 벌이는 상납 경쟁으로 변질되었다.

수연은 진즉 민주노조 조합원들도 로비 행렬에 동참하고 있다는 사실을 알고 있었다. 그중에서도 60대 후반의 조합원들이 주를 이루었다. 하지만 로비를 하지 마라고 제지할 수도 없는 노릇이었다. 그들은 옛날 사람들이라 무조건 높은 사람에게 로비를 해야 한다고 생각했다. 민주노조가 생겨서 작업환경이 좋아졌다고 해도 여전히 그 믿음만큼은 굳건했다. 어떤 문제가 잘 처리되면 소장에게 따로 사례할 필요가 없다고 해도 다음 날이면 선물 보따리를 들고

갔다.

　고령의 민주노조 조합원들이 예전 소장들과 달리 얍삽이 소장을 유독 좋아하는 이유가 있었다. 아부를 하거나 상납을 하지 않아도 청소용품만큼은 잘 주었기 때문이다. 용품이 모자란다고 하면 식당 창고에 저장해둔 청소용품을 꺼내왔다. 물론 민주노조 사람에게만 너무 금방 다 쓴다는 둥, 다 학교 돈인데 막 쓰면 안 된다는 둥 핀잔주듯 잔소리 몇 마디를 늘어놓기는 했다. 그럼에도 청소노동자들은 물품도 잘 주고, 욕도 안 하니 착하다며 그를 추켜세웠다. 그들이 보기에 얍삽이 소장은 전임 소장들에 비하면 그야말로 천사였다.

　제대로 된 관리자라면 당연한 일이었다. 하지만 고령의 조합원들에게는 박 소장이 기준이었다. 그보다 잘하면 좋은 사람, 못하면 나쁜 사람이었다. 박 소장보다 잘하니, 얍삽이 소장은 무조건 좋은 사람이 됐다. 그가 무슨 생각을 하는지는 중요하지 않았다. 겉모습만을 보고 판단하는 단순한 논리였다. 민주노조가 있기에 ㄱ대의 작업환경이 좋은 방향으로 변해가고 있다는 사실은 무시되기 일쑤였다.

　그런데 그 좋다는 사람이 아이러니하게도 이간질을 자주 했다. 한번은 고령의 민주노조원에게 다가와 넌지시, 왜 민주노조에서는 ㅈ노조보다 조합비를 더 많이 걷는지 이해할 수 없다는 투로 말하며 민주노조를 깎아내렸다. 그런 식으로 노동자들에게 은근슬쩍 민주노조가 나쁘다는 인식을 심어주었는데, 그것은 곧 ㅈ노조에 가입하라는 메시지였다. 대놓고 하면 부당노동행위로 걸리기 때문이었다. 게다가 얍삽이 소장은 민주노조원들의 약점을 기가 막히게 파악하고 있었다. 그것을 이용해 ㅈ노조로 넘어오라고 회유했다.

소장이 노동자들의 약점을 잘 알게 된 데는 이유가 있었다. 어린 아이가 엄마에게 일러바치듯, 노동자들이 자신이 싫어하는 사람들의 잘못을 몰래 고한 탓이었다. 이를테면, "어느 관의 누구는 점심시간도 아닌데 자기 집에 들락날락한대요"라는 식으로. 민주노조 조합원 대부분이 밀고의 거미줄에 얽히고설켜 있었는데 적은 항상 내부에 있었다. 바로 고령의 민주노조원들이었다. 나이 지긋한 어르신들이 하기에는 유치해 보이지만, 그러한 행동들은 곧 자기만은 잘 봐달라고 소장에게 아첨하는 것이었다. 또 다른 상납이었다. 이런 식으로 약점이 잡힌 민주노조원들은 얍삽이 소장에게 비굴해질 수밖에 없었다.

결국 얍삽이 소장이 와서 겉으로는 노동환경이 개선됐다지만 그 이면은 박 소장 재임 시절과 달라진 게 별로 없었던 것이다.

얍삽이 소장은 별칭대로 참 얍삽한 사람이었다. 매년 일사천리로 진행되던 'ㄱ건설및용역'과 학교의 재계약이 힘겹게 이루어지자 관리처 신 선생에게 줄을 댄다는 소문이 돌았다. 줄을 바꿔 타려 한다는 것은 그와 박 사장 사이에 균열이 생겼다는 것인데, 박 사장과 이사장의 관계가 예전 같지 않은 점을 눈치챈 발 빠른 행보라고 볼 수 있었다.

'ㄱ건설및용역'과 학교의 재계약이 순조롭지 않다는 것은 이사장이었던 설립자의 둘째 아들과 박 사장의 관계가 삐거덕댄다는 방증이었다. 뇌물 수수 혐의가 언론에 공개된 후 이사장직에서 물러난 둘째 아들은 2심에서 감형되어 집행유예를 받았다. 이후 박 사장과의 관계는 더욱 악화되었다. ㄱ건설이 둘째 아들의 비자금 세탁처였고, 검찰이 곧 세무조사를 할 거라는 소리가 심심찮게 흘러나오는 분위기였다.

얍삽이 소장은 실제로도 자신의 상관을 신 선생으로 보고 있는 듯했다. 교내를 함께 걷던 수연이 마침 지나가는 얍삽이 소장을 흘겨보며 말한 적이 있다.

"자신을 뽑아준 박 사장에게는 중요한 얘기도 보고 안 할 정도로 아예 아무 말도 하지 않았다대. 어차피 나갈 사람한테 잘 보여 봤자 의미 없다는 생각이겠지. ㄱ건설이 나가고 새 업체가 와도 신 선생이 자신을 끝까지 끌어주면 될 거라고 믿는 거야. 새로 바뀐 용역업체 사장한테 원청 직원이 이 사람을 계속 남겨달라고 한마디만 해주면 ㄱ대에서 소장 일을 계속할 수 있을지도 모르니까."

얍삽이 소장은 그 희망 하나 부여잡고 자신의 운명을 결정해줄 신처럼 신 선생을 모셨다. 어찌나 붙어 다니는지 모르는 사람이라면 그를 관리처 직원으로 착각할 만했다.

얍삽이 소장은 궁극적으로 신 선생같이 되고 싶었을 것이다. ㄱ

대에서 신 선생의 성공 스토리는 청소노동자들 사이에서 자자했다. 신 선생은 여태껏 ㄱ건설을 거쳐 간 소장들의 롤 모델이었다. 신 선생의 이야기를 듣고야 얍삽이 소장보다 한참 선임이라 할 수 있는 박 소장도 그에게 충성한 이유를 알 것 같았다.

신 선생은 수년 전, ㄱ대에서 청소용역을 맡던 ㅅ성흥의 우 소장 소개로 ㄱ대에 들어왔단다. 그 당시 우 소장은 용역 쪽 관리자이기는 했지만, ㄱ대에서 웬만한 직원들보다 힘이 막강했다고 한다. 그는 ㄱ대의 열쇠를 보관하는 업무를 맡았다는데, 지금은 없어진 직무이기도 하지만 도대체 그게 무슨 일인지는 아무도 모른다. 1년마다 계약을 갱신해야 하는 처지의 그는 우 소장에게 매번 무시를 당했다고 한다. 그를 ㄱ대에서 일하게 도와준 장본인이었기 때문일까.

그랬던 그가 운이 좋게도 총장 권한대행으로 있던 부총장의 관용차 운전기사로 발탁되었다. 그 부총장이 바로 이사장이 구치소에 잠시 수감됐을 때 한 번만 봐달라고 탄원서를 써주었던 제9대 총장이었다. 민주노조원들은 공통적으로 "신 선생의 주둥아리가 아주 기똥찼다"고 했다. 아마도 사바사바를 잘했던 것 같다. 나도 그를 볼 때마다 말을 참 잘한다고 느꼈다. 신 선생은 운전기사가 된 지 얼마 안 돼서 정규직인 관리처 직원이 됐다는데, 부총장이 총장으로 취임할 즈음이란다.

얍삽이 소장도 신 선생에 대한 스토리를 이미 잘 알고 있었을 터였다. ㅈ노조 사람들에게 귀가 아프도록 들었을 테니까. 평소 신 선생 말을 잘 따라주면 당장은 아니더라도 혹시나 자신에게 정규직 한 자리 떨어질지도 모른다는 생각이었을 것이고, 이사장과 박 사장 관계가 삐걱거리면서 고용이 불안해지자 더 신 선생에게 매달렸을 것이다.

정직원보다 더 큰 권력을 가졌다는 하청업체 직원 우 소장 일도 그렇고, 관용차 운전기사에서 관리처 정직원이 되었다는 신 선생 일도 그렇고, ㄱ대에서는 규약이나 절차를 무시한 비정상적인 일이 참 많이 벌어졌다.

얍삽이 소장은 틈만 보이면 경영대에 있는 고령의 민주노조 조합원에게 접근했다. ㅈ노조로 건너가면 원하는 일터로 옮겨주겠다는 약속까지 하고 다닌다는 소문이 돌았다. 좋든 나쁘든 이곳에서는 소문이 굉장히 잘 돌았다. 지영에게 듣길, 몇몇 민주노조 조합원은 이미 ㅈ노조에 어느 정도 발을 걸친 상태라고 했다.

익숙한 차별

모든 국민은 법 앞에서 평등하다.
누구든지 성별 · 종교 또는 사회적 신분에 의하여
정치적 · 경제적 · 사회적 · 문화적 생활의 모든 영역에 있어서
차별을 받지 아니한다.

──────── 대한민국헌법 제11조 1항

ㄱ대분회의 2017년 신년 총회가 있던 날이었다. 수연이 전날 ㄱ
대 구성원들이 시무식을 했다는 이야기를 했다. 수연은 초대받지
못했지만 그래도 잠시 들렀다고 한다. 교직원들이 갑자기 소강당
에 모여들길래, 무슨 일이 벌어졌나 싶어 따라갔더니 시무식 자리
였다는 것이다. 이왕 간 김에 구경 좀 해볼 요량으로 교직원들 몰
래 강당 뒤편의 어두컴컴한 자리에 앉아서 구경을 했다는데, 이사
장을 비롯해 총장과 교수, 교직원들이 총출동했단다. ㄱ대 구성원
이라는 사람들이 모두 모인 그곳에 ㄱ대 청소노동자들은 함께하지
못했다. 간접고용 노동자의 비애였다.

"꽤 시끌벅적하더라고. 근데 내 마음이 참 요상한 거야. 정장을 잘 차려입은 사람들이 정초부터 다 같이 모여 기분 좋게 좋은 소리들 나누는 모습이 부럽더라. 거기 한구석에 때 절은 근무복을 입고 혼자 있는 내 처지가 초라하게 느껴지기도 하데. 한 5분 앉아 있었나, 그냥 나와버렸어. 시무식 마치고 점심식사로 푸드코트에서 함께 떡국도 먹었대."

하필 국회 청소노동자들 소식이 수연의 마음을 더 힘들게 했는지도 모른다. 국회 청소노동자들은 2017년 1월 2일부로 국회의 또 다른 일원이 되었다. 애타게 직접고용을 요구한 지 3년 만이었다. 노동자들이 직원 신분증을 받아 들고 좋아하는 사진을 보니 가슴이 뭉클했다. 나도 이런데, 수연의 심정은 어땠을까.

수연이 애써 담담한 척 이야기했지만 목소리는 가늘게 떨렸다.

"노조에 가입하기 전에는 우리가 차별받고 있다는 사실을 잘 몰랐어. 그냥 우리는 청소를 하는 사람이지, 이런 생각밖에 없었거든. 그런데 노조 활동을 해보니까 알겠더라고. 직접 고용된 노동자와 간접 고용된 노동자는 확연히 다른 존재라는 것을 말이야. 어제 시무식을 보니까 그게 더 크게 와닿더라고. ㄱ대에서 일하는 우리만 시무식에 쏙 빠져 있다는 걸 직접 느껴보니 알겠더라니까, 직업과 고용 형태에 따라 차별이 발생한다는 것을 말이야."

여태껏 수연은 청소노동자도 같은 ㄱ대의 구성원이란 점을 인정받고 싶어 했다. 하지만 학교 관계자들은 수연의 바람을 철저히 무

유령들

시했다. 전날의 시무식도 그 연장선상에 있었다. ㄱ대 구성원의 조건은 과연 무엇일까.

옆에서 지켜보던 지영이 수연의 어깨를 감싸며 말했다.

"저도 분회장님의 바람대로 내년에는 꼭 시무식에 함께하면 좋겠어요. 점심때는 같이 떡국도 먹으면서. 우리가 비록 용역이지만, 그래도 같은 곳에서 일하잖아요. 여태 원청이 아닌 척했는데, 내년에는 가능할까요? 사실은 매번 그래 와서 저는 차별도 이제 어느정도 익숙해졌어요. 제가 처음 일 시작할 때는 더 심했으니까요. 이런 건 차별 축에 끼지도 못하죠. 우리가 그냥 자격지심 갖는 거죠, 뭐. 엘리베이터도 못 타게 했던 교직원도 있었거든요."

지영이 청소일을 시작한 지 얼마 되지 않았을 때다.

"청소 도구가 담긴 플라스틱 청물통을 갖고 엘리베이터를 타려는데, 한 교직원이 왜 청소 아줌마가 엘리베이터에 타느냐고 면박을 주더라고요. 그 모습이 마치 제가 병균에라도 감염된 사람처럼 대하는 거예요. 더군다나 제 몸이 엘리베이터에 절반 정도 걸쳐 있는데 계속 닫힘 버튼을 눌러대는 거 있죠."

자칫하면 큰 사고로 이어질 뻔한 일이었다. 그 교직원은 지영을 볼 때마다 쥐 잡듯 했다고 한다. 그녀와 엘리베이터 앞에서 맞닥뜨리기라도 하면 먼저 인상부터 구겼고, 엘리베이터를 타지 말고 걸어 다니라는 말까지 들어야 했다.

지영도 사람인지라 그런 말을 들으면 감정이 상하기 마련이었다. 그럼에도 그에게 말 한마디 제대로 할 수 없었다. 오로지 참고, 또 견뎠다고. 저 사람은 학교 교직원이지만, 자신은 파리 목숨의 용역노동자였으니까. 지영은 똥이 무서워서 피하나 더러워서 피하지, 란 생각으로 그 교직원만 보면 눈에 안 띄려고 몸부터 숨겼다. 지영 입장에서는 그와 마주치지 않는 것이 상처를 덜 받는 길이었다.

그 교직원은 정년퇴직을 했다는데 그를 마주칠 일은 없었지만 굴욕적인 차별은 사라지지 않았다. 마치 일상처럼 다른 교직원들이 그와 같은 행동을 저질렀기 때문이다. 자주 겪는다고 무뎌지지는 않았다. 오히려 더 위축되었단다.

"교직원들과 함께 엘리베이터를 타는 순간이 오면 지레 조심스러워지는 거예요. 계단으로 걸어 올라가거나 기다렸다가 다음번 엘리베이터를 타는 게 속 편했죠."

다른 청소노동자들도 횟수만 다를 뿐이지, 그녀와 비슷한 경험을 갖고 있었다. 지영의 말을 듣던 수연도 같은 기억이 떠오르는지 한숨을 내쉬며 말했다.

"우리가 얼마나 멸시를 당했는데, 청소노동자라는 이유 하나만으로…."

나 역시도 첫 출근하던 날 지영과 함께 겪었던 일이 떠올랐다.

"그때, 사무장님이 일하는 건물로 첫 출근하던 날, 그날도 그랬잖아요."

1층에서 대걸레를 들고 엘리베이터를 탔는데, 일찍 출근한 교수인지 교직원인지 양복을 입은 중년 남자가 엘리베이터에 오르면서 지영을 이상하게 째려보았다. 그때 알아챘어야 했다. 그가 올라갈 층수 버튼을 누른 다음 지영이 7층 버튼에 고무장갑 낀 손을 갖다 대려는 찰나였다. 그는 인상을 쓰며 버튼을 누르지 못하게 막았다. 놀란 지영은 버튼을 누르려다 말고 가만히 있었다. 그는 5층에 다다르자 한마디를 남기고 엘리베이터에서 내렸다.

"아 씨, 아침부터 재수 없을라고."

'엘리베이터 사건'의 가해자 목록에는 교직원을 넘어 교수들도 다수 포함되어 있었다. 엘리베이터가 무슨 교직원과 교수들만의 전유물도 아닌데. '엘리베이터 피해자'들의 경험담을 들어보면 참으로 기막힌 일투성이었다. 청소노동자들을 외모 순으로 등급 매기기도 한다고 했다. 청소노동자들에 대한 멸시는 교수나 교직원뿐만의 일이 아니었다. 아직 세상의 통념에 덜 사로잡힌 학생들 역시 별반 차이는 없었다.

그날 오전의 일이었다. 나는 오전 내내 '청이점'을 따라 하치장에서 쓰레기 분리수거를 했었다. 분리수거는 남성 노동자들의 몫이었다. 사람들의 왕래가 거의 없는 하치장에는 전날 점심때부터 새벽 댓바람까지 남성 노동자들이 교내에서 쓸고 모아온 쓰레기들로 가득했다. '쓰레기 산'이라고 표현해도 무방할 만큼 굉장히 많았는데, 겨울인데도 숨을 쉴 수 없을 정도로 악취가 심했다. 한여름에는 얼마나 더 심할지 상상하기도 싫었다.

분리수거 작업을 하는데 양변기 뚫을 때만큼 헛구역질이 계속 나왔다. 버려진 컵라면 용기 안에서 불어 터진 면발과 국물 찌꺼기들이 보였고 고추기름과 밥풀이 뒤섞인 종이컵도 있었다. 쓰레기 사이에서 끊임없이 나오는 음식물 탓에 도저히 분리수거를 할 수가 없었다. 온갖 악취에 헛구역질은 딸꾹질처럼 멈추지를 않았다. 나중에는 헛구역질을 얼마나 했는지 가슴팍이 다 아플 정도였다.

분리수거를 마치고 다음 작업 장소로 혼자 이동을 하면서 나는 또다시 ㄱ대 구성원에게 수모를 당했다. 공대 건물 엘리베이터에서였다. 전혀 생각지도 못한 사람들이었는데, 가해자는 바로 학생이었다. 맞다. 나의 후배님이었다.

엘리베이터를 타기 전, 한겨울인데도 이마에서는 땀이 주르륵 흘러내렸다. 옷소매로 땀을 닦으려고 이마에 대는 순간, 팔뚝에서 음식물 쓰레기 냄새가 지독하게 올라오는 것을 느꼈다. 분리수거장에서 2시간 넘게 일하는 동안 악취가 내 몸에 완벽하게 흡수된 것이었다. 상황은 알았지만 작업 중이었던 관계로 달리 옷을 갈아입을 방법이 없었다.

나는 수거한 쓰레기를 하치장으로 옮기던 중이었다. 쓰레기가 가득 담긴 고무 통을 실은 끌차를 밀고 엘리베이터를 타는데 검정 마스크를 한 학생도 함께 탔다. 잠시 후 구석 쪽에 붙어 있던 학생이 거칠게 한마디 내뱉었다.

"아, 무슨 냄새야. 씨발."

나는 마스크 학생의 갑작스런 욕설에 당황스러웠다. 뭐지, 나한테 하는 소리인가, 청소하고 있는데 왜 시비지, 내가 만만하게 보이나. 마음속으로 한참 떠들고 있을 때 마스크 학생이 코를 막더니 고함을 질렀다.

"아 씨, 냄새가 심하면 알아서 걸어 올라가든가. 왜 남들 피해 주면서 엘리베이터를 타는데?"

마스크 학생은 얼굴을 잔뜩 찡그리면서 다시 시비조로 말을 이었다.

"어? 젊네? 다 할배들이던데? 젊은 사람이 쓰레기나 치우고…. 인생 참 알 만하다."

마스크 학생의 말은 혐오에 가까웠다. 상대방에게 평생 상처가 될 막말을 아무 생각 없이 지껄이는 그가 대학생이 맞나. 나는 참다못해 그에게 한마디를 하고 말았다.

"죄송한데요. 저는 청소노동자 체험을 하고 있습니다. 냄새는 쓰레기 청소 작업을 하다 보니까 어쩔 수 없이 나는 겁니다. 이해를 좀 해주셨으면 합니다."

마스크 학생은 어이없다는 듯 비웃었다.

"니가 뭔데 체험을 해? 체험하는 거 맞아? 니 직업 까기 부끄러워서 속이는 거 아니고? 에휴. 어떻게 살았길래 젊은 나이에 청소나 하고 있냐?"

그가 내 앞으로 침을 퉤, 하고 뱉었다. 침은 쓰레기통으로 들어갔다. 나는 심호흡을 하며 꾹 참았다. 괜히 욱했다가는 큰일이 벌어질지 모른다는 생각이 들었기 때문이다. 그는 아무 이유 없이 청소노동자를 비하하고 있었다. 나는 마스크를 쓴 학생에게 당한 모욕을 그대로 안고, 엘리베이터에서 먼저 내렸다. 원래 7층까지 가야했지만, 중도에 내린 것이었다. 그와 떨어졌는데도 화가 좀체 풀리지 않았다.

사실 처음 겪는 상황도 아니고 청소노동자들이 받는 굴욕적인 일들 중에서 큰 축에 드는 사건도 아니었다. 청소노동자들과 함께 있으면 어디서나 멸시의 눈빛과 마주해야 했다. 청소노동자들은 딱히 잘못한 일이 없는데도, 차별과 무시 속에서 숨 쉬고 있었다. 그런 일이 진리의 전당이라 자부하는 대학에서 교직원, 학생, 선생 구분할 것 없이 적나라하게 벌어지고 있었다. 한 청소노동자는 청소일을 하는 데 따라오는 일상이라며 자신들이 감당해야 하는 삶의 한 단면으로 덤덤하게 받아들이려 노력한다고 했다. 하지만 그 말을 하는 노동자의 얼굴은 결코 덤덤하지 않았다. 이유 없이 당하는 차별과 모멸이 어디 쉬운 일인가. 상황이 이러니 청소노동자가 대학 내에서 같은 구성원으로 인정받지 못하는 것은 당연한 일이었다.

지영은 왜 차별과 편견이 꼭 우리의 일상이 되어야만 하는지 모르겠다고 자주 하소연했다. 저임금을 받는다고 그에 비례한 대우를 받아야 하는 건 아니지 않느냐면서.

유령들

아직도 현실은 옛 조선시대처럼 직업의 상하 관계가 확연히 존재했다. '모든 노동은 신성하다'는 글쟁이들의 주장은 글 속에만 존재하는 이상적인 문구에 불과한 걸까. 청소노동자들이 자신의 직업을 자식에게까지 숨길 수밖에 없는 이유일 것이다. 그렇기 때문에 청소란 일은 육체노동이지만, 또 한편으로 감정노동이라고 말할 수 있다. 지영이 처음 청소일 시작했을 때 동료 언니들에게 들었다는 말이 떠오른다.

"우리는 이제 사람이 아니야. 여기까지 오면 거의 바닥이거든. 더이상 내려갈 데 없는 막장 같은 삶이라고 보면 돼."

철거된 현수막

본 대학교는 이러한 교육 이념과
대한민국의 고등교육 정신을 실현하기 위해
폭넓은 시야와 종합적인 판단 능력을 갖춘
창의적이고 실천적이며 세계적인
지성인의 양성을 교육목적으로 한다.

──────── ㄱ대학교 학칙 제1조 2항

　이틀 전에 매달았던 노조 현수막이 보이지 않았다. 현수막에는
"우리도 인간답게 살자!"란 내용이 담겨 있었다. 대신 그 자리에는
"여러분들의 목소리를 들려주세요!"란 학생총회 알림 현수막이 걸
려 있었다. 처음에는 내가 현수막 위치를 잘못 알고 있었나 싶었다.
　내 기억이 맞는지 확인하느라고 교정을 세 번이나 돌았다. 블로
그에 올리려고 찍어놓은 사진도 반복해서 확인했다. 다른 곳에 설
치한 현수막들은 각자 제자리를 지키고 있었는데 오로지 스퀘어광
장 쪽에 있는 현수막만 온데간데없는 상황이었다.
　노조를 처음 만들었을 때 현수막을 탐탁지 않게 생각하는 교직

원이 떼어낸 적은 있다고 들었다. 현수막을 무단으로 철거한 교직원은 청소노동자들에게 둘러싸여 된통 당했다고 하는데 그가 들먹인 무단 철거 이유가 가관이었다. 현수막을 고정하려고 꽉 조인 노끈에 아파할 나무를 생각하니 마음이 아팠다나 뭐라나. 그래서 현수막을 떼낼 수밖에 없었다나.

수연은 그때 일을 떠올리면 아직도 어이가 없는지 헛웃음을 흘리며 말했다.

"정말 눈물 없이는 들을 수 없는 이야기지, 나 참. 우리가 그 어처구니없는 변명을 듣고 따져 물었어. 우리가 그 나무보다도 못한 존재냐고, 어떻게 사람한테 그럴 수 있냐고 말이지. 그날 바로 철거된 현수막 개수의 배 이상을 다시 만들어서 걸었어. 우리한테 거칠게 한번 당해서 그런지 그 이후론 안 건드리데. 근데 또 그냥 지나갈 수는 없었나 봐. 현수막 앞에 서서, 왜 용역업체에 말할 걸 학교에 요구하는지 모르겠다고 욕지거리를 하는 걸 몇 번 봤어."

하지만 이번은 그때와 달랐다. 노조 현수막을 떼어낸 자리에 학생총회 홍보 현수막이 걸려 있었다는 점에서 정황상 총학생회가 벌인 행동 같았다. 총학생회장과 부총학생회장이 학생 총회 홍보 펼침막을 설치하려고 스퀘어광장 쪽을 계속 어슬렁거리는 것을 본 적이 있다는 한 조합원의 목격담도 있었다. 학생들이 현수막을 철거한 것은 처음 있는 일이라고 했다. 옆에 현수막을 설치할 자리가 버젓이 있음에도, 굳이 왜 청소노동자들의 현수막을 제거했을까.

다른 기업 홍보 현수막들은 온전하게 자리하고 있는데 말이다.

수연과 나는 곧바로 총학생회실로 갔다. 왜 무단으로 철거했느냐고 따지러 갔다기보다는 현수막을 되찾기 위한 방문이었다. 그런데 수연은 총학생회실이 어디에 있는 줄 몰랐다. 그때까지 총학생회실을 한 번도 가본 적이 없다고 했다. 내가 네 개의 창문에 각각 '총', '학', '생', '회'라고 셀로판지로 붙인 학생회관 건물을 오른손 검지로 가리켰다.

"저기 있었구나, 여태 못 봤네. 뭐, 가볼 일이 있어야 어디에 있는 줄도 알지. 학생회 친구들이 현수막을 떼간 덕에 이제야 가보네."

학생들과 딱히 교류가 없었으니 당연해 보였다. 노조가 만들어지고 4년 동안 다섯 번이나 총학생회가 바뀌었는데 한 번도 청소노동자들과 연대하러 온 적이 없었다. 지금껏 ㄱ대에서 비운동권이라고 당당히 밝힌 역대 총학생회들은 청소노동자의 현실에 무관심했다. 현 총학생회도 그 기류를 그대로 따랐다.

ㄱ대는 애초에 다른 대학과 비교해서 연대하려는 학생의 비중이 적었다. 학생들은 그들도 언젠간 노동자가 될 텐데 노동문제 자체에 전혀 관심이 없었다. 그러니 청소노동자 문제는 더욱 관심 밖이었을 것이다. 그러한 무관심이 어느 순간 학풍처럼 고스란히 이어져오고 있었다.

물론 다섯 명의 학생이 점거 농성 때 함께했지만, 이후로 지속되지는 않았다. 그들은 비운동권 학생회와 다르게 현재는 궤멸되다시피 한 운동권 학생들이었는데, 진보 정당과 연계되어 있었다. 그들과 긴밀히 대화를 나눈 적은 없지만 학내 문제보다는 외부 상황에 더 관심을 가지는 듯 보였다. 그중에서도 남북문제에 집중했다. 학내 비정규직 문제는 남북문제에 비하면 그들의 우선순위에서 상당히 밀려 있었다.

몇 달 전, 나는 학생회 간부쯤으로 보이는 친구와 축제 때 잠시 이야기를 나눈 적이 있었다. 옆 동네 여대에서는 총학생회가 청소노동자들과 함께 주점을 열며 연대 활동을 한다는 기사를 보고 난 후였다.

청소노동자 이야기가 나오자 학생회 간부는 표정이 싹 바뀌더니 난감해했다. 곰곰이 생각을 하던 그는 자신의 이야기가 총학생회와 전혀 상관없는 개별 의견이라고 먼저 못부터 박았다. 그러고는 침을 꿀꺽 삼키더니 조심스레 입을 뗐다.

"노동자분들과는 연대하고 싶지만 우리는 학생을 대변하는 곳이기 때문에 노조라는 정치적인 단체와 함께 나설 수가 없어요. 학생들의 동의를 받은 것도 아니라서 쉽사리 연대하기도 힘들거든요."

학생들을 대변하는 곳이 왜 다른 사람도 아니고 같은 대학의 구성원인 청소노동자들과 연대를 못 하나. 굳이 '정치적'이란 단어를 써가면서 그들과 연대할 수 없는 불가피성을 설명했다. 괜히 나서기 싫으니 끌어대는 핑계 같았다.

총학생회는 무슨 책이라도 잡혔는지 학교와 관련된 일이라면 언제나 협조적이었다. 모든 문제에 조용조용 넘어가기 일쑤였다. 청소노동자 일만 해도 그랬다. 학교의 지침이라도 받은 듯 청소노동자들을 구성원으로 인정하지 않으려고 했다. 노동자와의 연대가 무조건 비난받을 나쁜 행동이 아닌데도 말이다. 대신에 학생회장은 매년 유명한 가수들을 부르는 축제에만 집중했다. 학생들도 그런 학생회 활동에 만족했다. 그런 세월이 수년째였다.

학군단(ROTC) 출신들이 2년 연속으로 총학생회장에 당선될 때는 그녀들 입장에서는 완전히 암흑기였다고 봐도 무방했다. 나와 지영은 그때를 '군부시대'라 불렀는데, 그들은 철저히 학교의 눈치를 보며 청소노동자들의 일에 선을 그었다. 적어도 다른 학생회는 청소노동자들을 위하는 척 시늉이라도 보였지만 군인 총학생회는 어떤 정치적 문제에도 개입하지 않으려는 중간자적 역할만 했다. 하지만 내가 보기에는 중간자라기보다는 학교의 편에 당당히 섰다. 사라진 현수막처럼 청소노동자들이 붙인 대자보를 아무렇지 않게 떼어갔다. 현재 총학생회의 부총학생회장도 학군단이었다.

수연이 앞장서서 총학생회실 문을 열었는데, 종소리가 딸그락하고 울렸다. 두 학생과 눈이 마주쳤다. 어머니뻘의 아줌마와 청년이 들어서자, 낯선 이들에게 조금은 공손한 자세로 한 학생이 물었다.

"어떻게 오셨어요?"

노조 전임자로서 대외활동이 많은 수연은 평상복을 입고 있었다. 만약 청소노동자 작업복을 입고 있었다면 그들의 반응은 어땠

유령들

을까. 엘리베이터에서 만났던 학생이 떠올랐다.

"안녕하세요. 저는 ㄱ대 청소노동자예요."

소파 앞에 서 있던 긴 생머리의 키 작은 여학생이 조심스레 말을
꺼냈다.

"무슨 일 때문에?"

"아, 저희가 찾아온 건 현수막 때문인데요. 혹시 저기 스퀘어광
장 쪽에 있던 현수막을 떼어가셨나요? 지금 저희 것 대신에 학생회
현수막이 걸려 있어서요. 있으면 좀 주시겠어요?"

열중쉬어 자세로 파티션 뒤에 서 있던 간부로 보이는 키 큰 남학
생이 우리 쪽으로 성큼성큼 걸어왔다. 그는 무슨 부장 직함을 가지
고 있었다.

"잘 모르겠는데요. 어디를 말씀하시는 건지?"

수연은 셀로판지로 '회'가 붙어 있는 창문 쪽으로 갔다. 남학생
도 그녀를 뒤따랐다. 그녀는 옆으로 다가온 남학생이 잘 볼 수 있
도록 현수막이 사라진 곳을 오른손 검지로 가리켰다.

"저기…. 스퀘어광장 끝에 나무요."

"잘 안 보이는데…."

이리저리 살피던 남학생이 다시 말을 이었다. 굉장히 무뚝뚝했다.

"그럴 리가 없거든요. 저희가 하지 않은 것 같은데…."

그가 잠시 말끝을 흐렸다.

"현수막을 달았던 친구들이 지금 없어서 확인이 불가능합니다."

"그러면 여기에 혹시 저희 현수막이 있는지 확인해주실 수 있으신가요? 있는지, 없는지만요."

남학생은 '창고'라 적힌 팻말이 붙은 방으로 들어갔다. 안에 또 누가 있었는지 남자로 추측되는 학생과 잠시 대화를 나눴다. 얼마간 찾는 듯싶었지만 결국 빈손으로 나왔다.

"없는데요."

없단다. 도대체 누가 현수막을 잘라 갔을까. '현수막 실종 사건'은 심증만 있고, 물증은 없는 상황이 되어버렸다. 우리는 학생들과 별 의미 없는 몇 마디를 나누다가 허무하게 총학생회실을 나왔다. 그 학생은 현수막을 찾으면 연락을 주겠다고 했다.

총학생회실을 나온 수연은 무척 지쳐 있었다. 총학생회에 대해서 실망한 눈치였다. 매번 총학생회 쪽에 기대하지 않는다고 말해왔지만, 오늘은 확실히 예전과 많이 다른 모습이었다. 발걸음을 옮기면서 나에게 한마디 했다. 목소리에서는 분노가 서려 있었다.

"솔직히 화나는 거 참고 있었어. 민주노조를 없애려는 학교와 한통속 같거든. 총학생회가 연대해주길 바라는 기대 따위는 아예 버린 지 오래야."

나는 아무 말도 할 수 없었다. 그녀의 손은 부들부들 떨리고 있었다. 그녀가 숨을 한 차례 고르더니 혼잣말처럼 흘렸다.

"도움 따윈 바라지도 않으니 제발 망치지만 않았으면 좋겠어."

현수막을 찾으면 연락을 주겠다던 총학생회에게 끝끝내 어떤 대

유령들

답도 들을 수 없었다.

예견된 파행

노동조합의 대표자는
그 노동조합 또는 조합원을 위하여
사용자나 사용자단체와 교섭하고
단체협약을 체결할 권한을 가진다.

———— 노동조합 및 노동관계조정법 제29조 1항

"여러분, 오랜만이네요. 그동안 잘 지내셨습니까?"

1월 10일, 서경지부 지부장의 인사말로 2017년 서경지부 집단교섭 1차 협상이 시작되었다. 예년에 비하면, 두 달가량 늦은 교섭이었다. 2018년도 최저임금 산정 시기에 맞춰 서경지부의 임금협상을 진행하기 위해서였다. 첫 교섭 자리이다 보니 상견례의 성격이 강했다.

마주 보고 여러 줄로 길게 앉은 양측 교섭위원들이 인사를 마치자 노조 활동가는 서경지부의 '2017년 집단교섭 요구안'이 적힌 용지를 사용자 측 교섭위원들에게 전달했다.

"아 씨, 왜 이렇게 요구사항이 많아?"

아홉 개의 요구안이 적힌 용지를 훑어보던 사용자 측 교섭위원 중 한 명이 불만 가득한 얼굴로 혼잣말을 했다. 그의 쇳소리 섞인 비아냥거림은 혼잣말답지 않게 컸다. 노조 측 교섭위원들은 아무도 대꾸하지 않았지만 모두들 그에게 곱지 않은 시선을 보냈다.

노조 측 두 번째 줄 끝에 자리한 수연이 뒷줄에 서 있던 나를 돌아보고 최대한 낮춘 목소리로 슬며시 전했다.

"맨 뒷줄 왼쪽에 앉아 있는 저분이 바로 ㄱ건설 박 사장님이야. 온다고 하더니 정말 왔네."

수연은 '여태 교섭 자리에 단 한 번도 발을 디뎌본 적 없는 양반'의 행차가 진기하다면서, 재빠르게 스마트폰을 들고 박 사장의 다소곳한 모습을 찍었다.

지난 몇 해 동안은 하얗게 센 스포츠머리의 부장이 교섭 자리에 나왔었다. 그런데 박 사장은 스포츠머리 부장이 정년퇴직한 다음부터는 더 이상 후임을 뽑지 않았다. 얍삽이 소장의 배신 이후로 이제 자기밖에는 믿을 사람이 없다고 생각했는지도 모른다. 어찌 됐든 ㄱ건설의 부장 자리는 공석이었고, 할 수 없이 박 사장이 직접 참석한 듯했다.

나는 건너편에 있는 박 사장을 곁눈으로 흘끔 보았다. 3년 동안 말로만 들었지 직접 보기는 처음이었다. 박 사장은 공사판에서 노가다를 뛰었다고는 믿기지 않을 만큼 세련된 노신사였다. 80이란 나이에 비해 상당히 젊어 보였다.

"오신 분들 확인 먼저 하겠습니다."

서경지부 지부장이 사측 교섭위원들이 다 왔는지 한 명 한 명 출석을 불렀다. 좁은 땅덩어리에 용역업체가 참 많았다. 입찰 때면 원청 사업장이 서울인데 전라도 영광이 본사인 업체가 올라올 지경이라고 들었다. 영광뿐 아니었다. 부산도 있었고, 영월도 있었다.

"빠진 곳 있습니까? 정말 멀리서도 오셨네."

지부장은 잡고 있던 명단을 내려놓고 말을 이었다.

"저희 서경지부와 처음 집단교섭을 하는 분들이 있어 설명을 좀 하고 넘어가겠습니다. 우리와 교섭을 해보신 분들은 알고 계시겠지만, 2011년부터 공공운수노조에 포함된 대학 사업장들은 집단을 이뤄서 교섭을 하고 있습니다. 그전까지는 대학마다 노동조건이 천차만별이었죠. 특히, 임금. 얼마 주냐, 엄청 중요했어요. 단돈 2~3만 원만 더 줘도 노동자들은 일터를 옮겨 다녔거든요. 그 열악한 임금에서 한 푼이라도 더 벌어보려고 말이죠. 임금만큼이나 노동조건들도 다 달랐어요. 근데 상황을 보면 말이죠, 아주 열악한 것에서 조금 덜 열악할 뿐이었어요. 그러니까 노조 만들었겠죠. 그래서 저희는 말이죠, 쉽지는 않았지만 각 대학 비정규직 노동자들의 임금·단체협약을 통일시켜 만들기로 했습니다. 협약에 인간다운 삶을 살기 위한 조건들을 넣었는데 원청이고 하청이고 다 반대하니까 초기에는 파업도 많이 했습니다. 지금도 물론 마찬가지입니다만…."

사측 단체와의 집단교섭 틀을 갖춘 건 서경지부 대학 사업장들의 연합체가 단연 최초였다. 같은 업종(청소·경비·주차·시설관리)의 간접 고용 노동자들이 다 함께 모여서 공통의 임금과 단체협약을 만든다는 시도는 실로 대단한 일이었다.

물론 서경지부에는 대학 사업장뿐만 아니라 대우재단 빌딩이나 서울시 수도사업소 등과 같은 일반·공공 사업장도 있었다. 하지만 집단교섭은 현재까지 대학 사업장에서만 진행 중이었다.

대학 사업장의 조합원들이 투쟁으로 얻어낸 서경지부의 단체협약을 꼼꼼하게 읽어보면 그야말로 '간접 고용 노동자들의 권리장전'이라 느껴질 만했다. 예를 들면 보건휴가가 있다. 처음 들었을 때는 생소했다. 보건휴가? 근로기준법에 명시된 생리휴가인가? 아니었다. 생리휴가를 응용한 것이었다. 서경지부의 여성 조합원 상당수가 폐경이 되어서 생리휴가 사용은 무의미했다. 그 대신 한 달에 한 번씩 유급으로 건강검진을 받을 수 있는 복지 체계를 마련한 것이었다. 생리휴가와는 다르게 여성 조합원뿐만 아니라 남성 조합원들도 보건휴가를 적용받았다. 수연의 말로는 일본의 한 산별 노조에서 서경지부가 단체협약을 어떻게 만들었는지 배우러 견학까지 올 정도였다고 하는데, 사측과 치열하게 싸워서 얻어낸 결과물이었다.

임금도 여러 개별 사업장에서 '최저임금이나 생활임금' 이상의 임금이 동일하게 적용되는 거의 첫 사례였단다. 서경지부의 임금

협약이 바로 노동권에서 그토록 주장하는 '동일노동 동일임금'의 시작이랄까.

만약 각자의 분회가 업체 사장이나 임원과 개별적으로 교섭했다면, 지금의 '인권선언에 버금가는 단체협약'과 '생활임금을 넘어선 임금협약'이 나올 수 있었을까. 생각건대 불가능했을 것이다. 애초에 개별교섭을 성사시키는 일조차 힘들지 않았을까 싶다. 이것이 바로 여러 사업장, 수천 명의 간접 고용 노동자들이 함께 이뤄낸 집단교섭의 위력이었다. 지부장이 자주 서경지부 집단교섭 체계의 완성을 자랑처럼 이야기하고 다니는 이유가 있었다.

첫 교섭은 상견례의 의미로 사측에 단체협약 개정안을 전달하고 30분 만에 끝났다.

사측은 처음에는 서경지부의 단체협약 재·개정 아홉 개 요구안을 모두 '불가'하다고 통보했다. 2017년 집단교섭은 임금협약과 더불어 단체협약도 교섭 대상이었다. 서경지부 단체협약의 유효기간 2년이 지났기 때문이었다. 교섭 초반에는 서로의 입장만 고수하다 보니 좀처럼 나아가지 못했다. 나중에 단 한 가지 조항만 '허가'로 바뀌었다. 이번 단체협약을 '2017년 1월 1일부터 2018년 12월 31일까지 적용하겠다'는 부분이었다. 단호하게 '불가'였던 이 조항은 서경지부 교섭위원들이 벌 떼같이 달려들어 "말이 돼요? 유효기간도 불가라니, 교섭 아예 안 할 거예요?"라고 다그치자 마지못해 허가한 것이었다.

유령들

교섭이 몇 차례 진행되면서 절충한 조항들이 늘어나기는 했는데, 그나마 돈 안 드는 부분에서 쉽게 쉽게 마무리한 결과였다. 하지만 인사와 예산 문제가 결부된 조항들은 처음부터 끝까지 첨예하게 대립하며 평행선을 달렸다.

그래도 다행인 건 5차 교섭에 이르러 사측이 노조 요구안에 대한 수정안을 제출했다는 사실이었다. '불가'만을 앵무새처럼 반복하더니 변화된 분위기가 감지됐다.

지부장이 사측의 4주짜리 임시 대표에게 물었다.

"오늘 제출하신 사측 공통안에 대해서 설명을 좀 해주시겠어요?"

사측이 대표 교섭위원을 아직 결정하지 못해서 전년도 대표가 임시로 임·단협 대표 교섭위원직을 맡고 있었다. 대표뿐만 아니라 간사도 마찬가지였다. 그들은 4주 후에는 꼭 정식 대표와 간사를 뽑겠다고 약속했었다.

사실 사측 대표 교섭위원과 간사가 되면, 골치 아픈 일이 많이 생겨서 대부분 피하려 했다. 수십 명이나 되는 사측 교섭위원들 한 명 한 명의 출석을 관리해야지, 그들이 각자 가져오는 수정안을 수렴해서 자료 제출해야지…. 작년에 아무것도 모르고 대표 교섭위원을 하겠다고 자청했던 한 업체의 임원이 몇 차례 사측 교섭위원들과 회의를 하고는 그만두겠다고 했단다. 최대한 좋은 안을 이끌어보려고 노력하는데 업체들이 아무도 따라주지 않으니 자신도 답답하다며, "더 이상은 더러워서 못 하겠다"고 했다던 수연의 말이 떠올랐다.

애초에 집단교섭 같은 자리가 없었다면 하지 않아도 될 일이었다. 사측이 집단교섭 자리에서 빠지고 싶어 하는 이유이기도 했다. 성가시고 불편하기만 한 집단교섭 자리를 벗어나기 위해 사측은 말 잘 듣는 어용노조를 조직하려고 애썼다.

사측 임시 대표가 말했다.

"네. 저희가 머리를 모아서 단협 18조 2항에 대한 사측 안을 만들어봤습니다. 노동조합 간 균등처우 부분에 대한 저희 사측 안으로는 '차별을 했으면 시정조치를 하도록 노력한다'로 문구를 일부 수정하려 합니다."

지부장은 '노력'이란 말에 엄지손가락으로 양 관자놀이를 꾹 눌렀다.

"아, 이제 노력은 그만합시다. 그러려면 그냥 차별을 하세요. 실정법을 위반해놓고 노력을 한다니요? 시정조치면 시정조치지, 시정조치 노력은 도대체 뭐예요? 구체적으로 어떻게 하겠다를 말해주셔야죠."

사측에서 누군가가 손을 들고 끼어들었다.

"저희가 차별을 할 수가 없지요."

"제가 그 말이 나올 줄 알았어요. 그럼 공정하게 하는데 현장에서 차별 이야기가 나옵니까? 현장에 가보세요. 소장이 우리 민주노조를 대놓고 차별한다고 난리예요. 우리 조합원들이 차별 안 받았는데 무턱대고 나 차별받았소, 하고 제기하는 거 아니잖아요."

"누가 그랬는데요? 그 업체 말씀 좀 해주세요."

사측 임시 간사 한 명이 따지듯 물었다. 수연이 얼굴이 시뻘게져서 소리쳤다.

"어디면, 어쩔 건데요. 해결해줄 거예요? 입증은 사측이 해야죠. 왜 엉뚱하게 피해자가 입증을 해야 하나요. 사측이 입증을 하고, 그에 걸맞은 적당한 징계안을 내려야 하는 게 맞지 않습니까? 그게 이치 아닙니까? 그래야 회사도 면이 서지 않겠어요?"

"그러면 저희 사측은요…."

사측 임시 간사가 잠시 뜸을 들였다.

"그러면, 18조 2항 '회사는 노동조합으로부터 차별을 통보받을 시, 이를 확인하고 시정조치를 한다'로 문구를 수정하면 어떨까요?"

수연이 혀를 끌끌 차며 혼잣말했다.

"아, '노력' 한 글자 뺐네. 징글징글하다, 진짜."

지부장이 말했다.

"근데 시정조치를 한다는 것은 어떤 방식으로 한다는 겁니까?"

"그게 사실 문제인데요. 저희로서는 입증 책임이 난해한 부분이에요. 차별 대우를 했다는 걸 입증했다 치더라도, 징계는 또 다른 문제거든요. 징계는 단체협약이 아니라 각자 회사의 사규로 해야 하잖아요. 각자 회사마다 사규가 있는데, 단협으로 무작정 묶어버리는 건 좀…. 저희가 납득하기 힘들어요."

"차별이 확인됐을 때 시정조치는 당연한 거고요. 차별했던 사람에 대해서는 반대급부가 필요해요. 적어도 차별 피해자와 격리는 시켜야죠."

사측 임시 간사는 자신도 답답하다는 듯 한숨을 푹푹 쉬었다.

"차별을 했다면 응당한 조치를 취하는 게 맞아요. 근데 아까도 말했듯이 입증 책임이 난해해요. 그래서 회사와 노조가 함께 조치를 취하자는 의미로 간단하게 문구를 정리한 겁니다."

지부장은 자꾸 입증 책임이 난해하다고 주장하는 임시 대표의 말에 화를 내며 받았다.

"확인을 하려고 하면 조사가 필요하잖아요. 조사를 하면 분명히 차별 행위를 한 가해자가 있을 테고요. 그 가해가 벌어지는 곳이 주되게는 현장이겠지요? 그 현장에서 암암리에 벌어지는 차별을 바로잡겠다는 겁니다. 그렇다면 본사의 허락 없이 부당노동행위를 저지른 자에 대한 처벌을 해야죠. 그래서 그 차별 행위를 저지른 가해자에 대한 처벌 조항을 삽입하겠다, 이겁니다. 말로는 뭐든 할 수 있습니다. 하지만 나중에 기억 안 난다고 하면 끝 아닙니까. 문구가 중요해요. 그만큼 징계라는 것이 중요하잖아요. 경징계도 있고, 중징계도 있어요. 관련자 징계에 대해서 사측의 안을 내주세요."

지부장의 말이 끝나자 바로 연세대분회장을 맡고 있는 부지부장도 말을 보탰다.

"차별은 노동조합이 하는 게 아니라 회사가 하는 거잖아요. 회사

유령들

가 차별하지 않았다는 근거를 제시해주면 되잖아요. 저희도 그만큼의 증거를 제시하겠다는 거예요. 아무 증거도 없이 무조건 소장이 차별 대우를 했다고 신고하는 게 아니거든요. 만약 증거도 있는데 회사에서 징계 안 해준다? 그러면 저희는 힘의 논리로 갈 수밖에 없어요. 그걸 방지하려고 문서화하자는 겁니다.”

지부장이 답답한 듯 물을 벌컥벌컥 마시고 목소리를 가다듬었다. 한결 차분해진 목소리로 말을 이었다.

“현장에서는 차별이 상당히 많이 있습니다. 소장이 알게 모르게 한쪽 노조를 지원하거든요. 여기 참석하신 분들은 그럴 일 없다 말씀하시는데, 현장에 안 가봐서 잘 모르시는 것 같습니다.”

사측의 임시 간사가 진심인지 거짓인지 흥분해서 물었다.

“에이, 말도 안 돼요. 도대체 그런 데가 어디 있습니까? 차별이 있었으면 노조가 가만히 있었겠어요?”

이야기를 듣고 있던 수연이 말했다.

“괴리가 참 큰 거 같아요. 현장 소장은 어떻게 하면 자기가 좋아하는 노조의 힘을 키울 수 있을지 생각하고 있거든요, 저희 ㄱ대만 해도요. 자기 말 잘 듣는 노조 하나 있으면 좋잖아요. 반면에 저희 민주노조 조합원들한테는 매일 욕해요. 악담도 퍼붓고요. 민주노조 조합원들 사이에 이간질도 시키고…. 어용노조로 들어오면 새로 생길 자리에 당신 부인 넣어주겠다, 채무 갚아주겠다, 당신이 원하는 거 다 들어주겠다면서요. 그래서 우리 노조에 있던 남성 조합원들이 탈퇴서를 쓰기도 했어요. 일하기 좋은 데로 어용노조 사람들만 다 보내고. 아주 교묘하게 부당노동행위를 해요. 우리 민주노조가 소장의 차별에 대해 시정해달라고 회사에 말을 해도 바뀌는 거 없어요. 발뺌하기 일쑤라고요. 그래서 저희가 이 안을 만든 거예요. 관리자분들은 왜 이런 문구가 올라왔는지 한번 곰곰이 생각해보세요. 사실은 창피한 줄 아셔야 돼요. 거기 박 사장님, 제 말이 맞죠?"

갑자기 수연에게 지목당한 박 사장의 얼굴이 시뻘게졌다. 사측 임시 간사가 변명을 늘어놓았다.

"저희는 단일노조라서 이런 일이 별로 없거든요."

"간사님 사업장이 복수노조가 아니면 아니지 뭘 그런 걸 따져요. 이 조항이 간사님 사업장에서 문제될 게 없으면 그냥 사인해줘도 되는 거 아닙니까? 왜요? 나중에 어용노조라도 만드시려고요?"

"그건 아닌데…."

사측이 똑같은 말을 계속하니 논의는 계속 공전했다.

2년 전에도 단협 재·개정안에 어떤 문구를 넣을지 입씨름하느라고 밤을 샌 적이 있었다고 한다. 아주 기초적인 문구였는데, 강제성이 있는 '해야 한다'와 강제성이 없는 '노력한다' 중 무엇을 단협에 넣을지 노사 간의 피 튀기는 대결이었다고. 그것만으로 장장 5주 동안 싸웠다고 하는데, 공정 채용에 관한 조항을 재정할 때는 거의 매 교섭마다 마치 전쟁하듯 논의를 이어나가야 했다고 한다.

입장 차가 좁혀지지 않는 논의의 흐름을 잡으려는지 지부장이

유령들

잠시 숨을 고르고는 노동조합 간 균등처우 부분을 왜 개정하려는지 다시 설명했다.

"우리 요구안은 차별이 아니라는 것을 사측에서 입증하라, 이겁니다. 조사하면 되잖아요. 그래서 문제가 있으면 그 관련자를 타 현장으로 보내달라는 거예요. 아주 기본적인 겁니다. 에둘러서 말하자면, 인사 조치에는 여러 방법이 있어요. 관련자의 직위를 박탈하는 것도 있지만 다른 현장으로 보내는 것도 인사 조치예요. 그게 바로 인사라는 겁니다."

사측 임시 대표가 답했다.

"어떤 징계 절차도 없이 단협에 나와 있는 대로 무조건 전출이나 징계를 한다는 건 저희 입장에서는 받아들이기 힘들어요. 저희도 각자 회사에 어떤 절차라는 게 있고…."

"무조건적으로 해고시키라는 게 아니에요. 가해자를 현장에 넣지만 않으면 돼요. 직위해제를 시키든 해서 현장에서 빼달라, 이거예요. 지금처럼 시말서나 받고 말면 그 자리에 그대로 있겠다는 거 아니에요?"

"소장 같은 경우는 보낼 데가 없어요. 전출이나 해고밖에는 없는데. 그러면 부당하게 해고시켰다고 지노위에 고발할 수도 있는 거고…. 저희들도 고민을 많이 했어요. 입증 책임이 정말 힘들어요. 저희가 현장에 있는 사람들이 아니잖아요."

"저희가 그렇게 근거 자료를 줘도 사측은 미적대잖아요. 그래요.

그 부분에 대해서는 이해 못 할 건 아니에요. 어찌 됐든 간에 명확한 건 소장이 잘못했으면 내보내라는 거예요. 벌써부터 입증이 어렵다고 겁부터 먹으면 어떡합니까? 저희가 막무가내로 내보내라 그러는 게 아니잖아요. 저희도 합리적인 사람들이에요. 이 문제에 있어서는 합리적으로 할 거고요. 해고가 아니더라도, 어떤 형식이로든 가해자를 피해자와 격리시켜야 해요. 우리가 채용 문제 말할 때마다 사측에서 뭐라 그러셨죠? 인사권은 회사의 고유 권한이라고 말씀하시죠? 그 소중한 인사권을 노조 간에 차별 대우를 하는 가해자에게 좀 발휘하라는 거예요."

임시 대표가 생각하는 척 꿍한 표정을 짓더니 정회를 요청했다.

"정회를 신청해도 괜찮을까요? 저희가 이 문제에 대해서는 좀 더 논의를 해봐야 할 것 같은데요."

막상 교섭이 시작되면 사측 집단은 자주 정회를 요구했다. 공통된 수정안을 만들려면 사측 교섭위원들끼리 논의를 해봐야 한다는 논리를 들이대면서 말이다. 미리 만나서 상의조차 하지 않고 교섭장에 들어왔을 테니 당연한 결과였다. 교섭을 시작한 지 10분도 채 지나지 않았는데 사측 교섭대표가 정회를 주장한 적이 부지기수라고 한다. 한 시간 정도 주어지는 정회 시간에 서로의 의견을 교환한다는데, 사측과 어떻게 협의를 진행해나갈지 매주 교섭 전에 머리를 맞대는 민주노조와는 비교되는 모습이었다. 지부장은 사측의 공통 안을 당일만은 꼭 내놓으라는 의미에서 일부러 정회 시간을 더 연장해준 경우도 있다고 한다. 하지만 지부장의 배려로 오랜 시간 정회를 가진 후에도 재개된 교섭에서 그들이 하는 첫마디는 항상 정해져 있단다.

"오랜 시간 저희가 논의해보았지만 뚜렷한 합의점을 찾지 못했습니다. 의견 차가 심하기 때문에 당장 안을 만들 수 없을 것 같아요. 오늘 나온 이야기는 다음 차수에 다시 논의하는 것이 어떨지요? 다음번 교섭 때는 꼭 사측의 공통안이 도출될 수 있도록 노력하겠습니다."

마치 다음 교섭에서는 사측 안이 나올 듯이 이야기하지만, 그때 가서도 또 지난번과 같은 말을 반복하기 일쑤라고 한다.

수연의 말에 따르면 이번 임·단협에서는 사측 교섭위원들이 2년 전에 비하면 많이 성실해진 모습이라고 했다. 사측이 정회를 요청하고는 그대로 도망간 적도 있단다. 당시는 사측의 교섭 태만 정도가 한참 도를 넘어섰을 때였다는데, 나중에 와서 한다는 변명이 더 가관이었다. 자신들에게 불리한 협상을 도저히 하기 싫어서 다 도망갔다고. 그날 수연은 정말 화가 머리끝까지 나서 '그놈들을 죽일까, 말까'까지 고민했다고 한다. 이번은 비록 약속 시간보다 20분이나 늦었지만, 나타났으니 얼마나 개과천선된 모습인가.

교섭 차수가 막바지에 이른 10차에 와서야, 노사는 수개월째 입씨름하며 대립하던 다섯 개 쟁점 조항에 합의점을 도출해냈다. 노동조합 간 균등처우 문제를 다룬 단협 제18조 2항에 대해서만큼은 서경지부 안이 받아들여졌다. 노사 대표는 단체협약 잠정 합의안에 각자 서명을 했다. 하지만 임금이 문제였다.

유독 올해는 집단교섭의 핵심이라고 볼 수 있는 임금안에 대한 논의가 단체협약 때보다 훨씬 힘겹게 진행되고 있었다. 서경지부는 임금안으로 시급 1만 원을 요구했는데, 노동자와 시민들이 요구하는 '최저임금 1만 원으로의 인상'과 궤를 같이하는 내용이었다. 그러나 사측은 지난 5차에서 나온 임금 동결안을 계속 고수하다가 10차에 이르자 시급 100원 인상안을 내놓았다. 그것도 10차 교섭이 거의 끝날 무렵에 급하게 던진 안이었다. 참고 참은 노조 측 교섭위원들의 말이 거칠어지고 분위기가 험악해지자 동결만을 고집하던 사측 집단이 당장의 위기를 모면하고자 내놓은 주장 같았다. 아니면 정말로 시급 100원 인상을 고려했을 수도 있었다.

11차 협상이 시작되었다. 처음부터 수연은 목소리를 높였다.

"오늘도 사측은 임금안을 가져오지 않으셨나요?"

"저희 사정도 좀 이해 부탁드립니다."

"장난해요?"

수연의 외침이었다. 10차 때와 달라진 게 없었다. 지난주에 했던 말을 또다시 반복하는 것이었다. 역시나 이미 지난번에 제출한 안을 토씨 하나 틀리지 않고 내세웠다. 정말 성의 없는 교섭이었다.

나는 아무 준비 없이 교섭에 참석하는 사측에 몹시 실망했다. 참관하기 전에 상상한 교섭과는 전혀 다른 모습이었다. 이야기만 들

유령들

다가 매 교섭 때마다 직접 겪으니 한숨이 절로 나왔다. 섣부른 기대는 깊은 허탈로 이어지기 마련이었다.

지부장이 수연에게 진정하라고 손짓을 보내고 말을 이어나갔다.

"임금 관련해서는 어쨌든 전체 합의가 안 되더라도 다수 안을 좀 말해주세요. 시급 100원 인상안이 진짜 맞아요? 저희도 최소한 시급 1만 원은 돼야지 먹고살지 않겠습니까? 요즘은 잠정적으로 시민사회나 교수, 보수 정당까지도 시급 1만 원을 주장하고 있습니다. 그렇지만 현실적인 부분도 이해하기에, 사측 안을 제시해달라고 했습니다. 근데 미화 같은 경우는 7050원으로 100원 인상, 경비는 6470원으로 최저임금, 이외에는 어떤 논의도 할 수 없다, 계속 이 말씀이시죠? 시설은 아예 안이 없다는 거고요. 어쨌든 동결 아니면 다 최저임금이라는 거죠? 참 나, 이건 뭐 화도 안 나네요."

마른세수를 하던 수연이 벌떡 일어나 거칠게 쏘아붙였다.

"첫 상견례 이후 꼬박 세 달이 지났는데, 시급 100원 인상안 짜시느라고 여태껏 고생하신 거예요? 당황스럽네요. 아니, 진짜… 말이 다 안 나오네. 교섭 자리에 뭐 하러 나오신 거예요? 그냥 시간만 때우다 가려고 나온 거예요?"

분위기가 거칠어지자 상황을 무마해보려는 듯 사측 교섭위원 중 한 명이 나섰다.

"저희도 학교에 접촉을 하고 있어요. 저는 어제도 만났습니다. 학교 입장 자체가 현재 노조의 임금 인상안에 전혀 대안이 없어 보였어요. 그래서 저희 사측 교섭위원들은 많이 조심스럽습니다. 원청에서 안이 없는데, 저희가 어떻게 교섭안이라고 제출하겠습니까? 원청에서 돈 받는 입장에서….”

사측 교섭위원이 무책임한 변명을 늘어놓다 말끝을 흐리자 이번에는 지부장이 목소리를 높여 거칠게 따졌다.

“4차까지 임금안을 안 내놓다가 그 이후로 줄곧 동결안만 말씀하시는 건 교섭 해태가 아닌가 싶어요. 이제야 인심 쓰듯 시급 100원을 인상해주겠다고 주장하는 것도 그렇고요. 이해는 하지만 저희는 보편타당한 최소한의 안을 기대했습니다. 그런데 사측에서 동결을 던졌어요. 이거는 도저히 현실적으로 납득이 안 가요. 교섭에 참석하지 않는 것도 해태지만, 교섭에서 입장을 내놓지 않는 것도 해태라고 생각합니다. 그리고 저희도 학교에 가서 물었어요. 사측 교섭위원들과 논의하고 있냐고요. 근데 뭐랬는 줄 아세요? ‘아직 별 말 없던데, 어떻게 돼가고 있어요?’라고 되레 묻더라고요. 뭘 협의를 했다는 거예요? 입이 있으면 말을 해보세요.”

지부장의 이야기 이후로 사측 교섭위원들은 더 이상 아무 말도 하지 않았다.

용역업체들은 임금교섭에 임할 때만큼은 어떤 안도 내세우지 못한 채 노상 죽는소리만 늘어놓기 일쑤였다. 원청 담당자에게 아무리 이야기해도 확답을 주지 않는 탓에 자신들도 답답해 미치겠다고 매번 같은 핑계로 상황을 모면하려 했다.

용역업체의 심정도 이해는 갔다. 용역업체 관계자들은 원청인 대학 관계자의 결정이 떨어져야만 임금안을 내놓을 수 있는 처지였다. '을'에 불과한 용역업체가 자기 마음대로 내놓을 대안은 없었다. 원청으로부터 돈을 받아야 업체의 운영이 가능했기 때문이었다. 대부분의 청소용역업체가 사실상 대학의 인력사무소나 다름없었다. 사측 교섭위원들이 단체협약과 달리 임금 문제를 다룰 때만큼은 '원청바라기'가 되는 이유였다. 그렇다고 원청과의 불평등한 관계가 매 교섭마다 반복되는 사측 교섭위원들의 무성의한 협상 태도까지 모두 정당화시켜줄 수는 없었다. 원청과 노조를 중재할 생각조차 않고 교섭장에 가만히 앉아 시간만 떼우려는 사측의 모습은 분명 비판받아야 마땅했다.

용역업체의 평계 대상인 대학도 원청 나름의 사정을 들이댔다. 각 분회의 간부들이 대학 총무처 관계자와 면담을 하면 다들 똑같은 각본이라도 짜놓았는지 모두 비슷한 답을 내놓았다. 자신들은 용역업체와 계약했을 뿐이지 그곳에 속한 노동자들과는 전혀 관계없다고, 앵무새처럼 토씨 하나 안 바뀌는 말을 반복하며 자신들은 제3자임을 힘주어 강조했다. 그러면서 음흉스럽게도 용역업체와 노조가 교섭을 통해 적당한 임금안을 합의하면 학교는 또 그 결정대로 노동자들의 시급을 주겠다고 온갖 아량 있는 척은 다 했다. 학교가 원하는 '적당한 임금안'은 임금 동결이나 인하였다. 그들의 식상하기 그지없는 답이 노조 입장에서는 위선적으로 들릴 수밖에 없었다.

사측은 매번 일주일이란 시간을 더 주면 임금안이 나올 듯 이야기했다. 하지만 그것은 순간을 모면하려는 꼼수였고, 오히려 시간만 때우려는 모습을 여과 없이 보여주었다. 협상은 주고받는 것이다. 그럼에도 사측이 토씨 하나 안 바뀐 내용으로 기존의 임금안을 계속 고수하는데 무슨 논의를 할 수 있을까. 그러니 임금안은 매 교섭마다 원·하청의 핑곗거리만 들어주다가 아무런 성과 없이 끝이 날 수밖에 없었다.

11차 협상 자리에서도 시급 100원 인상이란 말에 서경지부 교섭위원들은 너무 어이없어서 할 말을 잃었다. 올해 최저임금도 이보다는 더 오를 듯싶었다.

"그거 내놓으려고 지금까지 교섭한 거예요? 그러면 오늘부로, 서경지부 집단교섭에 대해 결렬을 선언하겠습니다."

지부장의 교섭 중지 선언으로 2017년도 임·단협 집단교섭은 결국 11차에 이르러서 최종 결렬되었다.

폭풍 전야

노동위원회는 관계 당사자의 일방이
노동쟁의의 조정을 신청한 때에는
지체 없이 조정을 개시하여야 하며
관계 당사자 쌍방은 이에 성실히 임하여야 한다.

───────── 노동조합 및 노동관계조정법 제53조 1항

11차로 교섭이 결렬된 지 며칠 뒤, 서경지부 교섭위원들은 서울
지방노동위원회(이하 지노위)에 조정신청서를 냈다.

수연이 안타까운 표정으로 말했다.

"지노위에 가는 일이 이제는 당연한 수순으로 고착화됐어. 서경
지부가 생기고 벌써 7년째 매번 똑같이 반복되니 말이야. 이 말은
네 개 분회로 시작한 서경지부가 용역업체들과 집단교섭을 시작한
이래, 교섭에서 단 한 번도 합의된 적이 없다는 이야기지."

지금은 서경지부가 17개 분회로 불어났으니, 여러 사업장의 이
해관계를 한꺼번에 조율하기란 초창기 때보다 더 힘들어진 상황이

라고 했다. 지노위라는 정부 기관의 도움을 받아야 그나마 해결의 여지가 생겼다. 이번 2017년 임·단협에서도 지난 열한 차례의 교섭은 조정으로 넘어가려는 사실상의 명분 쌓기였는지도 모른다.

지노위에 조정을 신청하는 건 단순 선택 사항이 아니라 쟁의로 가기 위해 무조건 밟아야 하는 절차였다. 우리나라 노동쟁의 제도는 '조정전치주의'를 택하고 있어서, 교섭이 결렬됐다고 무작정 노동쟁의에 나서면 불법이기 때문이다.

그렇다고 노조가 쟁의권만 확보하려 조정을 받는 건 아니다. 조정 기간에는 지노위 위원들(공익위원, 근로자위원, 사용자위원)의 중재를 받으면서 더 좋은 조정안을 만들기 위해 분주히 노력한다. 마지막 조정 날에 간신히 합의안이 도출돼서 쟁의까지는 가지 않은 전례도 있다.

각 사업장 분회장들의 이야기를 들어보면 조정 기간에 모든 걸 끝내고 싶어 했다. 쟁의에 대한 부담감 때문이었다. 쟁의를 일단 시작하면 합의안을 만들 때까지는 다시 돌이키기 어려웠다. 계속 투쟁 단계를 높여야 하는데, 그때마다 피로도가 굉장히 높다고 한다. 하지만 조정안도 마땅치 않으면 어쩔 수 없이 밖으로 나가야 했다. 이번이 바로 그런 상황 직전이었다.

6월 중순부터 이뤄진 1, 2차 조정은 별 성과 없이 끝났다. 서경지부 교섭위원들은 매 차수마다 거의 10시간 동안 오로지 조정에 온 힘을 쏟았지만, 사측은 집단교섭이 결렬되었는데도 여전히 원청의 지시를 받지 못했는지 기존의 시급 100원 인상안만 주야장천 고집하는 중이었다. 아직 조정 일수가 며칠 남기는 했지만, 예년과는 다르게 상황이 꽤 힘들어 보였다. 집단교섭 참가 분회들은 조정 중지 결정이 나면 바로 투쟁에 돌입하기 위해 준비를 시작했다. 투쟁의 시작은 교섭 결렬에 따른 쟁의행위 찬반 투표였다.

ㄱ대도 '쟁위행위 찬반투표'를 위한 총회를 열었다. 한 조합원이 ㄱ대분회 선거관리위원에게 '쟁의행위 찬반투표' 용지를 받아들고 기표소로 향했다. 기표소라 봤자 주위가 탁 트인 연단 위 교탁뿐이었다.

수연이 그녀를 불러 세웠다.

"언니, 잠시만⋯."

"어? 왜?"

"언니, 우리 지금 하는 게 으샤으샤(투쟁) 할지 말지 결정하는 선거인 거는 설명 들어서 알고 있지?"

"응."

수연이 투표용지를 손가락으로 짚으며 설명했다.

"그래서 간단히 말하면 있잖아. 으샤으샤 하고 싶으면 요기(찬성)에 도장 찍고. 으샤으샤 하기 싫으면 요거(반대)에 찍으면 돼. 알겠죠?"

투표 전에 투표 이유를 아무리 이야기해도 고령의 조합원들은 헷갈려 했다. 글을 잘 모르기 때문이다. 문맹률이 많이 낮아졌다고 해도 그 적은 수치에 속한 사람들이 ㄱ대분회 조합원 중 꽤 있었다. 대부분이 자신의 이름 정도만 간신히 쓸 줄 알았다. 그들은 자신이 글을 읽지도 쓰지도 못한다는 사실을 부끄러워했다. 그래서였을까. 중요한 문서에 사인하는 일과 맞닥뜨리는 상황을 극도로 꺼려했다. 박 사장 형제가 들이미는 문서를 아무 의심 없이 사인부터 하려는 경향을 보였던 이유도 바로 글을 읽지 못하기 때문이었다. 한 조합원은 그 사실을 숨기려고 지금까지도 노안이 왔다는 등의 이유로 서명해야 할 순간을 피해갔다. 간부들 중 일부는 그녀의 그 말을 아직도 믿고 있었다. 눈치 빠른 사람들은 수차례 그런 식으로 빠져나가는 그녀의 상황을 모른 체했다. 노조가 생기고부터 서명할 일이 생기면 수연이나 지영이 앞에 나서서 그들에게 직접 문서를 읽어주었다. 그 연장선상에서 글 모르는 조합원들을 위해 오늘도 수연이 고령의 조합원들을 일일이 붙잡고 투표용지에 적힌 글자를 알려주는 것이었다. 조합원들은 도장 찍을 곳을 되짚으며 기표소로 향했다.

연단 위의 기표소에는 비밀을 가려줄 가림막 따위는 없었다. 기표소가 신분 확인하는 곳에서 불과 1m 이내인지라, 작정하면 누가 어디에 투표하는지 다 보였다. 투표의 4대 원칙 중 하나인 비밀투표는 그다지 보장받기 힘든 구조였다. 겉으로는 나름 투표소의 틀이 갖춰진 것 같았지만, 자세히 들여다보면 문제투성이었다. 조합원들이 쟁의권 획득에 대부분 찬성하겠지만, 그래도 하나의 절차

유령들

인데 너무 주먹구구식으로 투표를 진행한다는 느낌을 지울 수 없었다.

길게 늘어서 있던 줄이 점점 줄어들더니 수연의 차례까지 왔다. 그녀는 조합원 중에 제일 마지막으로 투표를 했다. 그녀의 투표용지가 들어가자마자 투표함은 봉인되었다. 총회가 끝나고 조합원들이 다 빠져나간 후 찬성과 반대가 얼마나 되는지 용지 검수가 이어졌다.

지영과 나는 ㄱ대 각 건물 게시판에 노동쟁의 찬반투표 결과 공고문을 붙이고 다녔다. 3차 조정을 앞두고 원청 관계자들이 꼭 보라는 의미였고, 시급을 올려주지 않으면 농성을 진행하겠다는 선전포고였다.

그런데 공고문을 다 붙이고 지영이 일하는 건물로 돌아와 보니 1층 엘리베이터 옆 게시판에 붙여놓은 공고문이 사라진 것이다. 공고문 테두리에 네 개의 압정을 하나하나 꽂아 단단히 고정해놓았는데 압정까지 사라져버렸다.

지영이 혀를 끌끌 차며 게시판으로 다가갔다.

"내 이럴 줄 알았어요. 우리 노조 활동을 대놓고 눈꼴사납게 보는 과장이 있는데 분명 그 교직원이 떼었을 거예요."

지영은 바로 공고문을 다시 붙였다. 그녀는 남은 공고문과 압정을 청소 도구함에 넣으며 웃으며 말했다.

"가지고 다니다 또 떼낸 곳이 있으면 바로 붙여야죠."

ㄱ대분회의 쟁의 찬반투표 결과는 찬성표가 압도적이었다. 한 표를 제외한 나머지가 모두 찬성표였다. 다른 분회들도 사정이 비슷해서, 서경지부 재적 조합원 1324명 중 1203명이 투표해 무려 1163표의 찬성을 얻었다. 재적 인원 대비 87.8%, 투표 참여인 대비 96.7%로 서경지부 17개 분회의 쟁의행위 찬반투표가 가결됐다. 이것으로 3차 조정을 앞두고 ㄱ대분회의 쟁의권을 확보하기 위한 모든 절차는 완료되었다.

3차 조정을 일주일 정도 앞둔 날이었다. 도서관에서 청소 체험을 할 때 알게 된 경비 아저씨를 우연히 만났는데 ㄱ대분회 임·단협에 관심을 보였다.

ㄱ대 경비노동자들은 민주노조가 조직될 무렵 청소노동자들과 함께 가입했지만 얼마 후 탈퇴하고, 어느 대학의 시설처 노동자들이 속해 있는 노조에 새로 가입신청서를 냈다. 경비 아저씨도 그때 노조를 옮겼다고 한다. 그런데 자신이 가입한 노조가 어떤 노조인지 잘 모르는 것 같았다.

경비 아저씨가 소속된 노조는 서경지부가 매년 올리는 임금을 기준선으로 놓고 회사와 교섭을 진행했다. 그래서 ㄱ대분회가 만들어진 2013년 이후로 줄곧 임금협상 시기만 되면 얼마나 올렸냐고 수연에게 물었다는데, 올해는 유독 심해 내용을 알 만한 민주노조 조합원과 마주치면 길을 막아 세웠다. 나 역시도 그중 한 사람이었다. 서경지부에서 요구하는 올해 임금 인상폭이 작년보다 다

유령들

섯 배 이상이니 관심이 큰 것은 당연한 일이었다.

"서경지부 임금이 얼마로 결정됐어?"

"임금 올리려면 아직 멀었어요. 학교에서 안 올려준다고 버티고 있거든요."

"음….."

"그래서 투쟁해야 될 것 같은데, 뭐 아직 조정이 끝난 건 아니지만요. 다음 주까지는 봐야 해요."

"그럼, 오늘 결정되는 거 아니야? 조정은 또 뭐람? 혹시 내가 잘 모른다고 지금 거짓말하는 거 아니지?"

아저씨가 노조 활동을 안 하는 건지, 그 노조가 조합원을 대상으로 한 이렇다 할 활동이 없는 건지는 모르겠지만 노조 이름도 잘 모르는 판에 임금 교섭 과정을 알 리는 없을 것 같았다. 경비 아저씨는 노조 총회 자리에서 임금이 그냥 뚝딱 결정되는 줄로 알고 묻는 말이었다.

"제가 그럴 리가 있나요. 총회에서 무슨 돈을 올려요. 분회장님이 돈 주는 게 아니잖아요. 업체가 주지. 아직 멀었어요. 아저씨, 그러지 말고 저희랑 같이 임금 올려달라고 직접 싸우는 게 어때요?"

같이 싸우자는 내 말에 경비 아저씨가 손사래를 쳤다.

"에이, 우린 어용이잖아. 어용이라서 있는 건데, 왜 싸우나? 근데 이럴 때는 그게 좀 답답하긴 해."

어용이란다. 그것이 자랑할 만한 일은 아닌데 너무 당당해서 당황스러웠다. 다들 서경지부 피 빨아먹을 생각만 하지, 자신들이 앞장서서 투쟁할 마음은 전혀 없어 보였다.

"투쟁할 마음은 좀 있으세요? 그러면 ㄱ대분회로 들어오셔도 되는데."

아저씨는 '투쟁'이란 말을 듣자마자 표정을 싹 바꾸었다.

"아휴 답답한 소리하네. 그게 될 것 같아? 나만 가입한다고 되지도 않아. 우리도 서경지부에 가입했을 때가 있었어. 여사님들이 막 노조 만들었을 때 말이야. 그때 내가 좀 아파서 병원에 입원해 있는 동안에 경비들이 다 넘어갔잖아. 회사에서 민노 탈퇴하면 돈 더 준다고 말이야. 퇴원하고 보니까 경비 중에는 나만 서경지부에 남아 있는 거야. 나 혼자 있으면 어쩔 거야. 나만 피 보지. 그래서 서경지부 탈퇴하고 지금 노조에 있는 거잖아. 근데 생각해보면 잘 나왔어. 지금 아무것도 안 해도 서경지부가 임금 올려놓으면 그거에 맞춰서 따라갈 수 있으니 얼마나 편해."

노조를 옮긴 ㄱ대 경비노동자는 겉으로야 편해 보이겠지만 실상은 단기적인 이익만을 쫓다가 서경지부보다 한참 질 떨어지는 단협을 적용받는 중이었다. 그나마 시급 정도만 서경지부와 맞추는 선이었다. 회사 입장에서는 그만큼은 줘야 경비 아저씨들의 노조 이동을 막을 수 있다고 판단한 듯했다. 임금이 적다면 서경지부로 넘어갈 게 불을 보듯 뻔한 일이니까.

ㄱ대 노동자들은 누구나 할 것 없이 돈에 굉장히 민감하게 반응

했다. 역시나 경비 아저씨들도 영리하게 '민주노조 가입'이라는 용역업체의 아킬레스건을 잘 이용하고 있었다. 어쨌든 서경지부의 임금 교섭이 다 끝나야 ㄱ대 경비 아저씨들도 그 선에 맞는 시급을 보장받을 수 있었다. 그래봤자 총액은 서경지부 소속 경비직 노동자들의 총임금에 한참 모자랐다. 서경지부는 매년 투쟁을 통해, 시급이 보장 안 되는 휴게 시간을 유지하는 선에서 임금을 늘려갔지만 경비 아저씨는 요즘 사회적 추세대로 휴게 시간도 함께 늘어났기 때문이었다.

드디어 마지막 3차 조정 회의 날이 되었다. 서경지부 전 분회가 투쟁을 하느냐, 합의를 보느냐의 갈림길 앞에 서 있었다. 3차 조정 회의에는 지난 두 차례의 조정과 비슷하게 노사 교섭위원 60명 정도가 참여했다. 회의에 앞서 언제나처럼 지노위의 공익위원이 노사 교섭위원들을 모아놓고 출석을 불렀다. 의자가 부족해서 서경지부 교섭위원들 중 다수는 맨바닥에 다닥다닥 붙어 앉았다.

출석 체크를 마치고 회의실에서 몇 마디 나누고는 다시 각자 대기실로 돌아갔다. 1차 조정 회의 때는 노사가 함께 앉아 있던 시간이 그래도 다른 때보다 좀 길었는데, 지노위의 세 조정위원들에게 노사가 각각 내세우는 교섭안의 당위성을 설명하느라고 늘어진 측면이 있었다. 그 이후로 조정회의실에서는 단지 출석 체크를 위해 처음에만 노사가 다 같이 모였다. 나머지 시간에는 흩어져서 '조정위원과 서경지부 지부장 간의 면담', '조정위원과 사용자 측 대표

간의 면담', '서경지부 지부장과 사용자 측 대표 간의 교섭' 등의 개별 접촉 방식으로 조정안을 만들기 위한 시도들이 이루어졌다.

세 명의 조정위원은 노사 양측과 따로 면담하기 위해 꽤 많은 시간을 할애했다. 서로의 의중을 떠보며 가장 이상적인 조정안을 만들려고 무던히 애를 썼다. 그 설득의 시간을 기다리는 일이 노조 입장에서는 꽤 힘들었다.

"얼른 좀 끝내지… 이번 임·단협은 노사 간 대립이 워낙 심해 조정안 만들기가 쉽지 않나 봐요. 상황이 꽤 어려워 보이는데 조정위원들은 조정안 만드는 데 되게 열심이네요."

"그들은 조정이 성사돼야 실적도 쌓이고, 보너스도 받을 수 있거든. 자, 얼른 먹고 또 우린 우리의 전략을 짜야지."

점심시간에 어린 활동가와 지부장이 나눈 대화였다.

서경지부 간부들과 활동가들은 대기실에서 전략을 짜느라고 쉴 새 없이 회의를 했다. 그들은 서경지부에 배정된 네 곳의 대기실 중 2번 방을 독점 사용했다. 그곳은 사측에 어떻게 대응해야 최적의 조정안을 만들어낼지 아이디어를 모으는 전략실 같은 방이었다.

나머지 세 곳의 대기실에서는 각 분회의 분회장들이 2번 대기실에서 아이디어가 나올 때까지 무한히 대기했다. 3번 대기실에서는 서경지부의 서울 서북권 대학 사업장(분회)의 교섭위원들이, 나머지 두 방에는 동북권 대학 사업장 교섭위원들이 무료한 시간을 보냈다. 서경지부 17개 분회의 교섭위원들이 전부 총출동했으니 배정

유령들

받은 네 개의 대기실은 꽉 찼다.

교섭위원들은 가끔씩 2번 대기실에 가서 전략회의에 참석하기도 했는데 서경지부 활동가를 따라 들어가 보았다. 대기실에 모인 사람들은 조정이 성사되지 않을 것 같다는 위기감이 컸고 표정도 꽤 심각했다.

"시급 1만 원도 포기하고 새로 내놓은 조정안도 결국 안 될 거 같아요."

"공익위원이 사측 대표 면담 자리에서 설득을 해봤는데, 작년 인상안의 두 배나 올린 시급을 줄 여력이 없다면서 한 번만 봐달라고 되레 죽는소리만 늘어놓은 것 같더라고요."

"죽는소리뿐인가요. 노조가 양보한다는 생각으로 조정 금액을 더 낮출 수 없는지 지부장한테 물어봐 달라고 사정까지 했다더라고요."

하지만 노조는 더 이상 내놓을 조정안이 없었다. 지부장이 직접 사측 대표와 만났지만 별 성과는 없었단다. 수차례 논의를 했지만 양측은 끝까지 팽팽히 맞섰다. 자정이 가까워졌는데도 별다른 이야기가 들려오지 않았다.

조정회의가 밤 열두 시를 넘어서자 세 위원은 노사가 주장하는 각각의 임금안 폭이 크다는 이유로 조정 중지를 선언했다. 예상했던 일이었지만, 그 말을 직접 들으니 괜히 허무했다. 작년에는 올해와 달리 노사가 조정안을 내면서 조정위원들이 그 중간값으로 조정 권고안을 결정했었다. 그것을 노사가 받아들여, 쟁의의 문턱에서 합의를 볼 수 있었다.

수연은 지부장에게서 조정 중지 소식을 듣자마자 분회의 전 조합원들에게 긴급문자를 보냈다. 조정이 결렬될 것 같다는 생각에 미리 써놓은 문자였다.

조정이 최종 결렬되었습니다. 내일부터 근무시간에는 꼭 투쟁 조끼를 착용하시기 바랍니다. 본관 농성은 아직 미정입니다. 결정되면 추후에 알려 드리겠습니다. 투쟁!!!

수연과 나는 막차가 끊긴 상황이라 택시를 잡았다.

"어째, 조정 때만 되면 택시 타는 일이 비일비재야. 작년에는 새벽 두 시가 넘어서 끝난 적도 있었어. 그때에 비하면 오늘은 준수한 퇴근이네."

수연은 택시 뒷자리에 앉자마자 눈을 감고 등받이에 몸을 기댔다. 무릎을 쓸며 한참 침묵하던 수연은 긴 한숨을 내쉬었다.

"이 짓도 더는 못 하겠다."

수연이 감았던 눈을 살포시 뜨고 창밖을 보았다.

"저 달을 보니 내가 처음 분회장 됐을 때가 생각나네. 그때는 정말 이 악물고 조정 회의에 따라 다녔는데…."

"그때는 분회장님이 무릎 수술하고 난 다음이었잖아요? 흠, 흠."

목소리가 갈라져 나왔다. 헛기침을 하며 목을 가다듬는데 허탈감 탓인지 장시간 긴장에 힘이 빠진 탓인지 기침 소리가 맥없이 흘렀다.

"힘들었나 보네."

내 어깨를 토닥이는 수연의 손에도 힘이 없었다.

"그치. 집에서 쉬어야 했는데 반깁스 하고 돌아다녔어, 목발 짚고서 말이야. 의사가 조심하라고 했는데 막 써가지고 지금 내 다리가 이 모양이야. 그때는 또 지노위가 강남에 있었어. 역삼이었나? 거기까지 가기는 또 얼마나 불편한지, 지하철이든 버스든 여러 번 갈아타야 했어. 진짜 뭣도 모르고 따라다녔네. 목발을 짚고 걷느라 걸음이 느린데 같이 다니는 분회장들은 이미 다 저 멀리 가버리는 거야. 한번은 지부에서 회의하고 지노위 가는 길이었는데 말이지, 나는 신경도 안 쓰더라고. 진짜 그날은 얼마나 서러웠는지 몰라. 나 혼자 남는 기분이란…. 그래도 어떡하겠어. 반깁스에 목발 짚고 부랴부랴 쫓아가야지. 그때는 교섭이든, 조정이든, 울면서 다녔어."

수연의 분회장 초창기 시절은 언제 들어도 항상 짠했다. 수연을 따라 본 밤하늘은 별 하나 없이 아주 깜깜했다.

여름 한 달

쟁의행위는 그 목적·방법 및 절차에 있어서
법령 기타 사회질서에 위반되어서는 아니된다.

──────── 노동조합 및 노동관계조정법 제37조 1항

투쟁 1일째였다. 지영이 빨간색 바탕의 몸자보를 입고 일한 지
도 벌써 20일이 지났다. 집단교섭 결렬로 지노위의 조정 절차가 시
작되면서부터 착용했으니, 이제는 몸자보가 마치 작업복처럼 느껴
질 정도였다. 교섭에 나선 서경지부의 다른 분회 조합원들도 마찬
가지 상황이었다. 그러나 일부는 귀찮다고, 불편하다고, 부끄럽다
고 투쟁의 상징인 몸자보 입는 일을 계속 빼먹었다.

조합원들이 농성을 하기 위해 하나둘 본관으로 몰려오니, 점심
먹고 들어오던 총무처장이 깜짝 놀라며 수연에게 다가왔다.

"좀 더 차분히 기다려주세요. 어련히 다 해줄까 봐서…."

수연이 답했다.

"어련히 해준다고요? 우린 7개월 넘게 기다렸어요, 처장님. 여섯 달 동안 임금교섭을 했고 한 달 동안 조정 과정도 거쳤잖아요."

"아 그래도…."

"처장님, 우리가 그때까지 몇 번을 봤죠? 서너 번은 본 것 같은데?"

"그쵸."

"근데 왜 모르는 척하세요? 다 아시잖아요."

"모르죠. 업체와의 문제지 우리랑은 상관없잖아요."

"ㄱ건설이 주는 임금, 최종적으로 누가 지급하죠?"

"저희가요."

"그러니까 ㄱ건설한테 교섭이 어떻게 돌아갔는지 여태 다 보고받으셨을 거 아니에요. 학교끼리도 정보 공유하는 거 다 알고 있어요. 그런데도 우리보고 더 기다려달라?"

싫은 표정을 거침없이 드러내던 총무처장은 수연의 말이 끝나기도 전에 싸늘하게 획 돌아서버렸다. 막무가내로 본관 로비까지 밀고 들어와서 농성을 하려는 민주노조 조합원들을 보자 단단히 화가 난 모양이었다.

조합원들은 총무처장이 있든 없든 신경 쓰지 않고 본관에서 30분간 집회를 했다. 시끌벅적한 집회가 끝난 뒤에는 수연을 선두로 곧장 총장실로 올라갔다. 본관 로비 농성을 해도 미동조차 않던 총무처장과 팀장 그리고 신 선생을 포함한 관리처 직원들이, 민주노조 조합원들이 총장실로 몰려가니까 그제야 부랴부랴 그들의 진입을 막기 위해 달려왔다.

조합원들 사이를 뚫고 총장실 앞에 다다른 총무처장은 팔짱을 낀 채로 미간을 잔뜩 찡그리더니, 총장이 외부 일정 때문에 자리를 비웠다고 짜증 섞인 목소리로 말했다. 그 자리에 있는 모두가 총장이 안에 있는 사실을 뻔히 아는데 어쩜 얼굴색 하나 안 바꾸고 거짓말을 하는지, 그들은 총장실에 총장이 없으면 절대 올라오지 않는 인물들이었다.

총무팀장은 수연을 레이저 쏘듯 내려다보더니, 수연이 마치 무슨 파렴치한 죄라도 저지른 양 꺼지라는 듯 손을 내저으며 이제 그만 소란스럽게 하고 어서 밑으로 내려가라고 고래고래 소리를 질렀다. 어린애 나무라듯 다짜고짜 훈계를 늘어놓는 총무팀장의 기세에 눌려 수연은 한마디도 제대로 못 했다. 옆에서 고개를 숙인 채 팀장의 말을 듣기만 하던 처장은 수연을 괜히 다독이는 척하면서 자신들과 이야기하면 되지 왜 총장실까지 왔느냐고 조곤조곤 달랬다. 하지만 그의 살짝 올라간 입술 끝에는 어딜 감히 청소노동자 따위가 총장을 독대하려 드느냐는 비웃음이 묻어났다.

수연을 대놓고 무시하는 그들을 더 이상 보기 힘들었던 내가 총무처장 앞으로 다가갔다.

"우리가 오고 싶어서 여기 왔겠어요? 여태 말이 안 통하니까, 올라온 거잖아요. 처장님이 그랬죠? 해줄 테니까, 기다리라고. 그래서 해준 게 뭐예요? 그래놓고 처장님이랑 얘기하자고요?"

처장은 더 이상 자신의 말이 통하지 않자 한숨만 쉬며 허공을 바라보았다. 나와 수연이 교직원들과 실랑이를 벌이고 있는데 뒤늦게 얍삽이 소장이 뒷짐 지고 나타나서는 소리부터 꽥꽥 질렀다.

"당신들, 여기서 뭐 하는 짓들이야. 지금 이거 불법파업이야. 알고 있어? 당신들, 불법으로 파업하면 무노동 무임금인 거 알지? 그러니까, 얼른 해산해. 안 하면 지금부터 임금 다 깔 테니까. 어련히 학교에서 다 해줄 텐데 무슨 무례야?"

얍삽이 소장은 스마트폰을 만지작거리면서 복도 양 끝에 나란히 서 있었던 조합원들 사이로 지나갔다. 아마 불난 집 구경 온 사람처럼 민주노조원들 뒤에 서 있던 신 선생이 부른 모양이었다. 손 안 대고 코 풀 수 있는 너무나도 쉬운 방법이었다. 얍삽이 소장이 오자 신 선생은 어느새 사라져버렸다.

얍삽이 소장의 목소리는 허스키한 편인데 꽤 위협적으로 들렸다. 목소리가 작기라도 하면 그나마 덜하겠지만 얼마나 우렁찬지 귀청이 따가울 지경이었다. 지금처럼 '불법파업' 운운하면 나이 든 조합원들에게 상당한 효과가 있었다. 그런데 직접 나타나서 당장 해산하라고 노발대발하니 고령의 조합원들은 집회에 더더욱 소극적일 수밖에 없었다. 몇몇은 이미 소장의 불호령에 주눅이 들어 고개를 푹 숙인 채 소장의 시선을 피했다. 대다수의 조합원이 투쟁 현장에서 소장과 만나는 일을 껄끄럽게 생각했다. 교직원이 보이자 이미 홍해 갈라지듯 물러서 벽에 붙어서는 혹시 잘못되는 거 아닌 가 싶어 어쩔 줄 몰라 하는 모습이었다. 그들이 원했고 예상했던 모습이었다.

노조를 만든 지 4년 차였지만 소장의 '불법'이란 말 한마디에 조합원들은 기가 눌렀다. 한 조합원은 일찍이 총무처 사람들이 몰려왔을 때부터 숨기 위해 준비 중이었다. 자신은 관여하지 않은 척 슬며시 여자 화장실로 숨어 들어가는 뒷모습을 본 뒤였다. 그 조합원은 소장의 목소리가 쩌렁쩌렁 울리자 화장실을 나와 조심조심 아래층으로 향하는 휠체어 경사로를 내려갔다.

소장은 교직원이 있든 말든 자기가 '해야 하는 일'만 성실히 수행했다. 총장실 앞을 '점령'한 자신의 직원들을 얼른 '진압'해야만 했다. 그게 교직원들, 특히나 신 선생이 바라는 바람직한 소장의 모습일 것이다. 그는 조합원들에게 온갖 센 척을 다 하며 당장 해산하지 않으면 지금부터 임금을 까겠다고 했다. 곧이어 얍삽이 소장은 총장실 문 앞에서부터 조합원들 한 명 한 명을 동영상으로 찍기 시작했다. 소장이 불법파업 운운할 때부터 심기가 불편했던 한 조합원은 울분을 터뜨리며 소리를 질렀다.

"불법이라니! 우리는 정당하게 총장과 면담을 요구하는 거예요!"

간부들이 소장에게 달려들며 한마디씩 항의했다. 노조 간부들이 따지는 와중에도 다른 조합원들은 바닥만 바라보며 서 있을 뿐이었다.

간부들의 거센 항의가 이어지자 소장은 슬그머니 뒤로 빠졌다. 나는 소장이 이쯤에서 빠질 위인이 아니라는 생각에 계속 그를 살폈다. 역시나 조합원들의 뒤로 물러난 소장은 핸드폰을 꺼내들고 다시 동영상을 촬영하기 시작했다.

"뭐야! 왜 사진을 찍어!"

나는 소장에게 달려갔다. 소리를 들은 수연도 쫓아왔다.

"우리 사진을 왜 찍어? 우리도 초상권이란 게 있어. 소장님 맘대로 찍지 마라고요. 가요, 얼른."

나와 수연이 얼굴이 빨게지도록 수차례 항의해도 소장은 총장실 주변을 어슬렁어슬렁 돌아다니면서 계속 조합원들을 감시했다. 잠시 후 지영이 달려와 합세해 항의하자 그제야 소장이 조금씩 뒷걸음질하기 시작했다. 조합원들의 얼굴이 보이지 않는 곳까지 소장을 밀어내고 나서 수연이 악을 질렀다.

"우리가 무슨 불법을 저질렀어. 우리는 파업한 적 없어. 청소까지 깔끔하게 마치고 정당하게 쟁의행위 하는 거란 말이야. 야! 니가 노동법을 얼마나 안다고 난리야. 불법? 여기가 우리 일터야. 우리 일터에서 우리가 쟁의행위 하겠다는데, 못 하게 막는 게 말이 되냐고."

수연의 말에 움찔한 소장은 그 자리를 물러났다. 하지만 떠난 척했을 뿐이었다. 뒤에서 또 몰래 동영상을 찍었다.

소장과 한바탕한 수연은 총장실 쪽으로 다시 돌아왔다. 총장실 출입문에는 흰 비닐봉지가 걸려 있었다. 비닐봉지 안에는 200ml짜리 정사각형 우유팩이 네 개가량 들어 있었는데, 총장실에 아무도 없다는 사실을 보여주려는 제스처 아닌가. 그 의도가 너무 뻔히 보여서 그만 헛웃음을 터트리고 말았다. 없는 척하기 위한 총장의 간절한 속임수였다.

수연은 '방에 있으면서도 없는 척하는 총장'을 향해 소리쳤다.

"총장님, 안에 있는 거 다 압니다. 우리랑 만나기 싫어서 숨어 계신 거 부끄럽지 않으세요? 어쩜, 정직을 그렇게 중요시하는 우리 총장님은 저희를 피해 다니려고만 하시는지 모르겠네요. 임금 문제는요, 결국 원청이 결정해야 해결됩니다. 지금 7개월 동안 무얼 했습니까? 용역업체는 아무것도 못 합니다. 바지예요, 바지. 이제는 학교가 답해야 합니다. 우리가 엄청 커다란 걸 바라는 게 아니에요. 임금 조금 올려달라는 겁니다. 우리가 몇 백, 몇 천만 원을 올려달라는 게 아니지 않습니까? 시급 830원이에요. 총장님, 결단을 내려주세요. 피하는 것만이 능사가 아닙니다. 그것이 정직이 아니란 말입니다. 우리는 우리의 요구안이 쟁취되기 전까지는 절대로 못 물러납니다. 끝까지 싸울 거예요. 그래요. 끝까지 피해보세요. 저희가 끝까지 총장님 찾아다닐 테니까요. 진짜 부끄러운 줄 아세요, 총장님."

민주노조 조합원들이 본관 로비에서 농성한 지 5일째 되는 날이

유령들

었다. 투쟁을 시작한 지 닷새가 되도록 학교는 무반응이었다. 하루도 빠짐없이 앰프를 틀고 떠들어도 담당자인 총무처장과 팀장은 역시나 밖으로 나와 보지 않았다. 어쩔 수 없이 농성장을 지나갈 때면 경멸의 눈빛으로 민주노조원들을 쳐다봤다. 노조 입장에서는 더이상 참고 기다릴 수만은 없었다. 다시 총장을 직접 보러 갔다. 오늘도 투쟁 첫날처럼 총장이 있는 듯 보였다.

나는 짙은 갈색으로 코팅된 원목 소재의 총장실 나무문 앞에 섰다. 곧장 비닐봉지가 걸린 문고리를 슬쩍 당겼는데, 역시나 예상대로 굳게 잠겨 있었다.

"총장님 우리랑 이야기 좀 해요."

문을 쾅쾅 두드려도 보았지만 어떤 인기척도 없었다. 당연한 일이었다. 없는 척 쇼까지 하고 있는데 문을 열고 나올 수는 없는 일일 것이다.

'정직'을 입에 달고 다니던 총장이 청소노동자 만나는 일에는 참 '정직하지 못하게' 인색했다. 아예 만나지 않으려고 작정을 했는지 조합원들이 찾아갈라치면, 요리조리 피해 다녔다. 한번은 총장 얼굴 한번 보기 위해 일부러 정오에 나와서 한 시간 동안 확성기를 틀고 한 번만 만나달라고 소리치며 선전전까지 했었다. 경비반장을 간신히 구슬려 총장이 출근했다는 첩보까지 듣고 계획한 일인데 끝내 총장의 트레이드마크인 허연 단발머리 한 올 보질 못했다. 한 시간 동안 땡볕에 익은 살이 다음 날까지도 따끔거렸다. 우연히 우리를 봤다는 후배가 들려준 말로는, 전날 노조가 해산한 직후 총장은 비서인지 모를 정장 차림의 사람과 함께 관용차를 타고 학교를 빠져나갔다는 것이다. 총장 한번 만나기 힘들구나, 한숨이 나왔다. 그때도 왜 총장은 수단과 방법을 가리지 않고 피하려고만 드는지 이해할 수 없었다. 총장은 이번에도 마찬가지로 피하기만 했다.

수연이 얼굴 볼 때까지 절대 돌아가지 않겠다는 의미로 복도 바닥에 털썩 주저앉았다. 다른 조합원들도 그녀를 따라서 좌판을 깔고 점거 준비를 시작했다.

조합원들은 투쟁가를 부르기도 하고, 한 사람씩 돌아가며 총장에게 항의도 하면서 계속 농성을 이어갔다. 더 이상은 버틸 수 없다고 생각했는지, 처장이 우선 우리끼리 이야기하는 게 어떻겠냐고 수연을 잡아끌었다. 수연은 간부들과 잠시 이야기를 나누고 처장의 제안을 받아들였다. 처장은 제안을 하면서도 똥 씹은 표정이었다. 수연과 ㄱ대분회 담당 활동가는 총장실 점거를 잠시 접어두고 처장과 함께 처장실로 향했다. 다른 간부들도 가지고 있던 손 피켓을 나에게 맡기고는 수연의 뒤를 따랐다. 나는 남은 조합원들과 로비에서 함께 수연이 나오기만을 기다렸다.

얼마 후 본관 구석에서 숨죽이며 대기하던 'ㄱ건설및용역'의 김 부장도 뒤늦게 처장실로 터덜터덜 힘없이 들어갔다. 박 사장이 자기 말을 잘 듣지 않는 얍삽이 소장을 내쫓고 그 후임으로 내정하기 위해 그를 뽑았다고 한다. 하지만 얍삽이 소장을 해고시키지 못해

유령들

서 결국에는 공석이었던 부장 자리에 대신 앉힌 것이었다. 아직 정식으로 채용된 건 아니어서 하루 나올 때마다 일당을 준다고 했다.

김 부장이 들어가고 조금 지나서 신 선생이 헐레벌떡 처장실로 들어갔다. 한 조합원이 그 모습을 보고 혼잣말처럼 욕을 내뱉었다. 그녀는 신 선생의 하는 짓이 싸가지 없다고 평소부터 굉장히 싫어했다. 아마도 민주노조 조합원 중에서 그녀가 신 선생과 가장 많이 사사건건 부딪쳤을 것이다. 그중에서도 공대 건물의 자판기 문제로 얼굴을 자주 붉혔다. 이제는 저 멀리서 신 선생의 얼굴만 봐도 그녀의 입에서는 조건반사적으로 욕이 흘러나오는 것 같았다.

"저 새끼, 저거 평직원 주제에 처장실에는 왜 들어가? 지가 뭐라고."

내가 앰프를 틀려고 하자 회의에 방해가 될 수 있다면서 노조원들이 만류했다. 우리는 3자가 그나마 처음으로 모여서 대화를 한다고 앰프도 틀지 않은 채 조용히 있었다. 음악 없는 농성장은 지루할 정도로 조용했다.

수연과 활동가가 처장실에 들어간 지 정확히 32분 24초 만에 나왔다. 수연의 힘없는 웃음에서 30여 분간의 대화 상황을 짐작할 수 있었다. 아, 별 소식 없구나.

활동가가 잠시 뜸을 들이더니, 회의 결과를 조합원들에게 알렸다. 총무처장이 약속하길, 우리가 양보해서 내놓은 시급 830원 인상안에 대해 다음 주까지 받아들일지 말지 답을 주겠다고 했다는 내용이었다. 30분간의 대화치고는 영 알맹이가 없었다. 말인즉슨 벌써 5일이 지났는데도 또 일주일간 고민만 해보고 합의를 해주지 않을 수도 있다는 소리였다. 여태 무얼 했길래 지금부터 논의하겠다는 건지 답답했다. 교섭할 때도 두세 번 찾아가서 노조 측 안에 대해 다 말했는데, 7개월간 조합원들은 그럼 누구와 이야기를 한 걸까. 모르쇠도 정도껏이다. 이미 각 학교 총무처끼리 연락을 주고받으며 노조 관련 사항은 모조리 공유하면서 웬 발뺌인지. 교섭 결렬 후 학교와 첫 대화였다지만 실망스런 결과였다.

내 생각과는 다르게 조합원들은 그래도 우선 기다려보자는 의견이 대다수였다. 학교가 양보 안을 받아줄 거라 희망을 갖는 듯했다. 하지만 내 경험상 고의적으로 시간을 끌기 위한 작전에 불과했다. 일주일 후의 답이 나는 벌써부터 그려졌다. 처장은 사측이 제시한 기존의 시급 100원 인상안에 200원 정도 더 얹어서 자신들의 최대치라며 단호히 선을 긋겠지. 우리는 그게 무슨 소리냐며 고래고래 소리를 지르겠지. 다른 곳은 이미 830원 인상안에 도장 찍었는데 왜 ㄱ대는 안 되느냐고 말이지. 처장은 우리의 반발에 난감한 얼굴을 지으며 자기 혼자 결정할 일이 아니라고 시간을 좀 더 달라, 한 발짝 무르겠지. 분명, 다음 주 만남 때 이 시나리오대로 상황이 흘러갈 것이다.

일부 조합원들은 처장이 기다려보라 했다고 점거 농성 안 해도 되겠다는 생각이 들었는지 일이 다 된 것처럼 해맑게 웃었다. 그들

유령들

이 느끼는 투쟁에 대한 부담감이 전해졌다.

"그럼, 내일부터 로비에서 농성 안 하는 거지?"

한 조합원은 수연에게 당차게 묻기까지 했다.

"시급 830원 인상안 합의해주겠다 하면 그때 접어야지, 언니. 지금은 학교가 우리 요구를 받아줄지 말지도 모르는 상황이야. 그런데 우리가 마냥 손 놓고 있으면 저것들이 기 살아서 안 해줄 거라고. 언니들, 박수치면서 좋아할 때가 아니야."

질문을 한 조합원의 표정에는 수연의 답에 실망한 기색이 역력히 드러났다. 말은 안 했지만 그 조합원처럼 생각하고 있던 다른 조합원들이 한마디씩 던졌다.

"왜? 기다리라는데 그냥 기다리면 되잖아?"

"그래, 기다리란 말까지 했는데 잘해주겠지."

농성장이 잠시 혼잡해졌다. 수연이 민주노조원들을 향해 이야기했다.

"여러분, 잠깐만요. 주목해주세요. 우리 아직 농성 끝난 거 아닙니다. 다음 주에는 꼭 받아낼 수 있도록 가열차게 투쟁 계속 이어나가야 해요. 알겠죠? 그럼, 오늘 집회는 여기서 이만 끝낼게요."

3자가 처음으로 모여 이야기를 나눈 지 닷새가 지난 투쟁 10일째였다. 총무처장이 약속한 일주일 중 이틀이 남았다. 물론 학교는 예상대로 지금까지 아무 이야기도 없었다.

나는 민주노조 조합원들과 함께 '플랑'을 만드는 작업을 했다. 수연은 투쟁 현수막을 항상 '플랑'이라 불렀다. 가뜩이나 강한 어감의 투쟁 단어가 만연한 곳에서 '플랑'이란 단어를 들으면 왠지 기분이 밝아졌다. 발음에서 풍기는 뉘앙스가 귀여워서 그런 것 같았다.

단어의 예쁜 어감과 달리 플랑 설치 작업은 만만치 않았다. 먼저 플랑 만드는 자체가 일이었다. 검은 천에 시너를 적절히 섞은 하얀 페인트로 글자를 쓰는데, 처음이어서 그런지 내 마음속에 있던 모양과는 차이가 있었다. 처음 몇 글자는 참 예뻤다. 하지만 글자 수가 늘어날수록 점점 삐뚤빼뚤해졌다.

"아이고, 글씨들이 기분이 좋은가 봐. 아주 막 신나서 춤을 춰."

옆에서 보던 수연이 농인지 흉인지 모를 말을 하며 웃었다. 전에 수연이 쓴 현수막이 못 생겼다고 웃으면서 놀렸는데, 처지가 딱 그 때와 정반대였다.

그래도 완성하고 보니, '용역 뒤에 숨지 말고' 부분이 희미했다. 멀리서 보면 뭐라 적었는지 안 보일 것 같았다. 지영이 흐릿한 부분을 다시 덧칠하자 이전보다는 나았다. 완성한 검정 플랑을 들어 올리니 밑에 받쳐둔 신문지와 종이 박스에도 '용역 뒤에 숨지 말고 원청이 우리 문제 해결하라!'가 선명하게 적혀 있었다. 천에 바른 페인트가 고스란히 스며든 것이었다. 작업을 하기 전 수연은 아스 팔트에 페인트가 배일 것을 대비해 미리 준비를 했다. 관리처 직원 들이 바닥에 말라붙은 페인트를 발견한다면 그것을 빌미삼아 민주 노조원들의 노조 활동에 제약을 걸 수도 있다는 생각 때문이었다.

유령들

왜 학교에 해를 끼치면서 노조 활동을 하느냐고 말이다. 현수막 작업 중간에도 소장이 찾아와서 왜 근무시간에 딴짓하느냐고 한마디하고 갔다. 아마도 교직원 중 누군가가 보고 연락을 했을 듯싶다. 상황이 이렇다 보니 민주노조 간부들은 매사 노조 활동에 문제될 만한 빌미를 만들지 않기 위해 살피고 또 살폈다.

천에 쓴 페인트를 햇볕에 말리는 동안, 지영은 그 자리에서 또다른 플랑들을 만들었다. 제작한 플랑은 대학 본부 주변에 걸어놓기로 했다. 총장이 청소노동자들의 목소리를 외면하지 말고 좀 들어주십사, 일부러 몰아서 설치하기로 한 것이었다.

마지막 남은 플랑을 노천극장 출입구 쪽에 설치할 때는 내가 'A'자형 접이식 사다리에 올라갔다. 바닥이 약간 기울어져서 조합원들이 사다리를 잡아주었다. 현수막을 고정할 줄을 나뭇가지 위쪽에 동여맸다. 풀리지 않게 단단히 하려고 여러 번 반복해서 묶었다. 누가 고의로 줄을 자르지 않는 한 플랑이 떨어질 일은 결단코 없어 보였다. 반대편에서 플랑을 팽팽히 하려고 줄을 당기자 '우리는 빵과 장미를 위하여 기필코 쟁취하리라!'라고 적힌 플랑이 맞바람에 가볍게 통 튕기듯 펄럭였다.

나는 다 됐습니다,라고 말한 뒤 사다리에서 조심히 내려왔다. 수연은 나한테 수고했다며 어깨를 두드려주었다. 뒷짐 지고 플랑을 지긋이 바라보던 수연이 혼잣말했다.

"어쩜 저리 청소부다울까? 야, 진짜 내가 봐도 꼴 뵈기 싫다. 다른 데서는 다 남자들이 알아서 플랑 만들고 설치한다는데, 우리는 여자들이 다 하니…. 우리는 남자들이 있어도 소장 눈치나 보느라고 안 나오잖아. 플랑 설치라도 좀 해주지… 겁만 많아서. 어쨌든 여자들이 만들어서 그런지 모르겠다만 우리만큼 못 생겼네. 다른 분회 플랑 사진 보면 다 예쁘던데. 저거 봐, 제대로 안 말려서 빨간색 페인트가 피눈물처럼 뚝뚝 떨어지려 하잖아."

채 마르지 않은 빨간 페인트가 주르륵 흘러 바닥으로 떨어질 기세였다.

"근데 이게 더 나아. 못 생기게 만들어야 학교가 저거 회수하려고 빨리 우리 문제 들어주지. 그치 않아?"

나는 고개를 끄덕였다. 어떤 이유건 빨리 해결되기를 바라는 수연의 마음을 느낄 수 있었다.

투쟁 14일째였다. ㄱ대분회가 발칵 뒤집혔다. 새벽에 소장이 각 관을 돌면서 조합원들에게 일일이 나눠준 임금명세서가 발단이었다. 민주노조 조합원들의 임금명세서에만 임금이 4~5만 원 정도가 덜 나왔다. 오늘이 농성 14일째이니, 하루 한 시간 정도씩 '무노동 무임금' 원칙을 적용한 것이었다.

수연이 무노동 무임금 때문에 조합원들에게 새벽 청소는 꼭 하라 시켰는데, 그 노력마저 무산되었다. 소장이 수첩에 민주노조 조합원들의 농성 참여 시간을 꼼꼼하게 기록한 듯했다. 학교 사람들도 보고 있으니 그냥 적는 척하는 거라는 말은 결국 거짓이었다. ㅈ

노조 사람들은 당연히 단 한 번도 농성한 적 없으니, 임금을 온전히 다 받아갔다. 어이없는 것은 무노동 무임금 문제를 항의한 것이 ㅈ노조 지부장이었다는 점이다. 민노는 청소도 안 하고 농성만 하는데 왜 돈을 다 주느냐고 소장에게 한바탕했다는 소문이 이미 교내에 쫙 퍼진 상태였다.

무노동 무임금 원칙을 적용한 이유는 간단했다. 단돈 100원만 깎여도 벌벌 떠는 조합원들을 노린 것이었다. 투쟁 안 하고 임금을 온전히 받은 ㅈ노조로 넘어가게 만들려는 노림수였다. 여태 소장은 '무노동 무임금'을 외쳐왔지만 말뿐이었는데 이번에는 직접 실행에 옮긴 것이었다. 효과는 '직방'이었다. 임금명세서를 받자마자 조합원들은 왜 자신의 임금이 깎였냐고 회사 사무실에 전화부터 걸었다. 한 조합원은 30분 전부터 전화를 걸었는데 계속 통화중이라며 조마조마해했다. 몰래 소장에게 전화를 해서 자신은 농성장 근처도 안 갔는데 왜 임금을 깎았냐고 노발대발했다는 조합원 이야기도 들었다. 수연의 말로는 각 관에 한 명씩은 회사 사무실에 항의 전화를 한 것 같다고 했다. 그때 전화를 받은 소장은 은근슬쩍 민주노조와 ㅈ노조를 비교하는 말을 흘렸을 테고 상황을 유도하는 일이야말로 ㄱ건설의 목적이었을 것이다. 그러나 다행히 ㅈ노조로 넘어가겠다는 말은 아무도 하지 않았다.

수연은 박 사장에게 가서 청소를 다 하고 투쟁을 했는데 왜 임금을 깎았느냐고 항의했고, 박 사장은 얼른 농성을 접으라는 말 한마디만 전한 채 차감했던 나머지 분을 즉시 민주노조 조합원들의 통장에 입금시켰다. 무노동 무임금 원칙을 적용했으면 끝까지 갔어야 했지만, 웬일인지 하루 만에 철회한 것이었다. 수연도 그 이유에 대해서 알 수 없다고 했다. 박 사장이 끝까지 함구했기 때문이다.

투쟁을 시작한 지 18일째 되는 날이었다. 웬일인지 총무팀장이 로비로 나와서는 활동가 옆에 서 있던 수연을 노려보더니, 한마디 했다. 꽤 이성적인 척했지만 목소리는 격앙돼 있었다.

"언제까지 하실 거예요? 이러시면 안 되죠. 시끄러워서 일을 못 하잖아요. 저희가 검토할 테니까 얼른 돌아가세요."

"우리가 얼마나 절박하면 이러겠어요. 학교가 직접 나서서 해결해주시면 되잖아요. 지난번 약속도 안 지키셨잖아요."

"대화로 합시다."

"대화? 그놈의 대화 되게 좋아하시네요. 얼마나 더 기다리라는 거예요? 우리 이번 달에 농성한 것까지 합치면 8개월을 기다렸어요. 근데 뭘 해줬어요?"

"조금만 기다려보세요. 각자 자리에 가 계시면 조만간 해결됩니다. 우리도 절차라는 게 있어요. 그 절차에 따라야죠. 절차 모르세요?"

조금만 더 기다려달라던 총무처장이나 팀장은 자신들이 한 약속을 갑자기 손바닥 뒤집듯 번복했다. 투쟁 동력을 무력화시키려는 속셈이었을까. 이미 일주일 전부터 그동안의 논의 자체를 부정하

는 듯 이야기하며 민주노조원들의 수개월간 노력을 물거품으로 만
드는 일이 잦았다. 수연은 그때마다 총무처에 가서 교직원들과 실
랑이를 벌여야 했다.

총무팀장이 코웃음을 쳤다.

"해주고 싶다가도 이렇게 시끄럽게 떠드는 것 보면 마음이 싹 가
십니다. 그리고 저희는 아줌마들이랑 관련이 없어요. 잘 모르겠지
만 업체랑 잘 대화해보세요."

'아줌마'라는 소리에 수연이 격분했다.

"아줌마? 내가 아줌마예요, 지금? 노조 대표로 온 거예요. 내가
아줌마면, 당신은 아저씨야? 왜 말을 그 따위로 해요?"

"아니…."

팀장은 수연에게 아줌마라고 한 것에 대해 끝까지 죄송하다는
말을 하지 않았다. 팀장의 언행에는 은연중 노조를 인정하지 않는
모습이 있었다. 지난번에는 자신들 임금도 요 몇 년 계속 동결됐으
니 봐달라고 하소연까지 했다. 수연은 그 당치도 않은 비교에 화가
나서 따졌었다.

"아니, 팀장님. 우리랑 똑같은 임금 받으면서 일하실 수 있으세
요? 우린 아직도 작년 임금 6950원 받아요. 2017년 임금안 도장 못
찍어서. 우리도 팀장님처럼 월 300 이상에 호봉제면, 힘들게 농성
안 해요. 우리는 뭐 하고 싶어서 하는 줄 아세요. 팀장님처럼 배때
기 따뜻한 사람들은 모르겠지만, 우리는 절박해요. 앞으로는 교직

원 임금에 저희 임금 갖다 붙이지 마세요. 한 번만 더 하면 그때는 상 뒤엎습니다. 처장님도 가만히 지켜만 보지 마시고, 밑에 사람이 실언하면 호되게 꾸짖으세요. 이게 뭐예요?"

수연은 '아줌마'라고 불렸던 때의 감정까지 더해져 화가 잔뜩 났다. 지난 4년간, 일하는 사람으로서 정당한 권리를 위해 노조 활동에 모든 것을 쏟았건만 교직원 눈에는 아직도 냄새나는 청소아줌마로 보이는 것 같았다. 그러니 임금 협상 문제에 나서달라는데도 총장 얼굴 한번 보기 어려운 것은 당연한 일이었다. 울분이 솟구쳤지만 당장 할 수 있는 일은 본관 로비 농성뿐이었다. 옆에서 듣고 있던 지영의 우렁찬 목소리가 퍼졌다.

"팀장님! 팀장님이 보시기엔 우리가 잔돈푼 때문에 싸우는 것 같지요? 하지만 우리가 받는 푼돈은 우리에게 푼돈이 아닙니다. 냄새난다고 엘리베이터도 타지 마라고 멸시당하는 더러운 일을 우리는 왜 푼돈 받으면서 할까요? 우리에겐 그 돈이 절박하기 때문입니다. 저부터 이 돈 없으면 못 살아요. 여러분들도 그렇죠?"

조합원들의 함성 소리가 터져 나왔다. 지영은 목을 큼큼거리며 가다듬더니, 마이크를 꽉 잡았다.

"그렇습니다, 팀장님. 그렇기 때문에 우리는 더 이상 못 기다려요. 맨날 기다려달라 그러시는데, 우리가 지금 여덟 달을 기다렸어요. 그동안 뭐 하시고, 이제야 발등에 불 떨어진 것처럼 행동하시나요. 사실 급하시지 않지요? 우리가 자꾸 시끄럽게 하니까 위에서 뭐라 해서 하는 척하시는 거죠? 다 알아요. 다른 학교와 정보 공유하시는 거. 거기에 맞춰서 임금안 제시하시는 거. 근데요. 요즘 보니까, IT를 선도하는 대학이라고 막 홍보하던데…."

감정이 치솟는지 지영의 목소리가 가늘게 떨렸다. 마른침을 꿀꺽 삼킨 지영은 다시 말을 이었다.

"저는요. 우리 ㄱ대가 사회적 약자의 임금 문제에 선도적으로 행동하는 대학이 됐으면 좋겠어요. 남의 대학 뒤꽁무니나 따르는 대학이 아니고요. 부끄럽지 않습니까? 대학이 서로 담합해서 임금 조율하고. 우리 청소노동자들 조롱하는 짓 이제 그만두세요. 계속 용역업체에 떠넘기는데, 돈 주는 건 학교잖아요. 용역업체 핑계 그만 대시고, 총장님이 자주 하시는 말씀대로 정직해지세요. 정직이 정답이라면서요. 우리 ㄱ대 좀 정직합시다."

삼복더위가 가까워지는 날씨에 조합원들은 선풍기도 없이 부채로 하루하루 농성을 버텼다. ㄱ대 본관은 건물이 오래돼서 사무실 밖 복도에는 시스템 냉난방기가 없었다. 조합원들은 줄곧 찜통 같은 총무처 앞 복도 바닥에 앉아 있어야 했다.

매일 기다려달라며 시간만 끄는 총무처장과 결판을 내려고 총무처 앞에서 점거 농성을 하기로 작정한 상황이었다. 총무처 안으로 들어갈 계획까지도 세워놓았다. ㄱ대분회는 파업 전야 앞에 서 있었다. 이미 다른 대학 사업장 한 곳은 무기한 파업을 선언한 상태였다. 파업 시작 이틀 만에 임금 문제가 해결돼서 전날 농성을 철회한 곳도 있었다.

투쟁 25일째였다. 총무처 문이 열리고 얼음장처럼 차가운 에어컨 바람이 흘러나왔다. 총무처 문 바로 앞에 등을 기대고 앉아 있던 수연이 밖으로 나온 처장에게 말했다.

"아이고, ㄱ대에서 똑같이 일하는데 누구는 시원하게 책상에서 일하고, 누구는 더운 데서 이 고생이네. 우리도 좀 쉽게 빨리 임금 올려주세요. 그러면 철수할게요. 우리가 무슨 1억 달라고 하는 것도 아닌데, 왜 이럽니까. 그래봤자, 우리 월급 160 정도밖에 안 돼요."

"예산이 부족해요, 지금도."

"그놈의 예산 타령 그만하세요."

"매년 등록금이 동결되니, 돈이 없어요."

"돈 없어서 건물 지었어요? 그 신축 건물에 들어온 가게에서 꼬박꼬박 받는 월세는요? 주차비도 그렇고요. 그런데도 돈이 없다고요? 우리는 말씀 주실 때까지 여기서 기다리겠습니다."

처장은 난감해했다. 따라 나온 팀장이 처장 옆으로 다가가서 귓속말을 했다. 처장은 잠시만 기다려달라는 듯 수연에게 손을 들어 올렸다. 두 사람은 노조원들을 피해 복도 끝 쪽으로 발걸음을 옮겼다. 팀장의 말을 가만히 듣고 있던 처장의 표정은 심각해 보였다. 할 말을 다한 듯한 팀장은 나를 뚫어져라 쳐다보며 다시 총무처로 들어갔고, 수연 앞으로 온 처장은 입술을 잠시 앙다물었다. 결심이 선 듯 수연에게 말을 걸었다.

"그러면 시간을 좀 주세요. 다섯 시까지 최종적으로 알려드릴게요."

처장이 드디어 결단을 내리려는 듯 보였다. 상황이 급작스럽게 변했다. 전혀 예상하지 못한 그림이었다. 그때부터 왠지 모르게 총무처가 분주해진 느낌이 들었다. 신 선생도 계속 들락날락했다. 총무처 직원은 아닌 듯한 덩치 큰 교직원도 기분 나쁘게 우리를 훑어보며 총무처로 들어갔다. 재무과 직원 같았다. 10분 사이에 몇 사람이 더 들어갔다. 농성을 시작한 이래 총무처가 그렇게 분주했던 적은 처음이었다. 임금 문제에 대해 오늘 최종 결정을 내릴 듯싶었다. 왠지 좋은 소식이 들려올지 모른다는 예감이 들었다.

민주노조 조합원들은 점거 농성답게 앰프를 크게 틀었다. 간간이 투쟁 발언도 했지만, 주로 트로트가 앰프에서 흘러나왔다. '내 나이가 어때서'를 조합원들이 개사한 투쟁가도 반주에 맞춰서 두세 번씩 반복해 불렀다. 청소노동자들의 기운을 돋우려고 나는 춤도 추었다. 트로트가 끝나는 사이마다 투쟁 구호도 크게 외쳤다.

"ㄱ대가 앞장서서 우리 문제 해결하라!"

조합원들은 더 힘차게 따라 외쳤다.

"ㄱ대가 앞장서서 우리 문제 해결하라!"

갑자기 처장이 나와서는 좀 조용히 해달라고 했다. 곧이어 앰프 스위치를 눌러 소리를 꺼버렸다. 연대를 나온 서경지부 소속의 담당 활동가가 처장의 행동을 저지하면서 소리쳤다.

"이러시면 안 됩니다. 우리가 왜 크게 트는데요. 여태까지 안 해주니까, 해결 보려고 하는 거잖아요."

활동가의 위세에 풀이 죽은 처장이 기어갈 듯한 목소리로 이야기했다.

"저희도 지금 어떻게 할지 논의 중에 있거든요."

"그러니까 논의만 하지 마시고, 얼른 도장 찍어주세요. 그러면 제가 곧바로 앰프 끄겠습니다."

나의 항의에 처장이 떨떠름한 표정을 지으며 다시 처장실로 들어갔다.

ㅈ노조의 한 조합원이 와서 우리가 점거하는 총무처 앞의 쓰레기통을 비웠다. 민주노조 조합원들은 죽어라 투쟁하는데, ㅈ노조 사람들은 편히 자기 구역 청소만 하고 있었다. 쓰레기통을 비우던 ㅈ노조원이 본관 복도에 등을 기대고 앉아 있던 민주노조 조합원들을 향해 갑자기 욕을 쏟아내기 시작했다.

"씨발, 왜 여기서 지랄들이야. 니년들 때문에 내가 일을 못 하잖아. 편히 앉아서 데모질이나 하고 있고, 아주 편하게 사네."

자신의 청소를 방해한다고 민주노조 조합원들에게 던진 욕이었다. ㅈ노조 조합원들은 매일 민주노조 조합원들에게 하는 말이 있었다.

"어련히 학교에서 올려줄 걸 왜 빨갱이 새끼들처럼 발악이야. 개새끼들처럼 짖으면 더 올려주기라도 하나. 하여튼 민노가 문제야."

욕이 안 들어 있는 문장이 없었다. 내용은 둘째 치고 말끝마다 욕을 질러대니 민주노조 조합원들이 평소 그들에게 감정이 쌓이지 않을 수 없었다.

성격이 불같은 한 조합원이 반발하고 나섰다. 예전에 수연이 일했던 건물에서 청소를 하는 조합원이었다.

"뭐, 씨발? 다시 말해봐. 씨발이라고? 어디서 욕이야. 당신네들 임금, 우리가 투쟁해서 올려준 건데, 고맙다고는 못 할망정 씨발? 다시 한번 말해봐."

"뭐?"

수연도 가세했다.

"욕 다시 해보라고."

민주노조 조합원들의 집중 공격에 ㅈ노조 조합원은 겁을 먹었는지 서둘러서 쓰레기통을 비우고 빠른 걸음으로 멀어졌다. 그렇게 사라질 것 같던 그는 계단 앞에 이르자 다시 뒤돌아보더니 민주노조 조합원들을 향해 웅얼댔다. 욕지거리라도 하는 입 모양이었다.

한 조합원이 소리쳤다.

"야! 나이 먹었으면, 나잇값을 해. 사람이 그러는 거 아니야."

ㅈ노조원과 한바탕 한 뒤로 4시간이 지났음에도 민주노조 조합원들은 여전히 총무처 앞을 떠날 수가 없었다. 퇴근 시간도 이미 한참 지난 뒤였다. 조합원들은 원청 직원들의 회의 결과가 어떻게 나올지 기약 없이 기다리만 해야 했다. 어쩌면 진짜 파업으로 넘어가

야 할지도 몰랐다. 총무처가 분주해진 상황만 보고 지레짐작해서 괜히 기대부터 했나,란 생각도 들었다. 모두들 점점 지쳐갔다. 고령의 조합원들은 나이 탓에 오래 앉아 있지를 못했다. 허리가 쑤신다고 누워 있는 조합원들도 간혹 있었고 개인적인 일이 있다면서 농성 자리를 이탈하는 조합원도 하나둘 보였다. 나는 지쳐 있는 조합원들을 위해 더 열심히 투쟁가도 부르고, 투쟁 구호도 외쳤다.

"분회장님 들어오세요."

재무과 직원이 갖가지 파일철을 품에 안고 총무처장실로 들어가고 얼마 후였다. 팀장이 나오더니 수연을 불렀다.

서경지부 활동가들과 ㄱ대 민주노조 간부들이 총무처장실로 들어갔다. 조합원들은 '파이팅'을 외쳤다. 농성장은 순식간에 적막에 휩싸였다. 또다시 조합원들은 회의 결과를 하염없이 기다려야 했다. 어떻게 될지 초조한 기색이 역력했다. 나는 간부들이 언제 나오나, 계속 총무처장실 쪽만 바라보았다.

30여 분이 지나자 노조 측 사람들이 우르르 나왔다. 이번에는 지난 교섭 때와 달리 표정이 꽤 밝았다. 수연은 입술을 깨물어가며 피식피식 흘러나오는 웃음을 참는 듯했다. 감이 왔다. 됐구나. 들어갈 때는 없었던 고급 표창장 케이스가 서경지부 사무국장 손에 들려 있었으니 이번만큼은 확실해 보였다. 수연이 확약서를 펼쳐 조합원들에게 보여주었다. 케이스 안에는 총무처장의 약속이 담긴 확약서가 있었다.

"총무처장이 8월 10일까지 무조건 임금안에 도장을 찍겠답니다. 여기 총무처장의 사인을 받았습니다."

우와, 하는 승리의 함성과 박수 소리가 여기저기서 터져 나왔다.

3주 후, ㄱ대분회는 확약서대로 농성 한 달 만에 임·단협에 조인을 했다. 첫 교섭 후 거의 8개월이 지난 뒤였다. 서경지부 17개 분회 중에서는 꽤 이른 편이었다. 합의 순서만으로는 대략 다섯 번째 안에 드는 것 같았다. 지난해에는 서경지부 전 분회가 사측과 조인할 때 ㄱ대만 유일하게 나 홀로 본관 투쟁을 했었는데, 정반대의 모습이었다. 그때도 소장이 어지간히 '무노동 무임금'을 외쳐댔었다.

조인식 자리에 ㄱ대 교직원들도 참석했다. 원래라면 서경지부 집단교섭 조인식에 안 나와도 무방했다. 팀장이 자주 하던 말대로라면 원청 관계자들은 제3자에 불과하니 노사 간에 개입할 근거가 없었다. 그 이유를 들이대며 여태 안 나오던 학교였는데 이번에는 확약서에 자신들이 임·단협에 책임을 지겠다고 약속해놓은 탓이었을까, 농성 내내 조합원들에게 모진 말로 말썽을 부리던 총무처장이 조인식에서만큼은 예의를 갖춘 모습이었다. 왠지 모를 어색함이 느껴졌다.

수연은 학교로부터 확약서를 받은 날부터 조인식을 치른 날까지, 지난 3주간 총무처장이 확약해준 올해 임금 협약이 혹여나 무산되지는 않을까 걱정을 했었다. 조인까지 남은 시간 동안 무슨 일이 벌어질지 몰랐기 때문이다. 역대 총무처장들과 박 사장에게서 받아낸 약속을 순진하게 믿고만 있다가 여러 번 뒤통수를 맞은 학습효과랄까.

조인 순서를 기다리는 동안 수연은 시종 불안해했다.

"뭣들 하는 거야, 빨리 도장이나 찍지…. 혹시 이제 와서 총무처장이 확약을 파기한다고 하진 않겠지? 이렇게 사람 다 불러놓고…. 또 모르지, 저 시커먼 속에 뭔 꿍꿍이가 있을지. 어디 한두 번 당했어야지."

"올해는 임·단협 교섭이 진짜 힘드네요."

"그러게 말이야. ㄱ대분회가 출범한 이래 임·단협 교섭 중 가장 오랜 기간 투쟁한 걸로 기록에 남겠어. 나도 처음 겪는 일이라 힘드네. 그래도 다른 사업장에 비하면 수월하게 끝난 거지만."

다른 사업장들은 ㄱ대분회보다 더 심각했다. 이화여대분회는 8일간의 전면 파업에 나섰다. 연세대분회는 파업에 버금가는 사무실 점거 농성을 시작하고 24일 만에 해제했다. 그들의 농성 일정은 촘촘했다. 새벽에는 총장 공관에 가서 시위를 하고 대낮에는 학내에서 선전전과 대규모 집회를 하며 농성을 이어갔다. 그사이에 총장과 만나기 위해 추격전까지 벌여야 했다. 서경지부에서 가장 마지막까지 농성을 한 홍익대분회는 6년 만에 다시 본관 사무실을 점거하고서야 용역업체와 합의를 볼 수 있었다. 서경지부가 2017년 집단교섭을 시작한 지 약 9개월 만이었다. 올해 여름은 굉장히 뜨거웠다.

매년 이런 식으로 반복되는 임·단협 교섭을 막으려면, ㄱ대가 청소노동자들을 직고용을 하는 방법밖에는 답이 없었다. 하지만 대학은 용역을 선호했다. 셀 수 없이 많은 장점이 있기 때문이다. 싼값에 청소노동자를 고용할 수 있고 관리·감독에 대한 책임을 지지 않아도 되니 얼마나 편리한가.

조인 전까지 샘솟았던 걱정은 ㄱ건설의 김 부장이 임·단협 문서에 도장을 찍는 순간 말끔히 불식되었다. 문서마다 도장을 찍느라고 흘러간 한 시간가량의 조인식은 서로 가볍게 악수를 나누며 마무리됐다. 8개월의 투쟁 끝에 얻어낸 마지막 장면이었다. 다행이었다.

나는 눈앞에서 보고 있는데도 꿈인 듯 믿기지 않았다. 수연은 한참 동안이나 두툼한 임·단협 문서를 누가 훔쳐갈까 봐 두 손으로 꽉 쥐고 있었다. 올 1년 농사를 제대로 지었다며, 구해놓은 징을 농성할 때 두드리지 못한 점이 제일 아쉽다고 너스레를 부렸다.

퇴직의 조건

사용자는 퇴직하는 근로자에게 급여를 지급하기 위하여
퇴직급여제도 중 하나 이상의 제도를 설정하여야 한다.
다만, 계속근로기간이 1년 미만인 근로자, 4주간을 평균하여
1주간의 소정근로시간이 15시간 미만인 근로자에 대하여는
그러하지 아니하다.

———— 근로자퇴직급여 보장법 제4조 1항

임·단협을 마치고 한 달 정도 지났을 때였다. ㄱ대 청소노동자들
사이에 퇴직금에 관한 괴소문이 돌았다. 민주노조에 있으면 퇴직
금을 못 받는다는 내용이었다. 당연히 ㅈ노조의 수작이었다.

수연이 박 사장이 제시한 확정기여형(DC형) 퇴직연금 가입을 거
부하자, 그 이야기를 왜곡해 퍼뜨리고 다닌 거였다. 수연은 펀드를
굴려봐서 연금의 종류에 대해 잘 알고 있는 편이었다. 수연이 받길
원하는 퇴직연금의 종류는 확정급여형(DB형)이었다.

'DB형'의 경우는 퇴직일 전 3개월간의 평균임금을 퇴직금으로
지급받는다. 반면 'DC형'이란 가입 시 주어진 퇴직연금 계좌에 매

유령들

년, 그해 임금 총액의 12분의 1 이상을 적립해서 노동자가 펀드나 예금으로 운영할 수 있는데, 퇴직 후 지급받는 퇴직금은 적립금 운용 실적에 따라 변동될 수 있는 연금이다. 'DB형'과 'DC형'은 각각의 장단점이 상존하는데, 노동자들은 예금 및 펀드 투자수익률과 임금상승률을 토대로 어떤 퇴직연금을 선택할지 고려해야 한다.

하지만 ㄱ대 청소노동자들의 경우 애초에 그런 판단 자체가 필요 없었다. 이미 일을 시작한 지 수년이 지난 시점에 박 사장이 'DC형'에 가입하라며 동의서를 들이민 것인데, 투자기회의 상실로 펀드 및 예금 수익은 없고 매년 임금 상승만 있는 상황에서 ㄱ대 청소노동자들이 골라야 할 퇴직급여 유형은 당연히 'DB형'이었다. 퇴직연금은 소급 적용하기 때문이다. 더군다나 퇴직금 산정 시기에는 노조가 없던 시절도 포함된다. 노조를 만들고서야 최저임금에서 벗어난 그들에게 'DC형'이 적용된다면 비교적 최근 임금의 영향을 받는 'DB형'과 달리 대략 2년간의 최저임금도 함께 포함하여 계산될 것이다. 2012년과 2018년의 ㄱ대 청소노동자 임금을 비교해보면, 2012년 당시 최저임금은 시간당 4580원인 반면에 서경지부 2018년 임금협약이 적용되지 않은 2018년 임금은 시간당 7780원이었다. 물론 최근에 들어온 신입들은 최저임금의 영향권에서 비껴간다지만 뒤늦게 퇴직연금의 종류를 선택해야 한다는 점은 다른 선배 노동자들과 별반 다르지 않았다. 실제로 'DC형'으로 퇴직연금에 가입할 경우 'DB형'에 비해 족히 200만 원은 손해를 보게 될 수도 있는 것이다.

수연의 목소리에는 안타까움이 잔뜩 묻어 있었다.

"박 사장이 이제 와서 우리보고 디시(DC)형으로 가입하라는 건 합법적으로 퇴직금을 낮추겠다는 속셈이 빤한 거지. 실상 퇴직금 문제는 용역 재계약 때마다 불거져. 용역노동자들의 숙명이지. 계약만료로 용역업체가 새로 바뀌면 이전 업체에서 일하던 노동자는 자연스레 퇴직 처리가 되거든. 용역업무의 특성상, 거의 대부분의 신규 업체들은 노동자들이 이전 업체와 체결한 근로계약을 승계하지 않는다고. 업체 변경 때마다 근로계약의 연속성이 사라지는 거지. 결국 새 업체가 들어오면 기존에 있던 용역노동자들 모두 어쩔 수 없이 다시 신입이 될 수밖에 없는 거고. 용역계약의 폐해야."

ㄱ대의 경우 매년 ㄱ건설과 재계약을 하면서 크게 문제 되지 않았는데 올해는 그 기류가 예년과는 많이 달랐다. 'ㄱ건설및용역'이 돈이 없어서 곧 폐업한다는 말이 들려왔다. 그 진원지는 ㅈ노조였다. 퇴직금에 관한 이야기처럼 언제나 좋지 않은 소문은 꼭 ㅈ노조에서 시작됐다.

일주일 후, 박 사장은 ㅈ노조의 소문이 사실이라고 확인해주었다. 지금 자신은 직원들에게 퇴직금을 줄 여력이 없다고 했다. 당장 집을 팔아도 퇴직금을 전부 다 지급하기 힘들다던 그는 사무실에서 만난 수연에게 한 번만 봐달라고 사정을 해도 모자랄 판에 협박을 했다.

"자네, ㅈ노조처럼 디시(DC)형으로 가입해. 왜 이렇게 뗑깡을 부려. 나 이제 돈 한 푼도 없어. 디비(DB)형을 계속 고집한다면, 나는 민노 사람들한테 퇴직금을 줄 수가 없어. 어차피 나 내년에 재계약도 못 해. 지금 있는 돈으로 ㅈ노조에만 퇴직금 줘도 되겠어?"

ㅈ노조는 묻지도 따지지도 않고 무조건 박 사장이 가입하라는 'DC형' 퇴직연금에 가입한 상태였다. 박 사장의 엄포에도 민주노조가 계속 'DB형'의 가입을 고집하자, ㅈ노조 간부들은 민주노조 조합원들에게 민노에 있으면 퇴직금을 받을 수 없다는 유언비어를 퍼뜨리며 ㅈ노조로 들어와서 'DC형' 퇴직연금이라도 받으라고 꼬드겼다. 박 사장의 이야기를 ㅈ노조에서 그대로 따라 한 것이었다. 그 말은 곧 민주노조에 있는 조합원들을 끌어들이려는 수작임을 오래 생각하지 않아도 알 수 있는 일이었다.

ㅈ노조는 주로 정년이 세 달도 채 남지 않은 민주노조 조합원들에게만 접근했다. 채용과 관련된 보충협약서가 있기 때문이었다. 보충협약서의 주요 내용은, 해당 노조 조합원 중에 퇴직자가 발생하면 그 결원 분을 해당 노조에서 추천한다는 것과 'ㄱ건설및용역'은 해당 노조의 추천인에 대해 결격 사유가 없을 시 채용을 해야 한다는 것이다.

민주노조에서 탈퇴시키고 데려온 정년자가 단 며칠이라도 ㅈ노조에서 정년을 채우고 나가면 ㅈ노조 간부들이 원하는 신입을 뽑을 수 있었다. 이것이 정년자만 꼭 집어서 도끼질하는 이유였다. 그들을 끌어가지 못하면, 반대로 민주노조에서 추천한 사람이 채용된다. ㅈ노조 입장에서는 절대 발생하면 안 될 일이었다.

ㅈ노조의 집요한 공작의 끝은 다수 노조였다. 다수 노조에게 퇴직연금의 종류를 선택할 권한이 있기 때문이었다. 민주노조가 끝내 'DC형'으로 퇴직금을 선택하지 않는다면 ㅈ노조가 다수 노조의 지위를 얻는 것이 박 사장의 뜻을 관철시킬 수 있는 유일한 방법이었다. 현재 민주노조가 ㅈ노조에 비해 조합원 수가 여덟 명 정도 더 많았다. 민주노조에서 다섯 명만 탈퇴해도 상황은 역전된다.

원래 ㅈ노조의 채용과 관련된 보충협약서는 1년 전 민주노조가 투쟁 끝에 쟁취한 산물이었다. ㅈ노조는 민주노조가 만든 합의 문구를 모조해서 사용하고 있었다. 학교와 민주노조 간에 비밀스럽게 약속한 합의안을 누가 흘렸는지 의심은 갔지만, 물증이 없었다. 대부분의 민주노조원들도 협약서의 내용을 모르는데 ㅈ노조 쪽에서는 이미 수차례 자신들의 사람을 채우느라 써먹고 있었다. 정작 민주노조는 보충협약서대로 결원자를 추천한 적이 단 한 번도 없었다. ㅈ노조와 달리 정년자나 중도 퇴직자가 없었기 때문이다. 그야말로 죽 써서 개 준 꼴이 되었다. 이제야 민주노조에서 정년자가 나올 판이었는데 ㅈ노조에서 퇴직금에 관한 유언비어를 퍼뜨리며 그들을 유혹하고 있었다.

보충협약서는 마치 채용 비리처럼 생각되는 내용들로 가득해 보인다. 총무처장도 노동법에 위배된다면서 민주노조가 제시한 보충협약서에 대해 거부 의사를 밝혔었다. 하지만 민주노조를 지키려면 딱히 이 방법 말고는 없었다. 민주노조가 조직되고 지금껏 사장과 소장, ㅈ노조는 서로 짜고 신입을 채용해왔다. 민주노조가 출범한 이후 지난 다섯 번의 채용 과정에서 뽑힌 인물들의 공통점은 한곳으로 수렴되는데 바로 ㅈ노조 쪽과 잘 아는 사람들이란 점이었다. 공정한 절차를 거쳤다고 하는데 어찌 된 일일까. 만약 그런 식으로 채용이 계속된다면 민주노조는 곧 역사 속으로 사라질 것이라는 위기감에 어떻게든 최악의 상황을 막아보고자 채용과 관련된 보충협약서를 만들었다. 물론 박 사장의 횡령 사건이 없었다면 총무처장도 민주노조가 제시한 안에 선뜻 동의해주지 않았을 것이다.

수연은 박 사장의 횡령 사실을 우연한 계기를 통해 알아냈다고 한다. 그녀도 처음에는 어안이 벙벙했다는데, 박 사장은 1년여 동안 네 명의 임금을 빼먹으며 감쪽같이 학교와 민주노조를 속였다는 것이다. 관리처에서 ㄱ건설을 제대로 관리하지 않았다는 방증이기도 했다. 수연이 ㄱ대에서 일하는 실제 직원 수를 제대로 세어보지 않았다면 5년, 10년 아무렇지 않게 네 명의 임금이 박 사장에게 모두 흘러들어갔을 것이다.

1년 전이었다. 갑자기 나타난 새 인물이 신축 건물에서 일하고 있었다. 채용 절차도 밟지 않은 남성 노동자였다. 수연은 의문을 품었고, 곧장 사장과 소장에게 찾아가서 어떻게 된 일이냐고 따졌다.

그런데 둘의 말이 전혀 달랐다. 소장은 병가를 낸 사람의 대체 근로자로 들어왔다고 말했고, 사장은 빈자리가 생겨서 새로 채용했다고 답했다. 아무래도 수상쩍은 느낌에 수연은 계약서상 인원과 실제 노동자 수를 일일이 대조했다. 그 결과, 네 사람이 비었다. 수연의 생각으로는 횡령 사실이 들통날 것을 우려한 박 사장이 그 자리를 몰래 채우려다가 걸린 듯 보였다. 신축 건물에서 일하는 사람은 들어오자마자 ㅈ노조에 가입한 상황이었다.

박 사장은 2013년에 노조를 만들었을 때도 사람을 덜 뽑은 일이 발각된 적이 있었다고 한다. 이번이 처음은 아닌 것이다.

"한 열 명 빼먹었을걸. 그래 가지고 그거 채우겠다고 부랴부랴 사람 데리고 왔는데, 다 노인네들이었어. 빗자루 들 기력도 없어 보이는 노인네들. 자기랑 노가다 뛰었던 사람들이었대. 그 노인네들이 얼마 일하지도 못하고 나갔는데 그 자리에 불러온 신입들이 구청에서 미화원 하던 사람들이었어. 젊은 사람들. 지금 다 ㅈ노조에 있잖아. 우리 민주노조가 일터 환경 좋아지게 한 건 모르고, 원래부터 이랬구나 생각하고 있어, 그 사람들은."

박 사장의 횡령을 알게 된 수연은 비어 있는 네 명 중에서 자신이 반을 뽑겠다고 박 사장에게 통보했다. 박 사장은 그게 무슨 소리냐고 반발했는데, 인사권은 자신의 고유 권한이라며 노발대발했다. 수연은 횡령을 저지르고도 뻔뻔하다면서 자신의 뜻대로 해주지 않는다면 검찰에 고발하겠다고 응수했다. 검찰 이야기에 박 사

유령들

장의 기가 살짝 꺾이긴 했지만 끝까지 수연의 요구를 들어주지 않았다.

수연은 말이 통하지 않는 박 사장과 대화하는 것이 더 이상 불가능하다고 생각되어 학교에 알리기로 마음먹었는데 어쩔 수 없는 일이었다. 수연은 총무처장에게 원청이 하청을 제대로 관리하지 않아 벌어진 일에 대한 책임을 물을 생각이었다. 총무처장과의 면담에서 민주노조 퇴직자는 민주노조가 뽑겠다고 수연이 말했다. 사용자가 노동자를 자유로이 채용하되 일정 시간이 지나면 무조건 노동조합에 가입시켜야 하는 '유니언숍(Union Shop)' 제도를 응용한 것이었다. 총무처장은 말도 안 된다며 'ㄱ건설및용역'과 대화하라고 했다. 하지만 수연은 끝까지 물고 늘어지며 우리의 의견을 들어주지 않으면 박 사장의 횡령 건을 언론사에 터뜨리겠다고 했다. 같이 배석해 있던 신 선생이 일 년치 4인 임금, 약 6000만 원을 환수하겠다고 답했지만 그것만으로는 부족했다. 수연은 학교가 여태 박 사장이 빼먹은 비용을 환수하든 말든 관심이 없었다. 민주노조의 안을 확약해주면 횡령 건은 없던 일로 하겠다고 딱 잘라 말했고 수연은 결국 총무처장의 약속을 받아냈다. 이틀간 본관 로비에서 농성을 하고 얻어낸 성과였다. 합의안과는 무관하게 횡령을 저지르기 위해 비워놓았던 네 자리 중 반을 민주노조에서 추천한 사람으로 채웠다. 그중 한 자리에 남성 노동자가 입사하게 되어 청이점은 청삼점으로 바뀌었다.

박 사장은 당연히 합의에서 배제됐다. 횡령 건이 걸렸으니 입이 백 개라도 할 말이 없었을 것이다. 그럼에도 어찌 된 일인지 박 사장은 자리를 유지했고 되레 총무처장만 새로 물갈이됐다. 나중에 안 사실이지만 그는 명예퇴직을 했다고 한다. 그의 후임 자리에는 총무과장이 물망에 올랐다.

[외부][입찰공고 : ㄱ대 2017-56호] "교내 청소관리 용역"

1. 입찰에 부치는 사항 : 교내 청소관리 용역

  가. 범위 : ㄱ대학교 14개 건물 약 127,706㎡(약 38,631평)

  나. 실외 약 36,817㎡(약 11,137평) 포함

  다. 인원 : 86명(총괄책임자 1명 포함)

  라. 사업기간 : 2년

2. 입찰 방법 : 제한경쟁입찰

3. 낙찰 방법 : 협상에 의한 계약

총무처장이 바뀌자 관리처는 ㄱ대 홈페이지에 청소관리 용역 교체안을 공고했다. 지금껏 수의계약으로 하던 방식을 버리고 제한경쟁입찰을 선택했다. ㄱ대가 앞으로 'ㄱ건설및용역'과 단절하겠다는 의미를 내포하고 있었다. 만약 ㄱ건설을 떠안고 가려 했다면, 기존의 관습대로 수의계약을 선택했을 것이다. 십 수 년을 수의계약으로 해오던 관례를 벗어던졌다는 점에서 의미는 있었다. 하지만 '제한'이란 단어가 마음에 걸렸다.

용역 공고 후 ㅈ노조 간부들은 더 노골적으로 민주노조 사람들을 도끼질했다. 얍삽이 소장도 박 사장의 주장을 거들었다. 민주노조 사람들을 걱정하는 척 ㅈ노조로 가라고 은근슬쩍 유도했다.

"민노가 디비(DB)형으로 받는다고 계속 버팅기면 이제는 사장이 돈 없다고 배 째겠대요. 그렇게 폐업하고 그냥 나가버리면 말짱 도루묵이잖아요. 결국 민노에 있으면 퇴직금 한 푼도 못 받을 건데, 사장이 특별히 ㅈ노조에는 '디시(DC)형'으로라도 준대요."

그들은 소장이 매일같이 찾아와서 하는 말에 흔들렸다. 폐업을 하더라도 정부로부터 퇴직금을 보전받을 수 있다는 사실을 알지 못했기 때문이었다. 물론 알려고도 하지 않았다. 당장 자신의 계좌에 퇴직금이 들어와야 했다. 그들은 소장의 말을 듣고부터 어디에 붙어야 자기에게 유리한지 분주히 주판알을 튕기기 시작했다. 200만 원을 포기해서라도 'DC형'을 받아야 하나. 이미 ㅈ노조로 넘어갈 준비를 하는 조합원들도 있었다. 소장의 말이 최고라고 여기던 사람들에게 그의 도끼질은 상당한 효과를 발휘하고 있었다.

정년자들이 정년을 이틀 남겨둔 시점이었다. ㄱ건설에서는 그들의 정년을 다시 연장해주었다. 수연은 당황스러웠다. 정년을 연장해줬는데 따질 수도 없는 노릇이었다. 수연의 입장에서는 진퇴양난이었다.

이러한 일이 가능했던 것은 ㄱ대분회의 보충협약 때문이었다. 노조 조직 초창기에 수연은 만 70세가 넘어도 건강하면 계속 일을 할 수 있다는 취지의 조항을 만들었다. 박 사장이 민주노조원에게 접근해서 ㅈ노조로 넘어가면 정년을 연장해주겠다고 꼬드기기에, ㅈ노조의 꼼수를 원천 봉쇄하기 위해 ㄱ대분회 보충협약에 아예 명시해놓은 것이었다. 정년을 한참 넘긴 1944년생이 아직도 ㄱ대에서 일할 수 있는 이유였다. 만약 이 정년 조항이 없었다면 ㄱ대분회는 조직 1년 만에 무너졌을 것이다.

그런데 박 사장이 돌연 정년자들을 1944년생부터 순차적으로 퇴직시키겠다고 공표했다. ㄱ건설의 재계약이 사실상 물 건너갔을 때쯤이었다. ㅈ노조는 아무런 반응을 보이지 않았는데, 박 사장의 말에 동조하는 듯한 모양새였다. 수연도 이제야 채용안을 써먹을 수 있다는 생각에 굳이 반대하지 않았다.

하지만 이것도 박 사장의 꼼수였다. ㅈ노조 간부들은 민주노조 정년자들에게 정년 연장을 빌미로 몰래 접근했다. 학교에 정년을 연장해달라는 탄원서까지 냈다면서 정년자들의 환심을 샀다. 학교가 그들의 정년 연장에 힘써줄 거라고도 했다. 하필 그날은 수연이 민주노조 쪽 정년 예정자의 후임들을 현장 사무실에 데려오기로 한 날이었다. 허울뿐이라지만 ㄱ대 청소노동자가 되기 위해서는 꼭 봐야 하는 현장 소장과의 면접이었다. ㅈ노조도 겪은 일이었다.

상황이 이런 식으로 흘러가다 보니 민주노조 정년자들의 마음이

ㅈ노조 쪽으로 흔들릴 수밖에 없었다. 자신들의 정년 연장에는 신경도 쓰지 않고 신입 채우는 데에만 정신 팔려 있는 수연에게 좋은 감정을 느끼기란 쉽지 않았을 것이다. 곧 나가는데 설마, 하는 심정으로 박 사장의 말을 믿고 신입을 채용하려던 수연은 또다시 뒤통수를 맞은 셈이었다.

그런데 다행히도 꼼수에 꼼수를 거듭하는 이러한 이간질이 통할 뻔했지만, 링크장에서 일하는 1945년생 노동자가 ㅈ노조 간부들의 접촉 사실을 수연에게 알려주면서 정년자들의 이탈을 조기에 막을 수 있었다. 수연에게 실망감과 서운함을 이야기하려던 그녀의 전화가 아이러니하게도 민주노조를 살린 것이었다. 그녀의 전화를 받은 다음 날, 수연은 바로 정년자들에게 찾아가 그날의 진실을 설명했다. 그렇게 일주일을 어르고 달래서야 비로소 ㅈ노조 간부들이 만들어낸 오해를 풀 수 있었다. 박 사장은 나가는 마당에도 끝까지 민주노조 와해에 혈안이었다. 결국 ㅈ노조와 짜고 벌인 계획이 먹혀들지 않자 박 사장은 자신의 약속을 번복하고 이전의 정년 조항을 그대로 유지시켰다. 박 사장은 민주노조의 정년자가 ㅈ노조로 넘어갈 때까지 정년을 계속 연장할 듯 보였다.

하지만 곧 출근하기로 되어 있었던 1945년생 정년 예정자의 후임들은 하루가 지나지 않아 그 약속이 번복되는 상황을 맞이해야 했다. 그중에서는 ㄱ대 청소노동자가 될 거라 확신한 탓에 하던 일까지 그만둔 사람도 있었다. 그녀는 수연에게 왜 거짓말을 했냐면서 책임지라는 연락을 여러 번 했다. 반면에 박 사장의 갑작스런 정년 조항 파기로 그동안 웃음을 잃고 살았던 정년 예정자들은 다시 미소를 되찾았다.

이런 흐름대로라면 민주노조의 신입 채용 기회는 무기한 연장될 수밖에 없었다. 그사이 박 사장은 또 다른 민주노조 파괴 계획을 실행할 것은 불 보듯 뻔했다.

새 업체가 선정되었다. ㅅ종합관리였다. 최종심까지 올라왔던 두 용역업체를 제친 결과였다. 떨어진 곳 중에 하나는 연세대를 포함한 여러 대학 사업장에서 청소용역을 맡을 정도로 규모가 큰 청소관리업체였다. 의외의 결정이었다. 수연이 집단교섭 때도 본 적이 없는 업체였다. 나도 그녀도 ㅅ종합관리란 이름을 처음 들어봤는데, 주로 아파트의 청소용역을 맡는 중소규모의 청소업체였다. 노조 파괴를 일삼던 ㅌ비엠이란 업체가 들어오지 않은 점은 다행이었다.

새 업체에 대해 ㄱ건설과 다르지 않을까, 하는 희망이 있던 수연과 달리 나는 미심쩍었다. 비리가 많은 ㄱ대가 대학 사업장이 아닌 아파트만을 전문적으로 맡아오던 청소업체를 선정했다는 게 아무래도 무슨 꿍꿍이가 있는 듯싶었다. 하지만 ㅅ종합관리는 내 의심을 비웃기라도 하듯 민주노조에 꽤 협조적으로 나왔다.

사실 수연은 새 용역업체보다 퇴직금을 더 걱정했다. ㄱ건설의 용역 계약이 거의 끝나가는데도 학교는 태평했다. 더군다나 총무

유령들

과장이 임시 딱지를 떼고 정식으로 총무처장이 되자, 6개월 전에 전임 처장이 구두로 약속했던 'DB형' 퇴직금 지급에 대해 자신은 해결할 의무가 없다는 듯이 말했다.

시간이 갈수록 민주노조 조합원들은 점점 더 불안감을 느꼈다. 이미 ㅈ노조 사람들은 'DC형'으로 5년치 퇴직금을 모두 받은 상태였다. 결국 민주노조 조합원인 세 자매 중 첫째가 탈퇴를 했다. ㅈ노조를 통해 민주노조 탈퇴서를 팩스로 보냈다고 한다. 민주노조에 있으면 어차피 받지 못할 거 ㅈ노조에 가서 'DC형'이라도 받겠다는 입장이었다.

그녀는 애초 예상보다 민주노조에서 굉장히 오래 버텼다고 봐야 했다. 최근에 그녀가 투쟁 조끼를 가위로 찢은 사건은 조합원들 사이에서 유명한 일화였다. 더 이상 연대하러 가지 않겠다면서 총회 때 조합원들이 다 보는 앞에서 갈기갈기 난도질을 했다. 조금이라도 자신에게 해가 간다면 그대로 돌려주겠다면서 겁을 주기도 했다.

며칠 후 그녀와 친했던 조합원 역시 탈퇴서를 보냈다. 어차피 둘은 ㅈ노조로 넘어갈 만한 사람들이었다. 지영도 크게 충격을 받지 않는 눈치였다.

"민주노조에서 뽕을 다 뽑고 이제야 넘어가네. 뭐 아무렇지도 않네요, 배신감도 안 들고. 하도 당해서 인이 박혔나 봐요."

정말로 지영은 무덤덤해 보였다. 박 사장 말대로 ㅈ노조에 가자마자 그녀들의 통장에는 'DC형'으로 받아야 할 퇴직금 5년치가 일시불로 들어갔다고 한다.

친구 사이였던 두 사람이 ㅈ노조로 넘어가자 기다렸다는 듯 민주노조를 탈퇴한 경영대 건물의 고령자는 나에게 민주노조 무용론을 펼치기도 했다.

"지금이 딱 '청소부가 받을 임금'으로 적당선이야. 예전에 4000원, 5000원 받았을 때를 생각해봐. 그러니, 지금은 노조가 필요 없어. 우리 임금 이제 그만 올려도 돼. 최저임금보다 많이 벌면 됐지. 회사도 이제는 알아서 임금 올려줄 거야. 소장님이 말하잖아. 어련히 올려준다고. 그런데 자꾸 분회장이 욕심 부려서 데모질하는 거야. ㅈ노조처럼 가만히 있으면 되는데도 말이야."

그녀도 자신의 일터를 바꿔달라고 수연에게 생억지를 부린 전력이 있었다. 역시나 자신의 요구를 들어주지 않으면 당장 ㅈ노조로 가겠다고 막무가내로 행동했다. 결국에는 수연이 그녀의 협박에 굴복해서 일터까지 옮겨주었다.

그녀는 ㅈ노조원이 된 이후로 세 자매의 첫째처럼 민주노조 조합원들에게 퇴직금이 찍힌 통장을 보여주면서 "우리 노조로 들어오라"고 설득 중이었다. 그야말로 ㅈ노조의 '앞잡이'가 되고 말았다.

더 이상 새 총무처장이나 ㅈ노조의 행태를 보고만 있을 수 없어 민주노조는 퇴직금 문제를 놓고 농성을 시작했다. 이틀째가 되는 날이었다.

유령들

7개월 만에 다시 농성장이 차려진 ㄱ대 본관 로비는 한산했다. 함께 투쟁 구호를 외치고, 민중가요를 부르던 수연의 동료들은 각자의 청소 구역으로 모두 흩어진 뒤였다.

"혼자 계세요?"

"응, 다들 간 지 30분쯤 됐어. 떼먹힌 돈 받자고 하는 농성인데, 도로 떼일 수는 없잖아."

사실 농성이 한창 무르익을 즈음 동료들을 일하러 보낸 건 다름 아닌 수연이었다. 그놈의 무노동 무임금 원칙 때문이었다. 수연은 자신은 임금을 받지 못해도 상관없었지만 노조원들의 임금은 최대한 보전해주고 싶다고 했었다.

동료들이 떠난 로비에는 수연과 나만 남아 농성 도구들을 지켰다. 그때 노조원들이 빠지고 조용한 틈을 타, 덩치 큰 얍삽이 소장이 뒷짐을 지고 어슬렁어슬렁 걸어왔다. 이미 한참 전부터 소장이 건물 끝에서 민주노조원들의 농성 현장을 지켜보고 있었다는 걸 나는 알고 있었다. 그의 뒷짐 진 손에는 언제나 그랬듯이 가죽 수첩이 들려 있었다. 아마도 그 수첩에는 농성하는 족족 적어간 민주노조 조합원의 이름과 농성 시간이 빼곡히 적혀 있을 거였다. 그는 농성 도구들을 점검하고 있던 나와 수연에게 곱지 않은 시선을 보내며 관리처 사무실로 들어갔다.

"저 인간 또 어슬렁거리네."

"예상보다 농성이 길어지네요. 어머님들 많이 힘드시겠어요."

"이번엔 꼭 이길 거니까 괜찮아. 설마 대학이 청소노동자들 쥐꼬리만 한 퇴직금을 떼어먹을까. 양심 없이 끝까지 버틴다면 기자회견을 열어서 박 사장이 털어놓은 비밀을 폭로할 생각이야."

수연은 학교와의 네 번째 면담에서 박 사장과의 대화 녹취를 들려주었다. 대화 중 무심결에 털어놓았다는데, 적립했어야 할 청소노동자들의 퇴직금을 설립자의 둘째 아들에게 매달 상납했다는 뉘앙스의 이야기였다. 총무처장의 눈빛이 심하게 흔들렸다. 많이 당황한 듯 보였다. 이맛살부터 잔뜩 찌푸리고 녹취한 내용을 다시 들어봐도 되겠냐고 물었을 정도였다. 박 사장의 생생한 목소리를 몇 번을 다시 들었다.

이전 세 번의 면담 때는 얼마나 기고만장했는지 모른다. 학교는 이미 ㄱ건설에 여사님들이 받을 퇴직금을 다 줬으니 로비에서 백날 떼쓰고 드러누워도 요구를 절대 들어줄 수 없다고, 처장은 무미건조하게 답했었다. 자신들에게는 더 이상 책임이 없으니 당사자들끼리 해결하라는 소리였다.

총무처장은 박 사장의 증언을 치매 노인의 헛소리로 몰았다. 박 사장이 치매에 걸려야 그가 한 말의 신뢰성이 무너지기 때문이었다. 하지만 그 말은 인정받지 못할 것이다. 학교가 정말로 박 사장을 치매 노인으로 생각했다면 애초에 ㄱ건설과 재계약도 하지 말았어야 했기 때문이었다.

어차피 수연에게 처장의 답은 공허한 변명에 불과했다. 이미 노

유령들

조를 만들 때부터 줄곧 비리가 많은 ㄱ건설을 퇴출시키라고 학교에 여러 차례 요구했었다. 그 말을 듣지 않은 건 바로 학교였다.

총무처장의 일방적인 주장에 그녀는 박 사장이 치매인지 아닌지 정신감정이라도 받아보자고 답했다. 총무처장은 아무 말도 하지 못했다. 수연은 전임 처장이 약속했던 대로 'DB형'으로 퇴직금을 주지 않는다면, 박 사장의 녹취를 토대로 곧 기자회견을 열겠다고 엄포를 놓았다. 처장실을 나오자마자 수연은 보란 듯이 이틀 뒤로 기자회견 일정을 잡았다.

기자회견은 열리지 않았다. 그녀의 엄포 다음 날, 예상대로 처장이 교섭을 하자고 먼저 연락을 했다. 민주노조와 합의를 하기 위해서였다. 두 차례의 비리로 학교 이미지의 추락을 겪은 ㄱ대에서 용역업체 사장이 집행유예 중인 설립자의 둘째 아들에게 상납하려고 청소노동자들의 퇴직금을 떼어먹었다는 기자회견을 열겠다니, 겁먹을 수밖에 없었을 것이다. 합의안에는 민주노조가 요구하는 바가 다 포함되어 있었다.

1. ㄱ(ㄱ건설및용역)은 미화원들에 대한 임금 및 퇴직금을 정상적으로 지급할 수 있도록 최선을 다하고, 그 일환으로 관련 법령에 따른 체당금 지급 신청 등 필요한 절차를 이행한다.

2. 학교는 하도급업체인 ㄱ에서 미화원들에게 지급해야 할 임금 또는 퇴직금 일부를 지급하지 못하게 될 경우, 미화원들에게 미지

급된 임금 및 퇴직금에 대해 불이익이 발생하지 않도록 조치하며, 미지급된 임금 및 퇴직금은 ㄱ이 지급한 금액과 체당금 확정 금액을 제외한 금액으로 한다. 해당 금액의 지급 시기는 근로복지공단에서 체당금이 지급되는 시기로 한다.

3. 2018년 3월 31일 현재 퇴직금 내역은 〈붙임1〉과 같이한다.

4. 조합은 체당금 신청을 하며, 학교는 체당금 신청이 진행되는 과정에서 노무사 선임 및 비용 등 제반 경비를 부담한다.

5. 학교는 향후 이번 퇴직금 미지급 사태와 유사한 상황이 다시 발생하지 않도록 노력한다.

"학교는 2018년 임금 협약에 따라 시급 인상이 확정되면 2018년 1월부터 3월까지 인상된 시급 및 퇴직금과의 차액을 소급으로 지급한다"는 부속 합의서에도 총무처장이 확약해줬다. 개인당 받아야 할 퇴직금은 많게는 1118만6138원이었고, 적게는 346만9875원이었다.

5일간 이루어진 원청과의 교섭에는 고용노동부 소속 기관에서 나온 담당자들이 중재까지 해주었다. 정부 관계자들이 와서 중재한 결과를 학교가 나중에 가서 나 몰라라 할 수는 없을 것이다.

나는 정확하게 지급 기한을 못 박지 않은 점이 괜스레 불안했지만 합의안을 본 민주노조 조합원들의 얼굴에서는 드디어 미소가 번졌다.

유령들

드러난 비밀

**사용자는 근로자에게 정당한 이유 없이
해고, 휴직, 정직, 전직, 감봉, 그 밖의
징벌(懲罰)(이하 "부당해고 등"이라 한다)을 하지 못한다.**

──────── 근로기준법 제23조 1항

　퇴직금 합의가 있고 얼마 후, 전혀 생각지도 못한 일이 터졌다. 얍삽이 소장이 신규 용역업체의 직원이 된 것이다. 전날 ㅅ종합관리에서 파견한 김 아무개 신입 소장이 식당에서 ㅈ노조 조합원들뿐만 아니라 얍삽이 소장에게도 신규 근로계약서에 서명을 받아 갔다고 한다. 상황이 예상과 다르게 돌아가고 있었다.

　ㄱ건설이 떠나면서 얍삽이 소장도 박 사장처럼 ㄱ대에서 자연스레 나갈 줄 알았다.

　"얍삽이 소장은 그대로 두는 건가요? 퇴출 투쟁이라도 해야 하는 건 아닐까요?"

당시 내가 걱정스레 묻는 말에 수연은 담담히 대답했었다.

"며칠 전에 얍삽이 소장이 와서 청량리로 일 알아보러 다닌다고 하더라고. 용역계약 만료되면 먹고살 준비하는 거겠지. 어차피 나갈 사람, 그렇게까지 하며 불쌍하게 내쫓을 필요 있겠어. 본사 조 부장하고 총무처장한테도 단단히 일러놨으니 문제없을 거야."

수연은 현 소장의 고용승계는 절대 안 된다고, ㅅ종합관리 조 부장이나 총무처장을 볼 때마다 반복해서 말했었다. 여태껏 ㅈ노조 편을 들며 부당노동행위를 해왔던 사람을 다시 소장으로 앉힐 수는 없었다. 당시 조 부장도 잠실에 있는 아파트에서 일하던 사람을 데려올 거라고 했었다. 그가 바로 김 소장이었다. 수연도 지영도 그 말에 안심했었다.

그런 얍삽이 소장이 쫓겨나기는커녕 오히려 ㄱ대에서 다시 일하게 됐다니, 마치 계획한 일인 듯 그의 채용이 이루어진 것에 수연과 지영이 느낀 배신감은 상당했다.

민주노조에서 소장 신분으로 그의 고용승계를 막으니 아예 일반직원으로 넣어버린 것인데, 새로 들어올 용역업체가 굳이 위험을 감수하면서까지 민주노조가 반대하는 인물을 데리고 있으려는 이유를 알 수 없었다. 학교의 입김이 작용했던 걸까.

하루 종일 수연과 지영은 조 부장과 김 소장에게 따졌다. 하지만 그들은 핑계만 댔다. 서로에게 책임을 전가했는데, 전임 소장의 채용에 대한 책임을 지려는 사람은 아무도 없었다. 김 소장은 윗선에서 그의 근로계약서를 받아 오라고 해서 받았을 뿐이라고 답했지만, 시간이 지나자 말을 계속 바꾸었다. 조 부장은 분명히 김 소장에게 그의 근로계약서를 받지 마라고 전달했단다. 꼬리를 자르려는 듯 김 소장에게 모든 책임을 전가하려 했다. 정작 얍삽이 소장의 근로계약을 해지하겠다는 말은 절대 하지 않았다.

얍삽이 소장이 ㅅ종합관리의 직원으로 다시 출근하게 된 상황인데 민주노조는 어쨌든 그의 출근만큼을 막아야 했다. 소장으로 일했던 그가 오면, 예전의 영향력을 바탕으로 민주노조 조합원들을 더 착실히 도끼질할 것이다. 말로만 일반 청소노동자지, 출근 전부터 소장을 보좌할 실장 자리를 받았다는 소문이 심심찮게 돌고 있었다.

그가 출근을 하면 그때는 정말 내쫓을 방법이 없었다. 하지만 ㅅ종합관리는 일을 저질러놓고 묵묵부답이었다. 그를 끝까지 안고 가겠다는 입장만을 반복할 뿐이었다.

수연은 결국 또다시 총무처로 향했다. 학교를 압박해야 원청 눈치를 보는 용역업체가 슬그머니 반응을 하기 때문이었다.

직원들은 퇴직금 때와 다른 반응을 보였다. 들어가서 자리를 까니, 총무처 팀장이 채증을 하며 업무방해죄로 고소하겠다고 했다. 짜증 섞인 목소리로 빽빽 소리를 지르며 나가라고 위협했는데, 잠자코 있었던 지난번 분위기와는 사뭇 달랐다.

"자꾸 말도 안 되는 일로 이렇게 무작정 들어오시면, 저희도 아줌마들한테 당하고만 있지 않습니다."

또 아줌마란다.

ㅅ종합관리 사람들은 총무처 직원들의 눈치를 보기는커녕 오히려 더 대담하게 행동했다. 김 소장은 민주노조가 총무처에서 농성을 하고 있는데도 아랑곳하지 않고 근로계약서를 쓰라고 난리였다. 얍삽이 소장이 민주노조원들 몰래 서명했다던 그 근로계약서였다. 그 계약서에는 민주노조가 요구한 안을 전혀 반영하지 않은 회사의 일방적인 생각이 담긴 내용뿐이었다. 가장 어이없는 문구는 작업복을 받을 때 보증금 조로 3만 원을 내야 하고, 퇴직할 때는 다시 반납해야 한다는 것이었다. 그런 내용이 담긴 근로계약서에 얍삽이 소장과 ㅈ노조 조합원들은 아무 말도 하지 않고 사인을 한 것이다.

"아니, 우리가 누구 때문에 총무처에 다시 들어왔는데. 당신이 소장(얍삽이 소장)한테 근로계약서를 받아놔서 그런 거잖아요. 그것만 아니었으면 우리 이렇게 고생하지 않았어요. 그런데 이제는 이 말도 안 되는 근로계약서를 우리더러 쓰라고 들고 오신 거야? 아주 가지가지 하네. 이 근로계약서 들이대면 우리가 어이구 감사합니다, 하고 넙죽 도장이라도 찍어줄 줄 알았어요?"

김 소장도 물러서지 않았다. 오히려 역정을 냈다. 니네 마음대로 하세요,라며 빈정거리더니 손을 높게 쳐들고 위협까지 했다. 갑작스런 소란에 재무차장이 짜증을 내며 김 소장에게 아줌마들을 데리고 얼른 나가라고 채근했다. 안 나가면 당장 경찰 부르겠다면서 사무실 전화기를 들어 흔들어 보였다.

다행히 얍삽이 소장을 일주일간 대기 발령 내기로 합의했다. 총무처를 점거하는 동안 수연이 조 부장과 전화로 긴밀히 협상한 결과였다. 회사가 한발 물러섰지만, 얍삽이 소장의 근로계약을 무효화시킨 것은 아니었다. 수연도 잠정적으로 총무처 점거를 풀었다. 총무처 직원들이 보인 행동으로 봐서는 괜히 섣부르게 행동하다가 역풍을 맞을지 모른다는 생각이 들었기 때문이다. 어쨌든 민주노조는 일주일이란 기간 안에 얍삽이 소장을 ㄱ대에서 퇴출시켜야 했다. 그는 대기 발령이 결정될 즈음, ㅈ노조에 가입했다고 한다.

나와 민주노조 간부들은 얍삽이 소장을 해고시킬 수 있는 증거를 찾기 위해 고심했다. 이것저것 서류 등을 검토하는데 수연이 ㅈ노조 위원장 소개로 그를 소장으로 채용했다던 박 사장의 이야기를 기억해냈다. 그 말이 맞는다면 정황상 그는 애초부터 민주노조를 파괴하기 위해 들어온 사람이었다.

나는 며칠 동안 당시 기사나 블로그 등을 검색했다. 결국엔 〈매일노동뉴스〉에 올라온 ㅈ노조 위원장의 인터뷰 기사를 찾아냈고 놀라운 사실을 알게 되었다.

얍삽이 소장은 현 ㅈ노조 위원장과 ㅈ노조를 만든 초창기 멤버였는데, 수석부지부장까지 역임했다. 기사에서 둘은 꽤 오랜 시간을 함께한 동지 사이였다. 박 사장 말이 맞았다. 현재 업체나 학교가 그를 두둔하는 이유를 알 것 같았다. ㅈ노조원들이 3년 전에 거짓증언까지 하며 무리하게 이 소장을 내쫓은 이유가 단순히 학교의 입장에 힘을 실어줄 요량뿐만 아니라 같은 편이었던 얍삽이 소장을 ㄱ대 현장 소장으로 앉히기 위함은 아니었을까.

인터뷰 기사를 읽는 동안 온몸이 부들부들 떨렸다. 여태껏 속아왔다는 것에 분노할 수밖에 없었다. 기가 막힌 건 얍삽이 소장이 전국노동조합협의회 소속 노조 간부 출신에 대기업 계열의 포장재 제조업체 노조위원장과 그 상급 단체의 대의원까지 역임한 베테랑 노조 활동가였다는 사실이다. 노조 활동 경력만 20여 년이 넘었다. 3년간 '불법파업'을 이야기하고, 무노동 무임금을 따지고 들었던 그는 노조원들의 심리를 너무 잘 알고 있었던 거였다. 나도 이런데, 민주노조 조합원들이 이 사실을 알면 몸서리를 치며 끔찍해할 일이었다.

나는 혹시 동명이인인가 싶어서 'ㅈ노조'라는 이름으로 만들어진 다음 카페 홈페이지에 접속했다. 카페 전면에는 2010년 ㅈ노조의 임시총회 사진이 걸려 있었다. 사진을 유심히 살폈는데, 가운데 자리에 그가 ㅈ노조 위원장과 함께 팔뚝을 높이 들고 서 있었다. 드디어 확실한 물증을 찾아낸 것이다. 나는 그 자료가 그의 근로계약을 해지할 수 있는 증거가 될 수 있다고 생각했다.

민주노조 간부들과 나는 찾아낸 자료들을 들고 ㅅ종합관리 민대표를 만났다. 그는 명백한 증거 앞에서도 강경하게 맞섰다. 세 명

유령들

의 임원 중 유일하게 그를 고용하겠다고 버티는 인물이었다. 몇 차례의 만남에도 민 대표가 끝까지 고집을 부리는 탓에 노사 간의 대화는 완전히 결렬되고 말았다. 다음 날 다시 만나기로 했지만, 쉽지 않아 보였다. 수연은 ㅅ종합관리가 얍삽이 소장을 ㄱ대에 무조건 남기기로 학교와 거래를 하고 용역 계약을 맺었다는 의심을 하기에 이르렀다. 행동으로 보여줘야 한다고 생각했다.

"더 이상 안 되겠네요. 회사와의 협상이 결렬됐습니다. 이제는 우리가 행동으로 보여줘야 합니다. 관리처로 들어갑시다."

수연을 필두로 조합원들이 관리처에 떼를 지어 들어갔다.

관리처 직원들은 그들이 들어올 줄 미리 예상이라도 한 듯 문이 열리자마자 곧장 채증을 하며 조합원들을 향해 고래고래 소리를 질렀다. 겁부터 주려는 모양새였다. 욕도 난무했다.

"우리가 범죄자야? 왜 사진을 찍어?"

수연이 촬영 중인 스마트폰의 카메라 렌즈를 손바닥으로 가리려고 하자 한 직원이 소리쳤다.

"어, 어, 어. 건들지 마세요. 건들면 폭행이에요. 그리고 지금 안 나가시면 업무방해입니다. 다 찍고 있어요."

그는 수연의 화를 계속 돋웠다. 수연이 계속 강하게 항의하자 그 옆에 있던 직원이 수연을 돌연 밀쳤다. 쓰러진 수연이 다시 일어나려다 허리를 부여잡았다. 허리통증이 심하다며 119를 불러달라고 했다. 그럼에도 직원은 수연의 팔을 잡아끌며 꾀병 부리지 마라고

역정을 내며 강제로 일으키려 했다.

"이 아줌마 완전 쇼하시네. 떠민 사람도 없는데 왜 혼자 쓰러져서 난리야? 얼른 일어나요."

함께 있던 활동가가 직원을 저지하며 소리를 질렀다.

"지금 뭐하는 겁니까? 매번 거짓말로 뒤통수나 치더니 세상 사람들이 다 거짓말쟁이로 보이십니까?"

수연은 119에 실려 가는 와중에도 계속 항의를 했다.

"당신네들이 어떻게 그럴 수 있어. 우리가 무리한 요구를 하는 것도 아닌데, 사람을 밀쳐? 부당노동행위 저지른 사람을 채용하고 막무가내로 행동하는 업체를 바꿔달라는 게 잘못된 거야? 애초에 업체를 잘 뽑았으면 이런 일도 없었어."

지영은 주저앉아서 눈물을 흘렸다.

119 구급대원의 부축을 받으며 이동하는 수연의 뒤에서 직원은 계속 거짓말이라며 쇼하지 마라고 고함을 질렀다. 보다 못한 한 조합원이 촬영한 영상을 그 직원에게 보여줬다. 영상에는 그가 수연을 밀친 장면이 고스란히 찍혀 있었다. 그 이후로 관리처 직원들은 청소노동자들에게 업무방해니 뭐니 한마디도 하지 못하고 입을 닫았다. 노조 측은 학교와의 관계를 생각해서 끝내 고소는 하지 않았다.

조합원들은 관리처에 자리를 깔고 복도에 세워놓았던 짐들을 안으로 옮겼다. 드디어 사무실에서 무기한 점거 농성에 돌입한 것이

유령들

다. 여태껏 임·단협은 물론 퇴직금 문제 때도 끝내 하지 않았던 사무실 농성을 전임 소장 한 사람 덕분에 하게 되었다. 지영이 퇴직금 문제로 한창 농성 중일 때 이번에는 기필코 사무실에서 점거 농성을 하겠다던 말이 씨가 되어버린 듯했다.

응급실로 향했던 수연은 밤이 늦어서야 퇴원을 했다. 병원에서 나와 곧장 농성장으로 돌아왔다는 수연은 괜찮다고 했지만 표정이 썩 좋아 보이지는 않았다.

사무실 점거 농성 이틀째였다. 총무처장이고 관리처장이고 용역업체의 직원 인사권에 대해서 간섭할 수 없다는 입장을 밝혔다. 수연이 잘못된 인사권을 행사하는 용역업체에 대해 학교가 관리를 제대로 하지 않은 탓이라고 주장했지만, 그들에게 씨알도 먹히지 않았다. 관리처장은 우리는 제3자라서 개입할 명분도 없을 뿐더러 현재 관리처 점거는 불법이라고 답했다. ㅅ종합관리 민 대표는 아예 전화도 받지 않았다.

3일째 되는 날, 영선반 사람이 'A' 자 사다리까지 가져와 농성 중인 관리처 사무실 천장에 'CCTV'를 달았다. 그런데 학교에 달린 다른 것과는 모양이 달라 보였다. 수연은 그가 랜선을 천장 위로 끌어올리기에 와이파이를 추가로 설치하려나 보다 싶었다고 한다. 영선반 사람에게 뭘 다는 거냐고 물었지만, 그는 아무 말도 없이 작업만 했다. 수연은 그가 갖고 온 박스 겉면에 적힌 내용을 보고 '홈캠'인 것을 알았다는 것이다.

관리처 직원들이 홈캠을 단 데에는 간편하게 민주노조원들을 감시하려는 꼼수가 숨어 있었다. 'CCTV'를 설치할 경우에는 ㄱ대의 'CCTV 설치·운영에 관한 규정'을 따라야 하는데, 화상정보를 열람하려면 접근권한을 부여받아야 했다. 'CCTV' 관리 주체가 총무처 소관이었기 때문에 절차대로라면 관리처가 이를 직접 확인할 수는 없었다. 관리 주체도 아닌 데다가 화상정보를 수집하려면 제약도 많았다. 설치 목적을 넘어서는 카메라의 임의 조작이 불가능했고 회전 및 확대 기능을 사용해서도 안 됐다. 이러한 복잡한 절차를 피하려고 창고에 쌓여 있는 '홈캠'을 들고 와서 사무실에 설치한 것이었다.

그는 천장에 설치한 홈캠에 랜선을 연결했다. 그걸 지켜본 한 조합원이 옆에 있던 수연에게 한마디 했다.

"분회장님 저거 있잖아요, 우리 집에도 있는 거예요. 강아지들 잘 있는지 보려고 설치했거든요."

"저게 그거야? 참 나, 학교에서 우리를 개새끼로 아나 보네."

수연이 자신 앞으로 지나가는 직원의 팔을 붙잡고 물었다.

"저기요. 우리가 개새끼인가 보네요?"

그는 팔을 거칠게 빼더니 수연을 째려보았다.

"아니, 지나가는 사람 팔을 왜 붙잡아요. 이거 다 업무방해예요. 알겠어요?"

"아, 그 점은 죄송합니다. 하지만⋯."

그는 수연의 말을 단칼에 끊었다.

"무단 점거 풀면 저거 다 뺄 거예요. 여사님들, 여기서 얼른 나가시면 다 해결돼요."

영선반 직원은 소란이 나든 말든 자신은 상관없다는 듯 스마트폰으로 홈캠을 이리저리 조작했다. 홈캠은 그가 조작하는 방향대로 회전했다. 그의 스마트폰에는 렌즈가 향하는 방향대로 사무실의 모든 구역이 다 보였다. 360도 회전도 가능했다. 그 움직임은 마치 너희가 무슨 짓을 하는지 다 지켜보겠다는 징표처럼 느껴졌다. 그날 밤에도 홈캠은 잠자리를 준비하던 그녀들을 향해 고정된 채 일거수일투족을 뚫어지게 쳐다보고 있었다.

다음 날 지영과 수연은 학내 이곳저곳을 돌아다니며 지난 3년간 얍삽이 소장의 부당노동행위에 대해 더 확실한 증거들을 모았다. 자료들을 모아놓고 보니 얍삽이 소장은 ㅈ노조를 만든 장본인으로서 ㅈ노조를 위해 한 일이 너무 많았다.

수연이 ㄱ건설 경리에게 사정사정해서 받아온 회계 문서를 넘겨보다가 내게 들이밀며 흥분했다.

"이것 봐, 이것 봐. 민주노조 조합원만 차별했어."

"어떻게요?"

"백부나 백모가 사망할 경우에는 경조휴가를 받을 수 없는데 ㅈ노조 사람들만 휴가를 따냈어. 여기 보이지? 아, 정말 까맣게 몰랐네."

수연이 김 아무개란 이름에 검지를 올려놓았다.

"그럼 소장이…, 아! 전임 소장이?"

얍삽이 소장은 지난 3년간 단체협약 및 보충협약에도 없는 백부, 백모 사망 시 경조휴가를 ㅈ노조 조합원들에게만 3일씩 허가했다. 수연이 동아리방이 있는 건물에서 일하는 민주노조 조합원의 백부 사망 때 일을 기억해냈다. 분명히 얍삽이 소장은 백부 사망에 관한 경조휴가가 없으니 연차휴가를 쓰라고 했었다는 것이다.

"여기 보면, 증거 자료들 딱 있지? ㅈ노조의 김 아무개랑 이 아무개가 백부, 백모 사망으로 휴가 받은 거."

지영이 물었다.

"분회장님, 명순 언니가 억지로 연차인지 병가인지 휴가 낼 뻔했던 거 기억나요? 소장이 뭐라고 해서. 그게 무슨 이유 때문이었죠?"

수연이 잠시 얼굴을 찡그리더니 생각이 난 듯 말했다.

"발가락 다친 날 있었잖아."

"아, 맞다. 얍삽이 소장이 못 나오게 했죠?"

얍삽이 소장은 발가락을 다친 민주노조원이 압박붕대를 하고 출근하자 병가를 내라고 강요했었단다. 다른 사람들에게 보기 좋지 않다면서 말이다. 반면에 지영이 양재기라고 부르는 ㅈ노조원이 어깨 인대 손상으로 통깁스를 했을 때는 그녀의 출근을 인정해줬다. 외관상으로 일을 전혀 할 수 없는 상황임에도 출근을 시켜서 혜택을 준 것이었다.

유령들

"분회장님, 잠깐만요."

"왜?"

"여기 양재기 시동생이 죽었을 때 경조휴가를 썼잖아요. 그런데 대체근로를 한 사람이 도서관 사람들이네요? 같이 일하는 명순 언니가 아니라."

ㄱ대분회 보충협약에 따르면 동료의 휴가 기간에는 같은 건물에서 일하는 사람들이 일주일 이내에 한해서 대체근로를 하도록 되어 있었다. 그 기간에 대체근로를 한 동료들은 휴가자가 받아야 할 임금을 일한 인원수만큼 나눠서 지급받았다. 일주일이 넘을 경우에만 특정한 대체근로자를 투입시켜야 했다.

"어, 그러네?"

수연은 도서관의 관 대표에게 전화를 걸어 그날 대체근로를 했는지 물었다. 휴대폰에서 흘러나온 그녀의 답변은 단호해 보였다. 수연은 관 대표의 말을 다 들은 후, 지영을 향해 고개를 좌우로 돌렸다. 도서관 식구들이 대체근로를 하지 않았다는 의미였다.

"그러면 자기가 경조휴가 받아서 휴가 받은 대로 돈 받고, 대체근로에 다른 사람 이름 올려놓고 또 돈 받아간 거네요? 문서를 아예 조작한 거잖아요? 혼자 했을 리는 없고, 이거 얍삽이 소장이 경리한테 이렇게 했다고 올린 거죠?"

"뻔하지. 둘이 공모한 거겠지."

"와, 우리 몰래 아주 난리도 아니었네요."

"어랍쇼, 특근 수당도 타먹었네. ㅈ노조 간부들끼리. 무슨 특근이 이렇게 많았어?"

얍삽이 소장은 특근이 있을 때마다 ㅈ노조 조합원들에게만 알렸다. 심증으로 특근을 몰래 몰아주는 건 알았지만, 몇 안 되는 간부들끼리 매달 일부러 특근을 만들어서 했다는 사실에 대해서는 수연도 몰랐던 것 같다.

"걔네가 디시(DC)형으로 선택한 이유가 이것 때문인가 보네. 특근을 거의 매달 지네가 다 해먹어서 우리가 받는 디비(DB)형보다 더 많이 받을 것 같은데? 디시(DC)형은 특근수당도 다 퇴직금에 포함되잖아. 소장도 같이했네, 이거."

"이거 완전 자기네들 판이었네요? 우리는 그것도 모르고…."

"잠깐만, 그것도 있잖아. 문자 오인 사건."

수연의 말에 지영의 표정이 차갑게 굳었다.

"그거요?"

지영이 바로 문자 오인 사건의 피해자였다. 2017년 8월 중순쯤 벌어진 일이었다. ㅈ노조 간부였던 양재기가 민주노조 조합원들만 있는 카카오톡 단체방에 올라온 메시지를 구실로 지영이 얍삽이 소장을 퇴출하려 한다는 허위 사실을 만들어 유포했다. 그 단체방에는 소장 퇴출이라고 쓴 메시지가 전혀 없었다. 증거가 없는데도 얍삽이 소장은 ㅈ노조원의 말만 믿고 소장 퇴출을 선동한 범인으로 지영을 지목했다. 더 나아가서는 지영에게 일방적으로 왜 이런 문자를 보냈냐고 항의까지 했다.

"분회장님, 저 그 일로 엄청 고생한 거 아시죠? 지금도 치료받아
요. 아무 죄도 없는 소장을 해고시키려 하는 게 말이 되냐면서 그
주동자를 저로 몰아놓고는 아무 증거도 없이 저를 잘라야 한다고
갖은 욕을 다 했었잖아요. 그건 오해도 아니고 단정이었어요. 제가
한 것처럼 꾸민 거잖아요. 경찰에 고소하려다가 참은 건데…."

지영이 한숨을 쉬었다.

"괜히 참았나 봐요. 확 고소해버릴걸."

하나하나 드러나는 얍삽이 소장의 비위 사실을 문서로 정리하고
있던 나는 하도 기가 막혀서 손이 부들부들 떨렸다.

점거 5일째 되는 날, 얍삽이 소장 퇴출 문제를 의논하기 위해 서
경지부 활동가를 찾았을 때 어처구니없는 말을 들었다.

"얍삽이 소장을 해고하기 힘들면 ㅅ종합관리가 용역 맡은 다른
곳으로 보내라고 하면 되잖아요. 아파트도 많더만요."

얍삽이 소장을 ㄱ대에서 내쫓을 수 있다는 확신을 갖고 있던 지
영은 답답한 마음에 눈시울까지 붉어졌다.

"다른 사업장은 ㄱ대랑 임금 수준이 맞지 않아서 옮길 수가 없어
요. 그게 법적으로도 효력이 있고요. 회사에서 직원의 임금을 강제
로 깎을 수가 없거든요. ㅅ종합관리에서 용역 계약을 한 건물들이
대부분 아파트잖아요. 아파트 쪽은 거의 최저임금 수준인 거 사무
장님도 아시죠? 그것마저도 8시간이 아니라 7시간, 6시간으로 줄

여서 주기 때문에 임금을 ㄱ대만큼 맞출 수가 없대요. 저도 확인해 봤고요. 그쪽 아파트 단지 청소노동자들이 노조를 만들어서 ㄱ대 만큼 임금 올려달라고 하지 않는 이상 불가능하죠, 지금으로서는 요. 그렇다고 그 사람(얍삽이 소장)이 자발적으로 임금을 덜 받겠다고 하지는 않을 테고요."

"그건 그렇지만…. 회사가 잘못했으면 자기네들이 알아서 해야 지, 여태껏 나쁜 짓만 일삼던 사람을 안고 간다는 게 옳은 일인가 요? 그러면 해고밖에는 답이 없는 거네요?"

활동가가 말하길, 업체가 해고를 한다고 해도 얍삽이 소장이 부 당해고 구제신청을 내면 ㄱ대에 돌아올 가능성이 99.9%라고 했다. 현재는 단협 적용도 어려웠다. 수연도 노동조합 간 차별이 있을 시 시정조치를 한다는 단협 제18조 2항을 활용하려 했지만 그 조항은 관리자에게만 적용할 수 있었다. ㅅ종합관리와 불시에 근로계약을 맺은 얍삽이 소장은 노동자 신분이었다. 그럴 일이야 절대 일어나 지 않겠지만 만약에 그가 부당노동행위를 인정한다고 해도, 해고 할 방법이 마땅치 않았다. 그 시점이 ㄱ건설 때였기 때문이다. 곧, ㄱ대의 청소용역을 맡게 될 ㅅ종합관리가 자사와는 무관한 예전 일로 그를 해고할 수 없었다. 그럼에도 해고를 강행한다면 바로 부 당해고의 빌미가 되는 것이었다. 얍삽이 소장은 결국 ㅅ종합관리 와 근로계약을 시작하면서 과거의 어떤 잘못도 물을 수 없는 사람 이 된 것이었다. ㅅ종합관리가 의도했든 아니든 얍삽이 소장을 사

유령들

면해준 꼴이 됐다.

단협도 안 된다면 검찰에 고소하는 방법밖에 없었다. 부당노동행위에 대한 공소시효가 5년이라 그를 고소할 시간은 아직 남아 있었다. 하지만 부당노동행위로 고소를 해도 이긴다는 보장이 없었다. 얼마 전 ㅇ병원의 청소노동자들이 부당노동행위 구제신청을 냈는데, 지방노동위원회와 중앙노동위원회에서 모두 기각된 일이 있었다. 지부에서도 이긴다고 확신했을 만큼 녹취록 등의 증거자료는 충분했다. 그런데도 졌다. ㅇ병원분회와 비교하면 수연과 지영이 얍삽이 소장에 대해 갖고 있는 증거는 턱없이 부족한데, 이런 상황에서 무작정 고소를 강행하기에는 위험 부담이 컸다.

활동가도 여러 방법을 강구해보았지만 딱히 뾰족한 수가 없다고 했다. 얍삽이 소장을 내쫓으려 했다면 이미 ㄱ건설이 있을 때 퇴출을 시켰어야 했다는 말이다. 결과적으로 수연의 오판이 얍삽이 소장의 복귀에 날개를 달아준 것이었다. 얍삽이 소장의 해고 가능성이 0%라는 말에 지영은 힘이 쭉 빠진 듯 어깨가 맥없이 떨어졌다.

박 사장이 직원들을 마음껏 해고시키는 장면을 수년간 지켜봐왔던 ㄱ대 청소노동자들에게 근로기준법은 무의미했다. 노조에 가입했어도 나이를 핑계로 노동법을 공부하지 않고 이면의 복잡한 관계는 무시한 채 당장 눈앞에 보이는 직관에만 의존한 결과인지도 몰랐다. 그날 지영은 근로기준법에 비추어 앞뒤 판단을 하지 못한 자신을 원망했다.

얍삽이 소장 해고 협상이 지지부진하자 학교와 용역업체가 그의 뒤를 봐준다고 생각하는 조합원들이 늘어났다. 그를 호의적으로 생각했든 나쁘게 봤든, 그가 ㅅ노조 사람이었다는 사실을 알게 된 민주노조원들이 그를 '죽일 놈의 새끼'라고 욕을 하며 배신감에 분개하는 분위기도 있었지만 힘의 역학 관계에서 민주노조가 얍삽이 소장이 있는 ㅅ노조에 밀릴 것은 불을 보듯 뻔했다. 나쁜 놈은 나쁜 놈인 거지만 먹고사는 문제가 더 컸으니까. 민주노조는 조합원들의 대량 이탈을 우려해야 하는 상황에 처한 것이다.

민주노조에서 고안해낸 방법은 얍삽이 소장이 다시 들어온다고 할지라도 ㅅ종합관리가 어떤 구실이든 내세워 해고를 시키는 것이었다. 그렇게만 된다면 노조원들의 급격한 이탈만큼은 막을 수 있을지도 모른다는 생각이었다.

얍삽이 소장 해고 건으로 몇 차례 면담을 갖았던 ㅅ종합관리 조 부장이 중재안을 내놓았다. 그를 해고하지 않는 대신에 앞으로 나올 퇴직자에 대해서 인사권을 주겠다는 것이었다. 중재안의 내용만 봤을 때는 민주노조에 꽤 유리해 보였다. 2016년에 학교가 확약해준 협의서보다도 더 나은 채용안이었다. 조 부장은 중재안에 도장을 찍는다면 ㅅ노조에는 절대 알리지 않겠다고 했다. 하지만 수연과 지영은 그 안을 단칼에 거부했다. 이 내용이 지난번처럼 언제 밖으로 새어 나갈지 모르는 일이었다. 지금까지 ㅅ종합관리가 저지른 일련의 일들을 봐서는 그들이 어떤 식으로 유혹해도 믿을 수

유령들

가 없었다. 두 사람은 무조건 얍삽이 소장의 해고만이 민주노조가 살 길이라 생각했다. 만약에 민주노조가 소수 노조로 전락하더라도 자존심만큼은 지키고 싶었다.

5일간 벌인 점거 농성의 결과, 마침내 노사 간에 합의를 보았다. 힘겨운 줄다리기 끝에 절차에 따라 그를 해고하라는 민주노조의 요구를 회사 측이 받아들이기로 했다. 하지만 만일 얍삽이 소장이 지노위에 부당해고 구제신청을 내서 판결 결과가 인용으로 나오면 그를 무조건 복귀시킨다는 단서가 붙었다. 그의 복귀 시 신분은 근로계약대로 소장이나 반장이 아니라 청소노동자였다.

회사가 단서를 달았다는 점에서 이미 그의 복귀는 쉽게 예견할 수 있었다. 업체도 그가 이번 일로 부당해고 구제신청을 내면 지노위에서 받아들여진다는 사실을 충분히 인지하고 있었다. 해고를 해도, 그는 다시 돌아올 예정이었다.

얍삽이 소장의 퇴출 문제가 찜찜하게 마무리되고 얼마 후, 설립자의 손녀이자 전 이사장의 맏딸이 이사장으로 취임했다. 재작년에 제9대 총장과 함께 상임이사로 선임되더니 전임 총장의 아들이 이사장직을 중도에 그만두면서 갑자기 이사장이 된 것이다. 그녀의 이사장 선임일은 묘하게도 ㅅ종합관리가 첫 용역 업무를 시작한 시기와 맞아떨어졌다.

파괴범

하나의 사업 또는 사업장에서 조직 형태에 관계없이
근로자가 설립하거나 가입한 노동조합이 2개 이상인 경우
노동조합은 교섭대표노동조합
(2개 이상의 노동조합 조합원을 구성원으로 하는 교섭대표기구를 포함한다. 이하 같다)을 정하여
교섭을 요구하여야 한다.
다만, 제2항에 따라 교섭대표노동조합을 자율적으로 결정하는 기한 내에
사용자가 이 조에서 정하는 교섭창구 단일화 절차를
거치지 아니하기로 동의한 경우에는 그러하지 아니하다.

———— 노동조합 및 노동관계조정법 제29조의2 1항

예상대로 그가 돌아왔다.

하지만 얍삽이 소장의 부당해고 구제신청이 받아들여져서 복귀
한 것이 아니었다. ㅅ종합관리와 그는 구제신청 결과가 나오기 전
에 이미 '화해'를 했다. 지노위에서 화해조서를 작성했는데, 그의
해고를 취소하고 원직에 복귀시킨다는 내용이었다. 그들의 화해는
민주노조와 약속했던 해고 합의안을 정면으로 파기한 셈이 됐다.

그는 복귀하기 전에 수연이 무고한 자신을 해고했다면서 1인 시
위도 했고 집회도 열었다. 자신이 3년여간 ㄱ대에서 민주노조원들

을 대상으로 벌인 짓이 있음에도 철면피처럼 '피해자 코스프레'를 했던 것이다. 자신의 취업을 방해했다고 근로기준법 제40조(취업 방해의 금지)를 들먹이며 ㄱ대 관할에 있는 고용노동지청에 고소하기도 했다. 그를 해고한 건 ㅅ종합관리인데도 말이다. 그럼에도 ㅅ종합관리와 관련해서 어떠한 집회도 시위도 하지 않았다. 서울시민과 ㄱ대 학생들에게 호소한다는 내용이 적힌 전단지에도 자신의 해고를 최종적으로 결정내린 ㅅ종합관리에 대해서는 일절 언급이 없었다.

둘 사이의 유착 관계를 의심하던 중, ㅅ종합관리가 민주노조에 약속해준 얍삽이 소장의 해고 관련 합의 문서를 도리어 그에게 몰래 건네준 정황이 포착됐다. 그가 그 문서를 다량으로 복사까지 해서 ㅈ노조 조합원들에게 나눠 주었기 때문이다. 그 합의안을 절대 노출시키지 않겠다고 약속한 ㅅ종합관리의 배신이었다. 이것이야말로 ㅅ종합관리가 그를 어떻게 해서든 ㄱ대에 복귀시키려 안간힘을 쓰고 있다는 증거가 아니었을까.

수연은 얍삽이 소장의 고소로 고용노동지청에서 조사를 받았지만 무혐의 처리되었다. 얍삽이 소장은 전혀 '무고'하지 않았을 뿐더러, 근로기준법 제40조는 수연에게 적용할 만한 법 조항도 아니었기 때문이라고 한다.

얍삽이 소장은 복귀 다음 날, ㄱ대 청소노동자 중 가장 쉬운 청소 구역을 배정받았다. 김 소장이 직접 결정한 사안이었다. 이제부터 열심히 회사와 학교 편을 들어줄 ㅈ노조 지부장에 대한 배려로 보였다. 이미 그는 해고당하고 며칠 뒤에 ㅈ노조 ㄱ대지부 평조합원에서 지부장이 됐다. 돌고 돌아 자신이 수년간 몸담았던 ㅈ노조의 간부로 돌아온 것이다. 물론 민주노조 파괴의 의지는 일관성 있게 유지하면서 말이다.

ㅅ종합관리의 현장 소장은 그를 함부로 대하지 못했다. 상하관계가 완전히 뒤바뀐 셈이었다. ㅈ노조 조합원들은 김 소장을 자신의 지부장보다 아랫사람처럼 대했고 지부장을 소장으로 생각하며 예전처럼 그의 말만 따르는 것이었다. 수연과 지영의 우려대로 학교의 높은 사람 중에 그를 지원해주는 '빽'이 있다는 소문이 돌았기 때문이다. 얍삽이 소장이 현장으로 다시 돌아올 수 있었던 것도 그가 힘을 써줬기에 가능했다는 말이 ㅈ노조원들 사이의 중론이었다. 그는 그 소문에 대해 긍정도 부정도 하지 않았단다.

얍삽이 소장은 복귀하고 며칠이 지나자 숨겨두었던 발톱을 꺼냈다. 사실 복귀하기 전부터 ㅈ노조를 다수 노조로 만들기 위해 민주노조 사람들을 빼내려고 혈안이었다. ㄱ건설에서 소장으로 있었을 때처럼 정년이 연장된 민주노조 조합원들을 몰래 만나서, ㅈ노조로 들어오면 퇴직금을 받을 수 있다고 회유했다. ㅅ종합관리는 ㄱ건설의 '정년연장안'을 보충협약으로 승계한 상황이었다. 대신에 예전처럼 무기한 연장은 아니었고, ㄱ건설 박 사장이 했던 대로 1944년생부터 순차적으로 퇴직시키는 안으로 수정됐다. ㅅ종합관리도 마냥 정년을 연장시킬 수는 없었을 것이다. 다른 곳은 어떻게든 정년을 줄이려고 애를 쓰는데, ㄱ대만큼은 여전히 만 70세가 넘어도 일을 할 수 있으니 ㅅ종합관리 입장에서 얼마나 탐탁지 않게 생각하고 있을지는 불을 보듯 뻔했다.

수연과 지연은 여전히 남아 있던 채용협약서 때문에 회사가 정년을 넘긴 노동자들을 일괄적으로 퇴직시키지 않는 것이라 의심했다. 사실 만 70세 이상 노동자들의 면면을 살펴보면 그 상당수가 민주노조원들이었다. 또한 그들은 ㅈ노조원들에 비해 상대적으로 나이가 어렸다. ㄱ대의 최고령자인 1944년생도 ㅈ노조원이었다. ㅈ노조원들이 대체로 그 연령대에 몰려 있는 반면에 민주노조원들은 1947, 1948년생이 주를 이루었다. 그래서 회사의 방침대로 정년안을 시행할 경우 민주노조원들의 퇴직도 그만큼 뒤로 밀리게 된다. ㅅ종합관리의 정년안은 결국 얍삽이 소장이 민주노조 정년자들을 ㅈ노조로 끌어들일 수 있도록 최대한 시간을 벌어주려는 꼼수에 불과하다는 것이 수연과 지연의 생각이었다. 회사 입장에서는 단계적이기는 하지만 정년을 줄일 수 있고, 민주노조원들에게 공작을 펼칠 시간까지 마련할 수 있다는 점에서 일석이조의 효과를 노릴 수 있었다.

역시나 회사가 폐기하려던 정년연장안을 얍삽이 소장이 회사에 '강력히 요구'해서 그나마 이 정도로 무마될 수 있었다는 말이 ㅈ노조원들 사이에 돌았다. 조금이라도 일을 더 하고 싶어 했던 민주노조의 정년자들은 그 소문을 곧이곧대로 받아들였다. 그때부터 그들은 ㅈ노조 지부장, 다시 말해 얍삽이 소장을 다시 좋게 보기 시작했다.

그의 노력 덕에 한 명이 더 ㅈ노조로 넘어갔다. 학교도 ㅅ종합관리나 ㅈ노조와 손발을 맞추려는 듯 체당금이 나왔음에도 이미 합의된 퇴직금 지급을 계속 미루고 있었다.

얍삽이 소장은 소장이었던 4개월 전에는 부당노동행위로 걸릴까 봐 은근슬쩍 꼬드기더니, 이제는 대놓고 민주노조에서 탈퇴하라고 말하며 다녔다. 그 자리에 수연이 있든 말든 상관없었다. 민주노조원을 빼가기 위해 별의별 수작을 다 부렸다. 교통사고로 병가를 내고 치료 중인 민주노조 조합원의 입원실까지 들락거렸는데, 그녀가 너무나도 완강하게 민주노조에 남아 있겠다고 하자 그녀의 자식들에게까지 접근했다고 한다.

"얍삽한 그놈이 자식들 붙잡고 뭐라고 한 줄 알아? 어차피 병가 기간에는 임금을 한 푼도 못 받으니, 언제까지 입원할지도 모르는데 실업급여를 타 먹는 게 낫다고. 그만두면 곧바로 실업급여가 나올 거라고."

수연이 얍삽이 소장의 저음을 흉내 내며 이야기를 이어갔다.

"제가 회사와 협상을 잘해서 실업급여를 타 먹을 수 있게 해드릴게요. 여사님께서는 말이지요, 현재 일하고 있는 용역업체랑은 아직 근로계약서를 작성하지 않았기 때문에 이전 용역업체에서 퇴직한 걸로 되어 있을 거예요. 그것만 이용하면 됩니다. 그러면 충분히 실업급여 타실 수 있어요. 여사님이 가입된 노조에서 그게 안 된다고 하지요? 지금 자기네 노조에 인원 수 채우려고 못 나가게 하는 거예요."

"ㅈ노조로 돌리고 바로 퇴직 처리할 속셈인가 보네요."

"그렇지. 그러면서 내 말은 듣지도 마라고 했대. 아주 영악한 여자라고 하면서. 지금 여사님이 그 분회장이란 사람한테 이용당하고 있는 거예요, 그랬다나. 참 나. 그래도 언니가 흔들리지 않으니까 문제없을 거야."

며칠 뒤, 그녀는 수연에게 전화를 걸어 탈퇴 의사를 밝혔다. 수연이 만류했지만 ㅈ노조 지부장에게 회유당한 자식들의 성화에 끝내 꺾이고 말았다. 수연이 나와 함께 그녀가 있는 병원으로 찾아갔지만, 자식들이 막아서서 만날 수 없었다. 병원 앞에서 수연이 씩씩거리며 내게 말했다.

"내가 기어코 막았는데. 자식들이 일을 벌였네. 그렇게 그만두지 마라고 했더니. 나는 언니를 위해서 계속 남으라고 하는 건데…. 어차피 우리가 소수 노조로 전락하는 건 기정사실이야, 시간문제일 뿐이지. 그것 때문에 이러는 게 아닌데, 에휴. 이게 말이야, 일하고 있을 때랑 무직으로 있을 때 합의금 책정되는 게 달라. 당연히 병가를 내도 청소노동자로 있는 거잖아. 그러면 합의금 받을 때 훨씬 유리한 거라고. 만약 사고를 당하지 않았다면 정상적으로 일할 경우 받았을 임금에 비례해서 다 책정되는 건데 그만두면 말짱 도루묵이지. 일을 안 하잖아. 사고 때문에 일을 못 한다는 걸 강조해야 합의 볼 때 유리한 거지, 그만두고 실업급여 타 먹는다는 건 일을 할 수 있다는 걸 인정하는 꼴이라고. 더군다나 병가가 끝나면 다시 일할 수 있잖아. 그것도 돌아오면 소급된 임금으로 받을 건데, 실업급여로 받으면 어차피 최저임금이잖아. 정년도 1년 이상이나 남아 있는데, 장기적으로 생각해야지. 실업급여 몇 달 받고 말 거야? 그렇게 말을 해도… 에휴, 자식들이 당장 돈 욕심에 눈이 멀어서 찬찬히 따지질 못해."

수연은 답답하고 분한 마음에 숨도 쉬지 않고 이야기했다.

"아마도 일하고 있을 때 받는 합의금보다 훨씬 적을 거야. 가해자랑 보험사 직원만 노난 거지. ㅈ노조 지부장한테 완전히 속은 거야. 나중에 보면 알겠지."

한 달 후, 수연의 말대로 그녀는 합의금마저도 처음 제시액보다 훨씬 적게 받았다고 한다. 그녀의 자식들이 가해자 쪽 보험사를 상대로 줄어든 합의금을 조금이라도 더 받아내기 위해 변호사를 선임한다는 이야기도 들려왔다. 세 달 뒤, 교통사고를 당한 또 다른 민주노조 조합원과는 정반대의 상황이었다. 수연의 말을 따른 그 조합원은 일 못 한 날수를 계산해서 합의금을 두둑하게 받았다.

얍삽이 소장이 이렇게까지 하는 이유는 단체협약 때문이었다. 연말이면 서울지부(ㄱ대분회가 퇴직금 투쟁을 끝낼 즈음, 서경지부는 서울지부로 이

유령들

름을 바꾸었다)가 만든 단체협약의 유효기간이 만료된다. 새로운 2년
의 유효기간을 가진 단체협약을 만들어야 하는데, 현 상황을 유지
한다면 민주노조가 또다시 대표 교섭노조가 될 수밖에 없었다. 그
러니 업체와 학교는 그런 상황이 발생하지 않도록 막아야 했다. 민
주노조가 단체협약 교섭권을 가지면, 노동자 복지를 위해 만든 유
급휴가나 수당, 상여금이 늘어난다. ㄱ대에서 ㅈ노조를 조직해서
그 선봉에 세우기 위해 얍삽이 소장을 무리하게 학교에 남겨둔 이
유였다. 학교와 용역업체가 사실상 민주노조를 파괴하기 위해 그
를 구명해줬다고 봐도 무방했다.

　학교와 업체 덕에 구명된 그로서는 이제 성과를 내야 했다. 10월
중순이 마지노선이었다. ㅈ노조를 다수 노조로 만들기 위해서는 민
주노조가 교섭창구 단일화를 신청하기 전까지 어떻게든 민주노조
원들을 ㅈ노조로 끌어들여야 했다. 아니면, 민주노조원들을 그만두
게라도 해야 했다. 이제 채용협약서도 폐기된 마당에 민주노조에
서 퇴직자가 생기면 회사가 알아서 ㅈ노조 쪽으로 사람을 보낼 것
이기 때문이다.

　채용협약서의 폐기는 ㅅ종합관리의 일방적 방침이었다. ㄱ건설
의 인사권에 대해서만 학교가 확약해줬지 자사와는 합의한 적이
없으니 그 효력을 인정할 수 없다는 이유였고, 현 상황에서 ㄱ대 청
소노동자를 채용할 권리는 양측 노조가 아니라 오로지 ㅅ종합관리
에 있다는 내용이었다. 민주노조가 인사권과 관련해서 계속 채용

협약서로 문제 삼을 시에는 법적 소송을 통해 강경하게 대처하겠다는 입장도 전했다. 수연도 채용협약서가 ㅅ종합관리와 합의한 것이 아니기에 더 이상 채용과 관련해 가타부타 말하기 힘든 처지란 걸 인정했다. 자연스레 채용협약서는 무효화돼버렸다. 그러니 12월 말까지 일하도록 되어 있던 일부 정년자들이 조금이라도 아픈 기색을 보이면, ㅈ노조 지부장인 얍삽이 소장은 몰래 접근해서 실업급여를 받으라고 꼬드겼다. 그는 학교와 업체의 지원을 받으며 민주노조 파괴에 전력을 다했다.

마침내 민주노조와 ㅈ노조의 조합원 수는 동수가 됐다. 일부 민주노조원의 자발적인 퇴직으로 그 자리를 채운 신입들이 모두 ㅈ노조에 가입한 결과였다.

그 뒤로 ㅈ노조 지부장인 얍삽이 소장은 더 이상 민주노조에서 데려가기 힘들었는지, 링크장에서 일하는 스케이트 강사 다섯 명을 ㅈ노조에 가입시켰다. 그들은 ㅅ종합관리와 계약된 상황이었다.

학생들을 가르치는 강사가 왜 청소용역업체에 소속됐는지 의아했다. 알고 보니 ㄱ건설이 있었을 때도 그러한 계약 관계를 맺고 있었다고 하는데, 그런 관계가 어떻게 성립이 되는지는 미스터리다. 다른 강사들은 개인사업자라고 했는데, 이들 다섯 명만 유독 ㅅ종합관리에 속해 있었다. 그중 한 명이 자신을 특수고용 신분이라고 말해줬을 뿐이다. 그것도 확실치는 않았다. 자신이 왜 ㅅ종합관리와 계약을 했고, ㅈ노조에 가입했는지를 계속 함구했다. 수연만 보

유령들

면 피하려고 했다. 누군가가 마치 민주노조 조합원을 보면 눈길도 주지 마라고 지시를 내린 듯 보였다. 그 누군가는 관리처의 링크장 관리자일 수도 있었고, ㅈ노조의 지부장일 수도 있었다.

　ㅅ종합관리와 계약된 강사 다섯 명이 ㅈ노조에 가입하니, 힘의 균형이 바뀌었다. ㅈ노조는 48명이었고, 민주노조는 43명이었다. 민주노조원 수는 변동이 없었지만, 다른 곳에서 충원된 탓에 ㅈ노조가 드디어 다수 노조 지위를 얻었다. 그 말은 곧 민주노조가 단체협약 교섭권을 잃게 되었다는 의미였다. 민주노조를 파괴하려고 문서까지 만들었던 학교가 그토록 바라던 바를 이룬 것이었다. 민주노조가 출범한 지 5년 만이었다.

　한 달 후, ㅈ노조가 ㅅ종합관리와 곧 단협을 새로 만들기 위해 부랴부랴 교섭창구 단일화를 시도한다는 말이 퍼지기 시작했다.

마지막 저항

근로자의 단결, 단체교섭과 단체행동의 자유는
법률의 범위 내에서 보장된다.
영리를 목적으로 하는 사기업에 있어서는
근로자는 법률의 정하는 바에 의하여
이익의 분배에 균점할 권리가 있다.

———— 제헌헌법 제18조

ㅈ노조는 교섭창구 단일화 절차에 돌입했다. 이대로라면 과반수
를 넘긴 ㅈ노조가 교섭대표노조로 확정될 게 뻔했다. 불과 한 달 전
만 해도 다수 노조였던 민주노조로서는 처음 겪는 일이었다.

민주노조는 ㅅ종합관리에 ㅈ노조와 무관하게 개별적으로 교섭
을 하자고 요구했다. 지난 4년여 동안 소수 노조로 있었던 ㅈ노조
가 ㄱ건설에 개별교섭을 요청한 적이 한 번도 없었던 전례에 비추
어보면 전혀 다른 행보였다.

노동조합 및 노동관계조정법 제29조의2에 따르면, 교섭창구 단
일화 절차를 거치지 않기로 동의한 경우에는 개별교섭을 할 수 있

다고 규정하고 있다. 하지만 개별교섭은 실질적으로 거의 불가능한 일이었다. 아무리 자율적으로 교섭대표노조를 구성할 수 있다지만, 사측은 열이면 열 다수 노조와만 교섭에 나서려 했다. '자율'은 다수의 힘 앞에서 무력화된다.

개별교섭을 요청하고 나선 수연 역시 반신반의하는 듯싶었다.

"소수 노조는 회사하고 교섭에서 배척당하기 일쑤야. 그러니 다수 노조가 만든 단체협약이 좋든 싫든 무조건 따라야 하는 거고. ㄱ대가 4년이 넘도록 ㅈ노조를 다수 노조로 만들려고 그토록 애쓴 이유지. 그런데 원청의 대리인인 용역업체가 우리와의 개별교섭 요청을 정말 들어줄까 싶어. 소수 노조가 개별교섭을 성사시키려면, 사용자의 선의가 있어야 해. 개별교섭은 말만 좋지 실상 강제력이 없거든."

그럼에도 요구할 만했다. ㅅ종합관리가 ㄱ대의 새로운 청소용역 업체로 선정됐을 때, 당시에는 다수 노조였던 민주노조와 ㄱ건설의 임·단협을 승계한다는 합의서를 작성한 적이 있었다. 그 합의서에는 소수 노조의 개별교섭 동의안도 포함되어 있었다. ㅈ노조는 여태껏 그 동의안을 활용할 생각조차 하지 않았지만 말이다.

얍삽이 소장이 복귀한 이후 곧 소수 노조가 될 줄 직감했던 수연은 ㅅ종합관리 민 대표에게 개별교섭 동의안이 담긴 문구에 대해서 자세히 설명해주기도 했다. 수연의 말에 사장은 소수의 권리를 존중해주는 게 우리 회사의 방침이라며 소수 노조의 개별교섭권을 인정해주겠노라 약속했다. 불과 며칠 전에도 확답을 받았다.

그랬던 민 대표가 민주노조의 개별교섭 요청을 갑작스레 거부했다. 그것도 전화로, 다시 생각해보니 안 되겠다며 일방적으로 통보하고 끊어버렸다. 수연이 다시 연락을 했지만 그 이후로 받질 않았다. 과반수 노조의 교섭대표노동조합 확정 공고일을 열흘 정도 남겨둔 시점이었다.

민주노조 운영위원들은 ㄱ대에서 스무 정거장 거리에 있는 ㅅ종합관리 본사로 찾아갔다. 민 대표에게 아무리 전화를 해도 받지 않는 탓에 직접 만나러 갈 수밖에 없었다. 불시에 찾아간 본사에는 직원들만 있었고 민 대표는 어디로 숨었는지 보이지 않았다. 직원들은 조합원들이 묻는 질문에 무조건 모른다고만 답했다. 결국 그를 만나기 위해 어쩔 수 없이 본사에서 죽치고 앉아 있었는데, 3시간 정도 지나자 갑작스레 그가 나타났다.

민 대표와 눈이 마주친 수연이 벌떡 일어나더니 그에게 개별교섭에 동의해달라고 말했다. 수연을 보고 놀란 그는 회사가 자문을 받는 노무사와 상의를 해보고 그 결정을 따르겠다고 했다. 해준다는 의미인지 아닌지 아리송했다.

노무사에게 전화를 건 민 대표는 예의를 갖추며 "네, 네"라고만 했다. 계속 수연을 비롯한 운영위원들을 피해가며 통화를 하는데, 아무리 자문을 받는 입장이라고 해도 노무사를 상전 모시듯 하는 모양새가 수상했다. 수연이 함께 간 운영위원들을 둘러 세우고 낮

유령들

은 목소리로 말했다.

"아무래도 이상해. 학교 관계자랑 통화하는 것 같아. 하여튼 꼼수를 안 쓰는 데가 없네, 참."

계속 머뭇거리던 민 대표는 노무사라는 사람에게 공손하게 세 번의 전화를 더 받더니, 개별교섭에 동의해줄 수 없다고 했다. 수연이 개별동의서 합의안을 들이밀었지만 민 대표는 본체만체했다. 이제는 더 이상 할 말이 없다면서 저번처럼 학교에 가서 농성을 하든 말든 알아서 하라고 소리를 지르며 운영위원들을 내쫓았다. 민 대표는 법적으로 교섭대표노조만 결정되면 개별교섭에 응하지 않아도 된다는 사실을 그제야 안 것 같았다.

훗날 ㅅ종합관리 이사라는 사람이 실토하길, 그때 ㅅ종합관리가 ㅌ비엠에 자문을 받았다고 한다. ㅌ비엠은 악질적인 민주노조 파괴 업체였다. 이미 ㄱ대병원과 ㅇ대병원, ㅅ여대에 들어가 민주노조를 파괴한 전력이 있었다. ㅅ종합관리는 ㅌ비엠이 했던 방식 그대로를 따라 하고 있었다.

이제 찾아갈 곳은 원청밖에 없었다. 민 대표도 관리처를 점거하라고 하지 않았던가. 그들은 총회를 열어 개별교섭 건으로 농성을 할지 말지 투표했다. 시간상, 종이에 가부를 쓰는 대신에 눈을 감은 채 점거 농성을 할 사람들은 손을 들기로 했다. 일부 조합원들이 눈치를 봤을지 모르지만, 모두 농성을 하기로 동의했다.

"난 놀랐어. 언니들이 당연히 반대할 줄 알았거든."

수연은 의외지만 어쨌든 다행이라며 밝게 웃었다.

사실 민주노조 간부들이 본관 사무실에 들어가려는 또 다른 이유가 있었다. 아직 받지 못한 퇴직금을 받기 위해서였다. 처음에는 합의가 끝나고 바로 줄 것 같더니 추석 이후로, 추석 연휴가 끝나자 10월 말로, 11월에 들어서자 또 그다음으로 계속 말을 바꾸었다. 그 이후에는 언제 준다는 말도 없었다. 기다려보라는 말만 되풀이했다. 체당금이 들어온 지 벌써 두 달이 지났지만, 학교는 지난 4월에 한 합의를 전혀 지키지 않고 있었다. 주지 않으려고 작정을 한 듯했다

그즈음 신 선생 후임으로 관리처에서 청소용역 업무를 맡고 있던 사람은 박 과장이었다. 신 선생은 ㅈ노조가 다수 노조 지위를 얻은 후 곧바로 승진 인사에 올라 다른 부서로 옮겼는데, 하필 신 선생이 가는 부서의 장이 바로 설립자의 손자였다.

개별교섭 건으로 ㅅ종합관리와 실랑이 중일 때 관리처 박 과장이 민주노조의 한 간부에게 학교가 퇴직금을 준다는 합의서를 본 적이 있느냐고 물은 적이 있었다. 얼마 후, ㅈ노조 지부장도 나이든 민주노조 조합원들에게 박 과장과 똑같은 질문을 했다고 한다.

ㅈ노조 간부들은 또다시 민주노조 조합원들에게 퇴직금을 받으려면 ㅈ노조로 얼른 들어와야 한다고 유혹했다. ㅈ노조가 이미 다수 노조 지위를 얻기는 했지만 조합원 수가 많으면 많을수록 안정적이니 계속해서 민주노조원들을 향해 도끼질을 하고 있었다. 조

유령들

합원 수에 따라 노조에 들어오는 발전 기금도 비례하기 때문이었다. 민주노조의 힘을 확 빼버리려고 작정한 듯 보였다.

민주노조 조합원이 또 한 명 넘어갔다. 청삼점 중 한 명인 용우였다. 폐업한 지 5개월도 지난 ㄱ건설 박 사장의 집 앞에서 집회를 열어 어떻게든 퇴직금을 받아주겠다는 ㅈ노조 지부장의 말을 믿고 민주노조 탈퇴서를 제출했다. ㅈ노조에 가지 않겠다던 그의 약속은 2년 만에 깨져버렸다. 그는 실제로 100만 원 정도를 우선적으로 먼저 받았다고 하는데, 그 돈의 출처는 알 수 없었다. ㅈ노조원들은 앞서서 민주노조원들이 받아야 할 'DB형' 퇴직연금에서, 이미 수령한 'DC형' 퇴직연금을 제하고 남은 차액 200여만 원을 더 받은 상황이었다. ㅈ노조 지부장은 이 돈에 대해 ㄱ건설의 박 사장이 줬다고 주장하지만, 수연은 학교가 지급했다고 의심했다. 마치 학교와 ㅈ노조가 미리 정한 시나리오대로 행동한다는 느낌이 들 수밖에 없었다. 학교는 치졸하게 돈으로 민주노조를 ㅈ노조와 차별하면서 무던히 흔들어대고 있었다.

간부들과 달리 조합원들 대부분은 개별교섭보다 퇴직금에 더 무게를 두고 관리처 점거에 손을 들었다. 이제 와서 다수 노조가 된 ㅈ노조로 넘어가봤자 예전만큼의 환대를 받지 못한다는 사실에 남아 있을 수밖에 없었던 그들에게 달리 선택할 방법은 마땅치 않았다. 혹시나 고소, 고발을 당할까 봐 탐탁치는 않았지만 퇴직금을 받으려면 어쩔 수 없이 싸워야 했다. 개별교섭에 대해서는 오히려 임·

단협 때문에 힘들게 투쟁할 필요가 없어서 좋다고 말하는 조합원도 여럿 있었다. 개별교섭이란 단어 자체는 그들의 머릿속에 전혀 들어 있지 않았다.

총회가 끝나자마자, 민주노조 조합원들은 연대를 온 서울지부 사무처 활동가들과 관리처로 향했다. 관리처 직원들은 그 사실을 어떻게 알았는지 문을 막고 서 있었다. 하지만 잠그지는 못한 상태였다. 민주노조 조합원들이 조금만 더 시간을 지체했다면 관리처에 들어갈 수 없었을 것이다. 총무처는 이미 문이 잠겨 있었는데 아무도 없는지 불이 꺼져 있었다.

지난번 점거 때 사무실에 절대 들이면 안 된다는 교훈이라도 얻은 건지 한 발짝도 들여놓을 생각 마라는 듯 보였다. 퇴직금 문제로 투쟁을 한 이후, 총무처 사람들은 아예 3층으로 도망갔다. 그들은 3층에 있는 넓은 창고에서 일을 했다. 혹시 민주노조 조합원들이 총무처에 점거하러 또다시 쳐들어올지 모른다는 불안감 때문인 듯했다. 퇴직금 농성 이후로 총무처 직원들은 업무상 1층 사무실을 들어갈 때면 노조원의 눈치를 보며 몰래 문을 열었다. 들어가서도 민주노조원들이 불의에 습격할까 봐 꼭 문을 잠그고 업무를 보았다.

서울지부 남성 활동가들이 앞장선 민주노조 쪽 일부가 관리처 문을 힘껏 밀었다. 그들을 건장한 체격의 관리처 직원들이 막았다. 관리처에 들어가려는 민주노조 측 사람들과 들어가지 못하게 막으

유령들

려는 학교 측 직원들이 문 앞에서 격렬히 대치했다. 직원들은 지난 번과 달리 필사적이었다. 활동가와 직원들은 한동안 밀고 당기는 힘 싸움을 반복했다. 직원들은 자신들보다도 한참 나이 많은 민주 노조원들을 향해 입에 담을 수 없는 모진 말을 뱉어냈다.

문이 열렸다. 그때였다. 조합원들이 재빨리 관리처로 들어갔다. 그 와중에 문을 막고 있던 한 사람이 악, 소리를 내며 쓰러졌다. 그는 허리를 부여잡고 울먹였는데, 예전부터 지영이 '인상파'라고 불렀던 관리처 직원 중 하나였다. 민주노조가 처음 만들어졌을 때 총무처에 있다가 지금은 승진해서 시설관재팀장이 됐다고 한다. 그는 청소노동자들이 처음 노조를 만들고 총장실에서 농성을 할 때, 지영에게 얼굴을 잔뜩 구긴 채로 내가 당신네들을 꼭 콩밥 먹이겠다고 삿대질했다는데 '민노를 증오한다'고 서슴없이 말하고 다니기까지 했다. 지영이 그 모습을 보고 인상파라는 별명을 지어준 것이었다. 이번에도 그는 문 앞에서 스마트폰으로 채증을 하고 있다가 봉변을 당했다. 그러나 당장 누가 밀쳤는지는 확인되지 않았다. 혼자서 쇼를 했을 수도 있다. 관리처 직원들은 모든 가해의 책임을 그녀들에게 떠넘기려 했다. 정작 그녀들은 그 상황을 제대로 촬영하지 않아 누구의 잘못인지 가려낼 물증이 전혀 없는 상황이었다. 인상파는 급기야 응급차를 불러 타고 병원으로 실려 갔다. 한 직원은 이렇게 말했다고 한다.

"아니, 무슨 일만 있으면 왜 우리한테 와요? 우리가 당신네들 필요한 거 있으면 다 들어주는 서비스센터냐고요. 우리는 엄연히 제 3자예요. 회사랑 알아서 할 일을 왜 우리한테 해결해달라고 하는 겁니까? 여기가 여러분들 안방이에요?"

관리처장은 팀장이 폭행을 당했다면서 이번 일에 대해서 책임을 묻겠다고 했다. 이번에는 예전과 달리 실제로 고소, 고발에 나서려는 움직임을 보였다. 직원들이 수집한 동영상과 사진을 심각한 표정을 지으며 공유했다. 경찰들도 와서 조사를 하고 떠났다. 경찰들과 몇 마디 나눴던 직원들은 학교가 조합원들에게 손해배상 소송을 걸지 모른다고 은근슬쩍 말하기도 했다. 7년 전, 홍익대 청소노동자들이 겪었던 일처럼 말이다.

장정들과 힘 싸움에 맥이 빠진 듯한 수연이 혼잣말을 흘렸다.

"하는 짓이 그 문서하고 똑같네. 우리 노조 출범한 지 한 달쯤 됐을 때 처장실에서 발견한 노조 파괴 문서, 그거."

불법 파업 대응

1. 노동쟁의 조정 절차 경유 여부

　—현재 관할 노동위원회의 노동쟁의 조정 전치를 거치지 않은 것
　　으로 파악됨.

　—조정 전치 위반 시 1년 이하의 징역 또는 1천만 원 이하의 벌금.

유령들

2. 학교 측 업무방해 관련

　—노조법 제38조 위반 행위로 3년 이하의 징역 또는 3천만 원 이
　　하의 벌금.

3. 노조원 부상 관련

　—노조 측 : "교직원과의 몸싸움으로 노조원 1명이 부상하였다"
　　주장.

　—채증 자료 활용을 통하여 노조원의 유형력 행사 과정에서 벌어
　　진 사안으로 교직원과의 접촉이 전혀 없었음을 입증.

4. 향후 대응안

　—불법 파업에 대한 1차 대응 : 용역업체 측에서 업무방해 및 노
　　조법 위반 고소 진행.

　—철저한 무노동 무임금 : 파업일의 급여 공제+주휴일 공제+1일
　　연차 공제 등.

　—학교 측은 법적 대응보다는 향후 대안으로 활용하는 것이 바람
　　직함.

　—업무방해 : 11월 19일 및 12월 5일 점거로 인한 업무방해에 대
　　하여 용역업체에 대한 손배 청구.

간신히 관리처에 들어간 그녀들은 농성 자리를 깔았다. 관리처

직원들은 자리를 잡은 그녀들에게 좁으니 저리 가라, 말소리가 시끄럽다, 문을 조용히 닫고 다녀라, 온갖 트집을 잡았다. 점거하려고 앉아 있는 조합원들을 몰래 찍어가기도 했다. 업무방해죄를 적용하려고 증거물을 수집하는 것 같았다.

곧장 직원 한 명이 분주히 움직이더니 홈캠을 설치했다. 지난번에 설치했던 똑같은 모델의 홈캠이었다. 지난 점거 농성 때는 시작한 지 3일 후에 설치했지만, 이번에는 농성 자리를 깔자마자 바로 창고에 있던 홈캠을 가지고 왔다. 홈캠은 민주노조원들을 24시간 동안 감시하고 있었다. 그녀들은 7개월 만에 또다시 관리처 사무실 바닥에서 밤을 지새워야 했다.

처장들은 총무처와 관리처가 점거된 이후로, 코빼기도 보이지 않았다. ㅅ종합관리 민 대표 역시 전화도 꺼놓고 있었다. 아무도 민주노조원들을 만나려 하지 않는데 넋 놓고 가만히 앉아 있기만은 어려웠다. 투쟁 방향을 바꿔야 했다.

수연이 단호하게 말했다.

"총장을 만나야겠어."

수연은 총장을 만나러 가기 전 ㅅ종합관리에서 나온 상무와 먼저 만났다. 그녀가 총무팀장에게 개별교섭과 관련한 논의를 할 수 있도록 회사 쪽에 책임 있는 사람을 불러달라고 간곡히 요청한 결과였다. 하지만 어이없게도 상무라고 밝힌 사내는 자신이 왜 이번 교섭 자리에 나왔는지조차 모른다고 했다. 권한이 없다는 말만 반복했다. 상무는 그런 식으로 수연의 속을 계속 긁었다. 참다못한 수연이 자리를 박차고 일어나 교섭을 결렬해야겠다고 말하자 그는 능글맞게 '결렬'이 무슨 뜻이냐고 묻기까지 했다. ㅅ종합관리는 교섭을 할 마음이 전혀 없던 것이었다.

"우리를 교섭 상대로 생각하지 않는 업체와 더 이상 나눌 대화가 없습니다."

밖으로 나온 수연과 민주노조 간부들이 곧바로 총장실로 가려는데 대학 본부와 가까운 거리의 건물에서 총장이 관용차를 타려는 모습이 보였다. 그는 이번 이사회에서 새로 선출한 제10대 총장이었다. 본관에는 조합원들이 있으니 다른 건물에 있다가 밖으로 피신하려던 게 딱 걸린 모양새였다. 민주노조원들은 총장이 타려는 관용차로 급하게 달려들었다. 노조원들은 간신히 관용차를 막았다.

"총장님, 제발 저희 좀 봐주세요. 저희를 아시나요? ㄱ대에서도 제일 밑바닥에서 일하는 청소노동자입니다. 저희는 정말로 간절합니다. 이번에 학교에서 새로 위탁한 청소용역업체가 모든 합의 사안을 파기했습니다. 우리를 전혀 교섭 대상으로 생각하지도 않아요. 그런데 그 업체를 선정한 학교가 자신들은 잘못이 없다며 알아서 해결하라니 그게 말이 됩니까? 원청 소관에 있는 하청업체가 잘못을 저지르면 당연히 학교가 책임을 져야 하는데 계속 나 몰라라 하는 건 아니지 않습니까?"

관용차가 노조원들에게 둘러싸이고 총장이 위험에 처하자, 도망만 다니던 총무처장과 관리처장이 나타났다. 수연이 총무처장을 손가락으로 가리켰다.

"특히 저분이 말이죠…."

그녀는 잠시 뜸을 들였다.

"제3자니 그런 말을 할 게 아니라 잘못한 업체를 퇴출시키겠다고 말하는 게 맞지 않나요? 총장님도 저번 총장님처럼 사람은 정직해야 한다고 말씀하시는 것 같은데, 이번 청소용역업체는 저희에게 전혀 정직하지 않습니다. 되레 조롱을 하고 있습니다. 오늘도 교섭장에 내용도 모르는 사람을 보냈습니다. 이제 이 학교 최고 결정권자인 총장님께서 한 말씀만 해주세요. 검토하겠다, 그 한마디만이라도 해주세요. 제발요!"

지영이 말했다.

"총장님, 저희 퇴직금 좀 주세요. 언제까지 기다리라고만 하실 건가요? 나와서 한 말씀만 해주세요. 제발요. 저희에게는 하루하루를 살아가는 데 꼭 필요한 돈입니다. 학교가 약속을 해놓고도 모른 척한다면 저희는 누굴 믿고 일합니까?"

어느새 흐느끼던 지영이 애원했다. 그녀 주변에 있는 다른 노조원들이 주저앉기 시작했다. '제발'이란 말이 그녀들 입에서 계속 흘러나왔다.

하지만 총장은 관용차에서 꿈쩍도 하지 않았다. 총장의 눈치를 보고 있던 총무처장과 관리처장이 튀어나와 차 앞에서 무릎을 꿇고 흐느끼는 민주노조 조합원들을 한 명씩 잡고 끌어내려 했다. 노조원들이 버티자 총무처장이 혼잣말처럼 중얼댔다.

"아니, 싸서 용역으로 돌리는 건데. 어떻게 이 아줌마들은 요구하는 게 그렇게 많아. 적반하장도 유분수지."

언제 왔는지 젊은 교직원들이 모여들었다. ㄱ대에 젊은 사람들이 이렇게 많은지 처음 알았을 정도로 대규모 인원이었다. 그들은 관리처장의 지시에 따라 노동자들을 한 명 한 명 끌어냈다. 노조원들은 직원들의 무리한 진압에 앞으로 고꾸라지거나 뒤로 엉덩방아를 찧었다. 하지만 아프다는 말도 못 한 채 다시 일어나 자신이 있던 자리로 돌아가야 했다. 혹여나 그 빈자리로 총장을 태운 관용차가 빠져나갈지 모른다는 생각에 아픔을 느낄 겨를조차 없었다. 그들이 계속 버티자 다시 남자 교직원들이 달려와 노조원 한 사람 한 사람을 들어서 내보내려고 했다. 민주노조 간부들은 자꾸 자신들을 끌어내려는 직원들에 맞서 아예 차 앞뒤로 길바닥에 앉아 팔짱을 끼었다. 한 노조원은 차바퀴 앞에 드러눕기도 했다. 관리처 직원들은 이번에도 채증을 했다.

상황이 길어지자 교수와 다른 부서 처장들도 나와 얼른 비키라고 한마디씩 거들었다. 한 교수는 '학교는 제3자'라는 총무처장의 입장을 앵무새처럼 내뱉었다. 지식인이라 불리는 교수마저 학교의 대변인 역할을 충실히 하고 있었다. 지난 5년간 청소노동자들이 학내에서 집회를 하고 농성을 해도 교수들은 그들 곁에 얼씬도 하지 않았다. 진보적이라는 교수들은 외부의 노동문제나 인권문제에는 목소리를 내면서도 정작 학내 비정규직 문제에 대해서는 관심조차 갖지 않았다. 청소노동자 문제에는 크게 이득 볼 게 없다는 생각 때문이었을까. 노동법을 가르치는 교수는 학교의 주장에 힘을 실어주는 내용의 인터뷰를 학보사와 했다.

한 교수가 노조원들을 향해 손가락질하며 소리쳤다.

"노사 간에 합의할 사안을 왜 학교에서 난장을 부려. 지금 하는 짓이 다 불법이야, 불법!"

총장은 여전히 창문조차 내리지 않고 차 안에서 버티고 있었다. 학교 측에서 경찰에 신고했는지, 경찰차 두 대가 연이어 왔다.

총무처장은 경찰을 보자, 왜 기동대가 안 오냐고 따졌다. 교직원들 몇이 또 달려들어서 계속 경찰들에게 기동대를 불러달라고 재촉했다.

"저 아줌마들이 지금 완전히 미쳤어요. 총장님 붙잡고 난리도 아니에요. 얼른 불러와요. 저 여자들 빨리 끌어내야 합니다. 이게 지금 무슨 꼴이에요?"

총무처장이 원했던 기동대가 드디어 왔다.

풋살장에서는 학생들이 축구를 하고 있었다. 경찰들이 와도, 별로 신경 쓰지 않았다. 그들은 축구만 즐겼다. 일부 학생들은 경찰들의 진압에 놀란 듯 웅성거렸지만 이내 가던 길을 갔다. 노동자들이 아무리 도와달라 읍소해도 ㄱ대 구성원들은 아무도 관심을 갖지

유령들

않았다. 민주노조에 가입된 청소노동자들은 그야말로 ㄱ대의 외딴 섬처럼 고립된 존재들 같았다.

관리처장이 손짓을 하자 젊은 교직원들이 모여들었다. 마치 훈련받은 군인들처럼 일사불란하게 2열 종대로 움직였다. 처장이 그들에게 스크럼을 짜라고 지시하자 젊은 교직원들은 기동대 차량에서 내린 의경들과 함께 총장의 관용차가 지나갈 길목에 서서 사람들의 접근을 막았다. 그들의 행동은 총장이 이곳을 빠져나갈 길을 만들려는 조치였다. 경비원들은 건물의 출입을 제한했다. 건물 출입구에 달린 셔터도 반쯤 내렸다.

불려 나온 젊은 교직원들 중에는 그들의 어머니뻘인 노조원들의 절규를 보고 웃으며 장난치는 사람도 있었다. 노조원들을 배경 삼아 '셀카'를 찍고, 울고불고하는 간부들의 모습을 보고 이죽이며 농담 따먹기를 하고, 조롱도 했다.

"이런 건 몽둥이로 패서 더 이상 못 개기게 해야 해."

처장의 지시에 불려 나와 일사불란하게 움직이는 젊은 직원들의 모습에 애잔함을 느끼기도 했지만 그 마음이 오래갈 수는 없었다.

30여 분간 민주노조원들은 관용차 주위를 벗어나지 않았다. 총장이 차에서 내려 확답을 줄 때까지 해산하지 않을 생각이었다. 경찰과 교직원들이 그들을 끌어내면 또 다른 노조원들이 차 앞으로 다가갔다. 뫼비우스의 띠같이 반복되는 대치 상태가 벌어지자 경찰과 교직원들도 특단의 대책을 세우느라 분주했다. 총장의 관용차가 노조원들을 뚫고 빠져나갈 수 없다고 판단한 듯 보였다. 지휘를 하던 경찰과 과장급 교직원들이 둥그렇게 모여 심각하게 한참을 두런거리더니 각자 있던 위치로 돌아갔다. 지휘 경찰이 무전기에 뭐라고 얘기를 하자 경찰과 정보과 형사들이 관용차로 모여들어 에워쌌다. 곧이어 총장이 차에서 내렸다.

"총장님이 내리신다."

"총장님, 총장님, 저희 이야기 좀 들어주세요."

"이러실 수는 없습니다, 총장님."

민주노조원들은 총장에게 외치며 달려들었다. 차를 에워싸고 있던 경찰과 형사들이 접근을 저지했다. 태풍의 핵을 향해 구름이 몰려가듯 총장을 중심으로 민주노조원과 교직원, 경찰의 강력한 대치가 이어졌다. 총장은 교직원들의 호위를 받으며 건물 안으로 이동하려 했다.

수연이 몸싸움 중에 다쳤는지 한쪽 다리를 절뚝이며 총장 앞을 막아섰다. 지금이 아니면 다시는 오지 않을지도 모를 기회라는 생각에 필사적으로 젊은 남자들의 우격다짐을 뚫었을 것이다. 퇴직금과 관련해서 어떤 답변이라도 꼭 들어야 했다. 수연은 총장을 끌어안고 간곡하게 외쳤다.

"노력하겠다, 이 한마디만이라도 해주세요, 총장님."

총장은 수연에게 눈길 한번 주지 않고 교직원들을 향해 소리쳤다.

"막아! 막아!"

유령들

순식간에 경찰과 교직원들이 달려들어 그녀를 총장에게서 떼어 냈다. 넘어질 뻔했던 수연은 왼쪽 다리를 부여잡고 총장을 향해 다시 걸어갔다. 지영이 따라붙었지만 접근조차 버거웠다. 지영은 주저앉아 가슴을 치며 소리쳤다.

"약자를 짓밟으며 강자를 지키려는 게 무슨 경찰이냐!"

그때 한 노조원이 고꾸라졌다. 총장을 비호하던 교직원들에게 걷어차인 듯했다. 교직원들은 그녀가 배를 움켜잡든 말든 신경도 쓰지 않았다. 오히려 밟고 지나가기도 했다. 그녀는 한동안 일어서지 못했다.

경찰과 교직원들에게 1급 경호를 받은 총장은 10분간의 추격전 끝에 혼란을 틈타 이미 대치 장소에서 벗어나 있던 관용차를 다시 타고 무사히 ㄱ대를 빠져나갔다. 끝내 아무 말도 하지 않고 떠난 것이다. 총장 구출 작전이 끝나자 교직원들은 금세 사라져버렸다. 학교는 조용해졌다.

노조원들은 절망했다. 총장에게서 긍정적인 말 한마디만이라도 듣고 싶었던 노조원들에게는 허탈감만 남았다. 장정들과의 몸싸움으로 지친 중장년의 그녀들은 차가운 아스팔트 바닥에 아무렇게나 널브러졌다. 일부 노조원들의 팔과 다리에는 멍 자국이 선명하게 보였다. 패잔병처럼 축 늘어져 있는 노조원들의 모습을 힘없이 바라보던 수연의 얼굴에 눈물이 흘렀다.

언제부턴가 흩뿌리던 빗방울이 점차 굵어졌다.

에필로그

민주노조원들이 자의 반, 타의 반으로 점거 8일 만에 본관 사무실에서 나왔던 날, 총무처장과 관리처장은 ㄱ대 홈페이지에 '학내 불법행위에 대한 당부의 글'이란 제목의 공지를 올렸다.

최근 학내에서 벌어지고 있는 민주노총 공공운수노조 서울지역공공서비스지부 및 청소용역업체 민주노총 소속 직원들의 행정 사무실 점거와 집회에 따른 소음 유발 등의 불법행위에 대하여 교내 구성원들에게 아래와 같이 당부의 글을 드립니다.
우리 학교에서는 학내 시설물에 대한 청소를 보다 효율적이고 체계적으로 시행하기 위하여 전문 업체인 (주)ㅅ종합관리와 청소용역 계약을 체결하여 업체의 관리와 책임하에 학내 시설물에 대한 청소를 실시하고 있습니다.

최근 청소용역업체 민주노총 소속 직원들은 (주)ㅅ종합관리에게 개별교섭을 요구하고 있으며, 이에 응하지 않자 이제는 원청인 학교가 책임을 지라며, ㅇㅇ관 1층 행정부서인 관리처 시설관재팀과 총무처 총무팀 사무실 무단 점거, 집회에 따른 소음 유발 등의 불법행위를 지속적으로 하고 있습니다.

특히, 10월 22일 월요일 오후 관리처 시설관재팀 사무실 및 관리처장실을 점거하는 과정에서 시설관재팀장이 일방적으로 민주노총 조직원들에 의해 밀쳐 넘어져 허리를 크게 다쳐 현재 입원 중인 상태입니다. 10월 23일 화요일에는 오전 회의에 참석하고자 ㅁㅁ관 연구실에서 ㅇㅇ관으로 이동하시려는 총장님의 신체 일부를 잡고 감금하려고 하였으며, 총장님이 타신 차량을 에워싸 운행을 제지하여 직원들과 경찰을 동원, 차량에 감금되었던 총장님을 구출하는 사건도 있었습니다. 10월 25일 목요일 14시 30분부터 16시까지 ㅇㅇ관 앞에서는 약 150명 이상의 교내외 조합원들이 집결하여 대규모 집회를 진행하였습니다. 이와 같은 불법행위로 인하여 총장님의 정상적인 업무처리가 불가능하고, 학생들의 학습권이 심각하게 침해당하고 있습니다. 또한, 행정 사무실 무단 점거로 민원 처리 등의 행정 업무를 처리하지 못함으로써 교내 구성원들에게 상당한 불편을 초래하고 있는 상황입니다.

교섭권이란 근로자의 단체(노동조합)가 사용자와 근로조건의 유지·
개선에 관하여 교섭할 수 있는 권리를 말합니다. 청소용역업체 소
속 근로자들의 사용자 즉, 교섭 대상자는 ㄱ대학교가 아닌 (주)ㅅ종
합관리입니다. 만약, ㄱ대가 교섭을 진행하거나 용역업체인 (주)ㅅ
종합관리에게 교섭을 지시하는 등 업체의 실질적인 운영에 직접 개
입이 이루어지면 불법행위를 하게 되는 것입니다.

교내 구성원 여러분!

최근 청소용역업체 민주노총 소속 직원들에 의해 행해지고 있는 불
법행위에 학교는 단호하고 엄정하게 대처할 것입니다. 이 과정에서
발생하는 불편과 소란에 대하여 교내 구성원들의 많은 이해와 양해
를 부탁드립니다.

두 처장의 엄포는 한 달 후 현실화되었다. 수연은 연말을 즈음
해서 경찰 조사를 받았다. 고소인은 ㄱ대였다. 그녀뿐만 아니었다.
20여 명의 청소노동자들도 경찰서에 출두해야 했다. 그들이 조사
를 받는 데 하루에 두 명씩 갔으니 한 달 정도 걸렸다. 대학이 청소
노동자들을 무더기로 고소한 일은 전무후무했다. 대학 사업장 중
에서는 단연 최초였다.

학교는 청소노동자들이 모두 경찰 조사를 받을 때까지도 업무방
해죄에 대한 고소를 취하하지 않았다. 건축학과 교수인 기획처장

유령들

은 보직 교수들로 구성된 ㄱ대 교무위원회에서 결정된 사안이라 고소 취하는 절대 불가능하다고 말했다. 아마도 재판으로 넘어가면 노동자들에게는 벌금형이 떨어질 듯하다.

민주노조원들이 조사를 받던 와중에 관리처 직원들이 채증을 한 영상을 ㅈ노조 사람들이 돌려 본 모양인데, 그것을 한 ㅈ노조 조합원이 민주노조 조합원에게 보여주며 "언니도 여기 있네. 이제 학교에서 손해배상 소송도 걸 거래"라고 했단다. 민주노조를 파괴하려는 자료가 관리처 직원들과 ㅈ노조 사이에서 공유되고 있다는 사실이 당사자들을 통해 증명된 셈이었다.

고소당하는 데 원인을 제공했던 퇴직금을 민주노조원들은 여전히 받지 못하고 있었다. 기획처장은 1월 말까지 기다려보라는 말만 되풀이했다. 그 말을 듣자, 2주 전에 갑자기 민주노조원들 앞에 나타난 총장이 이사회의 허락 없이 퇴직금을 주면 횡령죄로 들어간다고 했던 이야기가 순간 떠올랐다. 이사회에서 민주노조 조합원들의 퇴직금을 볼모로 무슨 계략을 짜는 듯싶었다. 퇴직금은 고사하고 청소노동자들에게 무노동 무임금도 적용됐다. 퇴직금을 받으러 관리처에 들어갔지만, 돌아온 결과는 조합원마다 기본으로 십수만 원씩 깎인 임금명세서였다. ㄱ건설과는 달리 ㅅ종합관리는 무노동 무임금으로 책정된 임금을 끝까지 돌려주지 않았다.

민주노조 조합원들이 매일 아침 교내에서 선전전을 했지만 학교는 여전히 무시했다. 방학을 맞이한 교내에서 그들의 호소를 들어줄 사람은 아무도 없었다. 수연은 학교의 미적지근한 반응에 대응하기 위해 기자회견을 준비 중에 있었다.

드디어 교섭대표노조가 ㅈ노조로 최종 결정됐고 민주노조의 개별교섭 요구는 끝내 거부당했다. 민주노조에서 계속 이의를 제기했지만 지노위에서 받아들여지지 않았다. 민주노조 ㄱ대분회는 5년 만에 다수 노조 지위를 박탈당하며 임·단협 교섭권을 상실한 것이다.

ㅈ노조는 교섭대표노조로 결정된 지 일주일도 채 되지 않아서 ㅅ종합관리와 임·단협에 조인했다. 예상대로 농성은커녕 지노위의 조정조차 받지 않고 신속하게 끝냈다. 서울지부는 ㅈ노조와 달리 몇 달 동안 집단교섭을 진행했고 이후 농성에 들어갔다.

ㅈ노조의 임·단협 내용을 들여다보면 ㅈ노조 지부장이 일사천리로 서명한 이유가 있었다. 노동자보다 사용자의 편에 서서 임·단협을 만들었기 때문이다. ㅈ노조 지부장은 얍삽이 소장 때부터 언제나 사용자를 위해 일하지 않았던가.

ㅈ노조는 단협의 대부분 조항을 '해야 한다'에서 강제력이 없는 '노력한다'로 바꾸어놓았다. 노동자가 단협을 적용하려 해도 사장이나 소장이 노력한다고 말하면 그만이었다. 서울지부 단협에는 없던 노동자 징계안도 포함되었다. 노조 스스로가 우리를 제발 징계해달라고 요구한 꼴이었다. 그 결과, ㅅ종합관리 현장 소장이 ㄱ대 청소노동자들을 좀 더 쉽게 해고할 수 있게 된 것이다. 임금도 결

정하지 않았다. 물가상승에 따라 근로자가 생활할 수 있는 임금을 정한다는 취지로 임금안에 합의했다고 하는데 사실상 업체에 임금 안을 위임했다고 볼 수 있다.

임금도 제대로 정하지 않고 서명을 했으니 어쩌면 매년 8월에 결정되는 최저임금이 ㄱ대 청소노동자들의 임금으로 정해질 수도 있는 상황이었다. 예전의 박 소장 시절처럼 말이다.

ㅈ노조는 단협에 이상한 조항도 넣었다. 현수막을 지정된 세 곳의 장소에서만 설치하도록 규정한 내용이었다. 노조에서 과연 이런 제약까지 스스로 걸어둬야 하는지 의문이 들 정도였다. 조항대로 정해진 장소에 학교 측이 미리 현수막을 선점해 단다면 노조가 설치할 곳이 없어진다. 민주노조가 투쟁할 때면 교내에 현수막을 도배하듯이 걸어놓던 과거의 사례를 미연에 방지하려는 것 같았다. 이 조항은 업체가 노조의 투쟁 동력이라 볼 수 있는 현수막 설치에 제약을 걸겠다는 의도인데, 그걸 그대로 받아들인 ㅈ노조가 과연 노동조합이라고 말할 수 있을까.

포상 제도도 새로 생겼다. 1년에 한 번씩 두 명을 우수근무자로 뽑는다고 한다. 포상은 보너스 개념으로 20만~30만 원 정도로 책정될 거라고 하는데 표면상으로는 좋아 보인다. 매년 우수 사원을 뽑아 격려 차원에서 포상까지 하려는 모양새 같지만, 그 이면에는 노동자들끼리 경쟁을 시켜서 일을 더 열심히, 그리고 더 많이 하도록 유도하려는 업체의 꼼수가 담겨 있었다. ㅅ종합관리 조 부장이 데려온 김 소장도 이전 소장들처럼 노동자들에게 신주를 직접 닦으라고 난리인데, 이러다가 정말로 노조가 없었을 때처럼 변할지 모르는 일이었다. ㅈ노조 조합원들은 이미 신주를 닦기 시작한 지 오래였다.

지영은 ㅈ노조의 임·단협을 보고 나에게 이렇게 말했다.

"단협에 들어가야 할 것과 말아야 할 것도 구분 못 하는 놈들이 조인식을 했다고 하니 정말 웃겨요. 특히 징계위원회를 구성할 때 노사 동수가 아니라 사용자 쪽이 한 명 더 많게 단협을 만들었다는 건 어떻게 해서든 우리 민주노조를 없애버리겠다는 ㅈ노조, ㅅ종합관리, 학교, 이 세 집단의 계략이라는 생각이 들어서 굉장히 착잡한 마음이에요. 이제는 어떻게든 저희를 상대로 건수를 잡아서 징계를 내리지 않을까 싶어요. 노동조합에 관한 지식이 아직 초보자 수준인 제가 봐도 이게 뭐야 할 정도인데, 앞으로 이 단협을 적용받아야 한다는 생각에 눈앞이 캄캄하네요."

ㅈ노조에서 만든 임·단협은 지난 4년간 민주노조가 교섭할 때와 비교하면 상당히 후퇴한 것이었다. 시간이 지나면 얼마나 더 망가져 있을까. 그럼에도 '노조밥'을 20여 년간 먹었다는 ㅈ노조 지부장은, 자신이 ㄱ대에서 처음으로 용역업체와 임·단협에 합의를 이루었다는 사실 자체에 도취되어 있었다.

김 소장은 ㄱ대에 온 지 10개월째 들면서 이제 돌아가는 상황을 대충 파악했는지 아예 대놓고 민주노조 조합원들에게 부당노동행위를 저질렀다.

"한번은 김 소장이 민주노조원 몇 명을 불러놓고 어느 노조로 가야 좋을지 곰곰이 생각해보라고 말했다더라고. ㅈ노조로 가라는 의미지. 그걸 녹음했어야 하는데⋯. 자기 목소리를 들이밀고 따져야 발뺌을 못 할 텐데 말이야."

"이번에도 녹취를 못 하셨나 봐요?"

"그 언니들이 녹음을 할 줄 아나. 꼭 부당노동행위에 걸릴 만한 건 그런 언니들을 꼬셔놓고 한단 말이지, 능구렁이같이⋯. 예전에 얍삽이 소장도 그랬었잖아."

그 모습을 보니 그가 어떤 소장으로 남을지 갑자기 궁금해졌다. 위기의 순간, 모든 책임을 떠안고 쫓겨난 박 소장과 이 소장의 전철을 밟을까. 아니면, 다시 화려하게 귀환한 ㅈ노조 지부장처럼 ㄱ대에 오랫동안 남아 있을까.

요즘 나는 수연을 노조 사무실이 아니라 어색하게도 그녀가 일하는 청소 구역에서 만난다. 현 총장이 교수실로 사용하던 건물인데, 교섭대표노조로서 전임자 자격을 갖고 있던 수연은 2019년 1월 2일부로 다시 현장에 복귀했다. 오랜만에 해서 그런지 아직은 청소할 때 실수가 많다고 한다. 최근에는 동료들과 대청소를 함께하는데 락스가 얼굴에 튀어 피부색이 변했단다. 수연은 상처가 있는 자신의 얼굴을 손으로 비비더니, 조금만 더 하면 예전 실력으로 돌아갈 거라고 자신감을 보였다. 그녀의 밝은 미소에도 나는 과거의 일들이 떠올라 괜스레 마음이 아팠다.

나의 마음을 눈치챘을까. 그녀가 대뜸 말했다.

"더 쪼그라들겠지?"

"조합원 수요?"

수연은 대걸레질을 하며 고개를 끄덕였다.

"앞으로 정년퇴직할 사람들이 민주노조에만 꽉 차 있으니까, 그렇겠죠? 새로 들어올 신입은 다 ㅅ노조로 갈 테니까."

"그렇겠지. 이번에 들어온 사람도 다 ㅅ노조로 갔어."

나는 한숨을 쉬며 이야기했다.

"한 달도 안 돼서 ㄱ대가 많이 바뀌었네요. 더 많이 바뀔까요?"

"그렇겠지."

그녀가 허리를 곧추세우고 가쁜 숨을 내쉬었다.

"그렇다고 우리가 완전히 없어지지는 않겠지?"

"그럴 리가요."

"우리마저 퇴직하면, 민주노조에 아무도 없을까 봐 걱정돼. 그러면 ㄱ대는 다시 노조 없었을 때처럼 변하겠지?"

수연의 말대로 될 것 같다는 생각에 나도 모르게 표정이 어두워졌는지, 그녀는 웃으며 말했다.

"에이, 그럴 일은 없겠지. 괜히 해본 소리야. 지금은 이 보 전진을 위한 일 보 후퇴라고 생각해. 언젠가는 우리에게 또다시 기회가 오겠지. 그때까지는 불어오는 바람에 풀이 누워 있듯 바짝 수그리고

     유령들

있어야지. 나 죽었소, 하고. 하지만 영원히 다수일 수는 없잖아. 시
간이 지나면 ㅈ노조에 있는 사람들도 깨닫겠지. 이렇게 우리의 일
터가 점점 후퇴하다 보면, 민주노조가 진짜고 ㅈ노조가 어용이란
사실을 말이지. 그런 때가 오면, 내가 제일 먼저 일어나서 다시 싸
울 거야. 기회를 엿보고 있다가 말이지. 우리가 소수라고 해서 모든
게 끝난 건 아니잖아."

　화장실 변기가 막혔다는 남학생의 말에 수연은 헐레벌떡 화장실
로 향했다. 로비에는 어느새 따뜻한 아침 햇살이 퍼지고 있었다. 나
는 그녀가 마지막에 남긴 이야기를 혼잣말처럼 중얼거렸다.

　"우리가 아직 ㄱ대에 남아 있으니까."

작가의 말

2019년 11월 1일, 한 노동자의 눈가에는 깊게 팬 주름이 있었다. 언제 생겼을까. 나는 잠시 생각에 잠겼다. 처음 만났을 때는 없던 흔적이다. 나무에 보이는 나이테처럼 눈가에 생긴 그녀의 주름살은 여기저기 뿌리를 내리듯 퍼져 나가고 있었다. 그 '나이테'에서 '5년'이란 무형의 존재가 절감됐다. 이전까지는 그 세월을 잘 느끼지 못했다. 그 주름 깊이와 길이만큼의 시간들이 순간 주마등처럼 스쳤다.

여러 일이 있었다.

지금, 그 발자취를 지우려는 시도가 벌어지고 있다. 한 사람이 저지르는 단순 일탈이 아니다. 여러 사람들이 한마음, 한뜻으로 그 행위에 동조하고 있다.

내가 '어머니'라고 부르던 노동자들이 일터에서 점점 사라지고 있다. 정년 때문이다. 그들의 자리를 채우는 건 어용노조 쪽 지인들이다. 그렇다. 첫 출근을 하자마자 어용노조에 가입서를 제출하는 신입들 수가 늘어나고 있다.

어용노조 간부들은 신입들이 근무시간에 민주노조원들과 만나는 것을 막고 있다. 어용노조 위원장은 신입들에게 시간 날 때마다 교육을 시킨다. 이를테면 우리가 '진짜 노조'라며 민주노조의 나쁜 점들만 부각한다. 신입들은 어용노조가 주입시킨 거짓 정보를 사실로 믿고 있다. 어용노조는 이런 식으로 민주노조가 일궈낸 것들을 자신들의 전유물로 둔갑시키고 있다. 요즘은 어용노조란 이미지를 탈피하려는지 아예 상급 단체를 다른 곳으로 옮기기까지 했다.

어용노조는 민주노조원들을 빼내기 위한 노력도 게을리하지 않는다. 불법도 서슴지 않을 정도로 적극적이다. 어용노조에서 절대로 데려갈 수 없다고 생각되는 사람들은 징계를 해서라도 내쫓으려 한다. 그러한 작업은 어용노조의 권한 밖이다. 어용노조가 할 수 없는 일은 용역업체가 대신 맡는다. 용역업체는 투쟁 당시 회사에 찾아갔던 민주노조 간부들에게 법적 조치를 취했는데, 훗날 그 이유를 빌미로 징계를 내리려 했다.

이들의 정점에는 대학이 있다.

나는 대학의 임직원들이 그들의 기득권을 위협하는 존재를 없애기 위해 어떻게 부정한 세력과 결탁하는지를 목도했다. 그 이후로는 대학에 대한 어떠한 기대도 버렸다. 그도 그럴 것이 사학 비리를 저지른 재단 소유주에게는 한없이 머리를 조아리지만, 정당한 권리를 요구하는 비정규직 노동자들에게는 조롱과 혐오를 일삼는다. 불법을 자행하고, 비리에 침묵하는 일이 마치 그곳의 학풍으로 자리 잡은 듯하다. 대학은 이미 자본을 능가하는 괴물이 되어가고 있다.

이것이 바로 대학의 실체다.

노동자의 주름을 본 뒤, 의문을 품는다. 약자라고 해서 다 똑같은 존재인가.

이곳에서 배운 게 있다. 모든 약자가 정의를 이야기하지는 않는다. 오히려 자신보다 약한 자를 찾아 짓밟으려 하는 이도 있다. 자신에게 굴러 들어올 이익을 위해서는 그 일이 불법이라도 물불을 가리지 않는

다. 이들에게 양심은 사치다. 나는 강자보다도 이들이 더 두렵고, 무섭다. 같은 편이라 생각했던 이들의 공격이 얼마나 큰 후폭풍을 불러일으키는지를 직접 경험했기 때문이리라. 이들은 강자에게 빌붙는 것이 자신에게 얼마나 이득이 될지 주판알을 튀기기 일쑤다. 십수 년을 함께한 동료를 배신하면서까지 말이다. 강자는 '이들의 계산적 면모'를 이용해서 결국 피 한 방울 흘리지 않고 '소기의 목적'을 달성한다. 약자들은 강자들뿐만 아니라 가끔은 자신과 같은 처지의 사람들과도 싸워야 한다.

현재까지는 강자든 약자든 부정한 짓을 저지르는 이들이 살아남았다. 불편한 역사다. 그 속에는 억압받는 자들이 힘겹게 걸어온 길이 지워져 있다. 억압자의 더럽고 추악한 모습은 걷어내고 자랑하고 홍보하고 싶은 내용으로만 가득 채워져 있다. 이들은 오늘도 자신들이 짓밟은 자들을 향해 승리의 축배를 든다. 이들의 얼굴에서 부끄러움이라고는 전혀 느껴지지 않는다. 이들에게 과연 정의란 무엇일까.

비리에 눈감고, 약자를 억누르는 사회에서 정의는 움트지 않는다. 죽은 진리의 전당에서 지식인이 태어날 리 만무하다. 그런 곳에서 학생도, 교수도 어차피 비정규직 노동자의 일에는 무관심하다. 그들에게 피억압자들의 운명을 맡기기란 쉽지 않아 보인다. 그렇다면 오로지 짓밟힌 자들끼리 힘을 합칠 수밖에 없다.

나는 억압자들의 승리를 바라지 않는다. 아직 그들이 이겼다고 보지도 않는다. 억압자들만 승리하는 세상에서 피억압자들은 더 이상 희망을 품을 수 없다. 미래에 대한 꿈이 있어야 저항도 할 수 있다. 그래서 더더욱 억압자들의 실패를 보고 싶다. 그러려면 먼저 해야 할 일이 있다. 피억압자들의 역사가 억압자들의 기록으로 새롭게 덧칠되는 것을 막아야 한다.

민주노조 파괴는 현재진행형이다.

의도하지는 않았지만, 나는 잊지 않기 위해 '그들의 이야기'를 썼다.